MATERIALIEN FÜR DEN SEKUNDARBEREICH II

ARBEITSTEXTE FÜR DEN KUNSTUNTERRICHT

de Fonclare

Methoden der Kunstbetrachtung

Ellen Dornhaus

Schroedel Schulbuchverlag

MATERIALIEN FÜR DEN SEKUNDARBEREICH II

ARBEITSTEXTE FÜR DEN KUNSTUNTERRICHT

herausgegeben von
Werner Broer,
Hermann-Josef Keyenburg und
Annemarie Schulze-Weslarn

Bildquellenverzeichnis

Umschlag: s. S. 90 — S. 5: Spektrum der Wissenschaft, Weinheim — S. 7: © Ole Woldbye, Museum of Decorative Art, Copenhagen — S. 8: Fratelli Alinari I. D. E. A., Firenze — S. 10: s. S. 8 — S. 12: s. S. 8 — S. 13: s. S. 8 — S. 16: Alinari-Scala, Firenze — S. 19: Photo Service d'Architecture de l'Oeuvre Notre-Dame, Strasbourg — S. 20: s. S. 19 — S. 21: 2 × s. S. 19 — S. 24: Cliché Musées Nationaux, Paris — S. 27: aus: Freud, Sigmund: Eine Kindheitserinnerung des Leonardo da Vinci; in: Freud, Sigmund (Hrsg.): Schriften zur angewandten Seelenkunde und Kulturphilosophie. Leipzig/Wien 1919 — S. 29: s. S. 8 — S. 31: The Museum of Modern Arts, New York; © 1980, Copyright by ADAGP, Paris & COSMOPRESS, Genf — S. 32: The Minneapolis Institute of Arts, Minneapolis; © 1980, Copyright by ADAGP, Paris & COSMOPRESS, Genf — S. 35: Rautenstrauch-Joest-Museum für Völkerkunde, Köln; Foto: Stadtbildstelle Köln — S. 36 oben: Copyright Guildhall Library, City of London, Aldermanbury, London. — S. 36 unten: Deutsche Fotothek, Dresden — S. 37: aus: Giedion, Siegfried: Architektur und das Phänomen des Wandels, Tübingen 1969 — S. 44: s. S. 8 — S. 45: Kunsthistorisches Museum, Wien — S. 49: s. S. 24 — S. 50 oben: 2 × Archiv für Kunst und Geschichte, Berlin (West) — S. 50 unten: aus: Gaillard/Logendio/Vaillant: Navarre Romane, Bd. 26: la nuit des temps. Zodiaque, 1967 — S. 51: DuMont Buchverlag, Köln — S. 52: s. S. 8 — S. 53 oben: Hoffmann und Campe Verlag, Hamburg — S. 53 unten: aus: Ulisse Aldrovandi: Ornithologia 1599, Band I — S. 60: s. S. 24 — S. 61: s. S. 24 — S. 65: Foto: Liesl Häusler — S. 73: Adolf-Wölfli-Stiftung, Kunstmuseum Bern — S. 74: s. S. 45 — S. 75 oben: Foto: Jörg Anders, Berlin — S. 75 unten: Klinikum der Universität Heidelberg, Psychiatrische Klinik, Prinzhorn-Sammlung — S. 76: 2 × Atelier Arnulf Rainer, Wien — S. 78: © Menil Foundation Collection, Houston; Foto: Allen Mewbourn, Houston; © 1980, Copyright by ADAGP, Paris & COSMOPRESS, Genf — S. 79: © Museum Boymans-van-Beuningen, Rotterdam; © 1980, Copyright by ADAGP, Paris & COSMOPRESS, Genf — S. 81: École des Hautes Études, Laboratoire de Graphique, Paris — S. 83: Stichting Beeldrecht, Amsterdam; © BEELDRECHT, Amsterdam / BILDKUNST, Bonn 1980 — S. 90: Germanisches Nationalmuseum, Nürnberg — S. 92 oben: Rheinisches Bildarchiv, Köln — S. 93 oben: Foto: Ellen Dornhaus — S. 94 oben: © Kröller-Müller Stichting Otterlo, Holland — S. 94 unten: aus Metzger, Wolfgang: Gesetze des Sehens, Frankfurt a. M. 1975 — S. 95 links und rechts: aus: Gustaf Britsch: Theorie der bildenden Kunst, München 1930 — S. 98: 2 × © Museo del Prado, Madrid. Derechos Reservados — S. 99: Wallraf-Richartz-Museum, Köln — S. 106: Rijksmuseum-Stichting, Amsterdam; S. 125: aus: Metken, Günter: Präraffaeliten. Ausstellungskatalog der Staatlichen Kunsthalle Baden-Baden, 1974.

ISBN 3-507-10229-3

Druck A 9 8 7 6 / Jahr 1993 92 91

Alle Drucke der Serie A sind im Unterricht parallel verwendbar. Die letzte Zahl bezeichnet das Jahr dieses Druckes

Gesamtherstellung: Konkordia Druck GmbH, Bühl/Baden

Vorwort

Bildende Kunst ist ein elementares Ausdrucks-, Kommunikations- und Interpretationsmedium der menschlichen Gesellschaft und seit der Antike Gegenstand der Betrachtung und Reflexion. Die moderne Kunstwissenschaft beginnt in Europa im 19. Jahrhundert, doch bis heute gibt es in dieser Disziplin keine Einigkeit über Ziele, Ansätze und Methoden.

Jede Wahrnehmung ist in mehrfacher Weise perspektiviert: durch die Begrenztheit unserer Sinne, durch die Ordnungskraft unserer Begriffe, durch die in einer Kultur geschichtlich ausgeprägten Wertmaßstäbe. Auch wer Kunst unter wissenschaftlichem Aspekt betrachtet, ordnet seine Erfahrung durch Begriffe. Er nimmt den Gegenstand seiner Erfahrung dadurch zwar bewußt und distanziert wahr, aber er kann sich dem Zwang der Begriffe nicht entziehen: Der Akt der Wahrnehmung ist bereits eine Interpretation; denn der Begriff ist nicht identisch mit dem Phänomen, auf das sich sein Vorstellungsinhalt bezieht. Anders ausgedrückt: Die objektive Wirklichkeit ist uns prinzipiell nur näherungsweise zugänglich, denn Wahrnehmung ist notwendigerweise selektiv und unvollständig, und der Prozeß des Selektierens ist weder zufällig noch beliebig, sondern wert- und interessengebunden.

Verschiedene terminologische und methodische Ansätze der Kunstbetrachtung sollen hier nun vorgestellt werden mit dem Ziel, daß der Lernende sich seiner eigenen Wahrnehmung bewußt wird und deren Begrenztheit und Abhängigkeit von bestimmten Faktoren erkennt. Er kann neue Formen der Wirklichkeitsinterpretation kennenlernen, sich mit ihnen auseinandersetzen und so vielleicht auch ein rationaleres und differenzierteres Verständnis von ästhetischen Objekten erreichen.

Die vorliegende Textauswahl mag als Grundlage für eine Reflexion dienen und zur intensiveren Rezeption, Diskussion und Anwendung methodischer Fragen beitragen. Kontroverse Standpunkte werden vorgestellt; Ansätze angrenzender Wissenschaftsbereiche (Psychologie, Soziologie, Linguistik, Kommunikationswissenschaften) werden berücksichtigt. Die unterschiedlichen methodischen Aspekte sind keineswegs scharf voneinander abzugrenzen; sie sind daher eher als vorläufige Orientierung zu verstehen. Die Ordnungsbegriffe überschneiden sich zum Teil; in manchen Fällen wäre auch eine andere Zuordnung als die von mir getroffene möglich.

Das Problem der „richtigen" Methode betrifft nicht nur die Kunstwissenschaft; ich hoffe daher, daß die Beschäftigung mit der vorliegenden Textauswahl dem Schüler eine Übertragung auf andere Bereiche der Geisteswissenschaften erlaubt. Vielleicht stellt er sich einmal die Frage nach Gültigkeit und Zuverlässigkeit, kurz nach „Wahrheit" von Wissenschaft überhaupt.

Ellen Dornhaus

Literatur:

Die Schule in Nordrhein-Westfalen. Eine Schriftenreihe des Kultusministers. Gymnasium Sekundarstufe I. Vorläufige Richtlinien Kunst. Köln 1978.

Kollegstufe NW. Strukturförderung im Bildungswesen des Landes Nordrhein-Westfalen. Eine Schriftenreihe des Kultusministers. Heft 17 Februar 1972.

Mayntz/Holm/Hübner: Einführung in die Methoden der empirischen Soziologie. Opladen 1972.

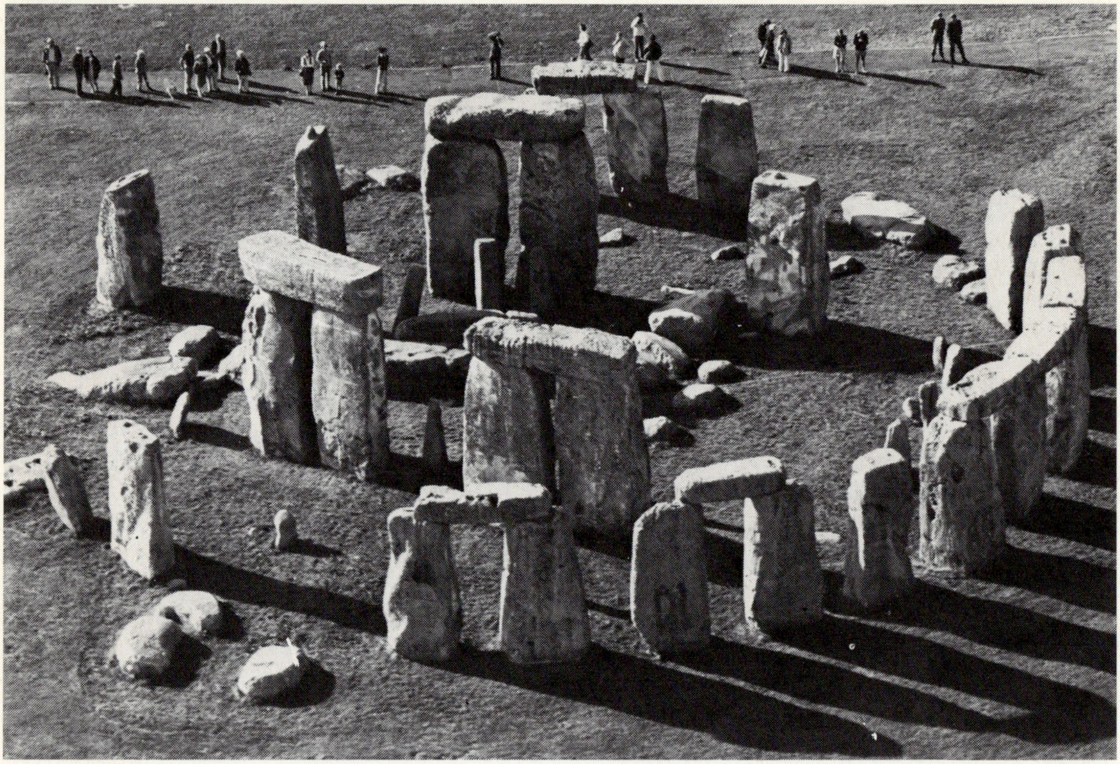

Eine der urgeschichtlichen Steinkreisanlagen in Stonehenge (Süd-England). In mehreren Bauphasen zwischen 2800 und 1100 v. Chr. errichtet. Höhe der Steinportale: im Mittel 7 m.

I. METHODENPROBLEMATIK UND ANFÄNGE DER KUNSTBETRACHTUNG

Dagobert Frey
Kunstwissenschaftliche Grundfragen

Jede wissenschaftliche Facharbeit setzt allgemeine, zutiefst philosophische Annahmen voraus, die ihre Richtung bestimmen, ihre Fragestellung ergeben, ihre Methode unterbauen. „Niemand versucht es, eine Wissenschaft zustande zu bringen, ohne daß ihm eine Idee zu Grunde liege" (KANT). Es kann keine Geschichtsbetrachtung geben, die nicht eine Geschichtsphilosophie voraussetzt, mag sie auch anonym bleiben. Man kann kein Bild beschreiben, nicht zwei Werke vergleichen, keine geschichtliche Tatsache herausheben, keine geschichtlichen Zusammenhänge aufstellen, ohne ein bestimmtes Bezugsystem, ohne bestimmte Kategorien, ohne bestimmte Fragestellungen anzunehmen, mit Hinblick auf die man beschreibt, vergleicht, heraushebt, verknüpft. Jedes Beschreiben, Vergleichen, Herausheben, Verknüpfen beruht auf einem Auswählen von Merkmalen, da niemals alle Merkmale erfaßt werden können. Diese Auswahl setzt aber notwendig ein Auswahlprinzip voraus.

Es bleibt letzten Endes eine Angelegenheit ebenso der persönlichen Veranlagung wie der Arbeitsökonomie, wieweit der einzelne sich dieser Voraussetzungen bewußt zu werden versucht, wieweit er sie sich zum Problem erhebt, sie kritisch überprüft oder neu gestaltet. Es gibt Wissenschaftler, die mit intuitiver Sicherheit ihren Weg gehen, auch wenn er uneben und rauh ist, und solche, die sich ihre Straße erst sorgfältig bauen müssen. Das gleiche gilt überdies auch für den Künstler.

Auf der Straße mag es sicherer zu gehen sein, aber der Bau kostet Arbeit und Zeit. So ist es also auch eine Frage der Arbeitsökonomie, wieweit man sich beim Straßenbau aufzuhalten gewillt ist. Noch allgemeiner: Die Überlegung hemmt die Tat, aber die Tat bedarf der Überlegung, sie zu lenken. Tat setzt immer Glauben, Überzeugung voraus, da man niemals alles wissen kann, das zu wissen nötig wäre, um alle Voraussetzungen der Tat richtig einzuschätzen und einzurechnen. Auch jeder wissenschaftlichen Fragestellung, jeder wissenschaftlichen Zielsetzung liegt ein wissenschaftlicher Glaube zugrunde; zumindest der Glaube an die Berechtigung und Lebenswichtigkeit seines Faches. Aber auch zu diesem wissenschaftlichen Glauben, wie zu jeder Glaubensfrage, wird sich ein jeder anders einstellen: Man kann glauben aus Gläubigkeit, man kann glauben aus Gewohnheit, man kann glauben aus überwundenem Zweifel. Es handelt sich dabei um menschliche Charaktere und nicht um Wertunterschiede; dies gilt auch für die entsprechenden Typen des Wissenschaftlers oder Künstlers. Und doch bleibt es das entscheidendste und vielleicht schwierigste Problem der Lebenshaltung des einzelnen wie eines Volkes oder einer Epoche, den lebensfördernden Ausgleich zwischen Glauben und Zweifel, zwischen Tat und Überlegung zu finden. Es bedeutet in gleicher Weise Gefahr — auch in der Wissenschaft — sich im Zweifel, im Be-Denken zu verlieren, wie sich im blinden Glauben zu „verrennen". Es ist ebenso nötig, unbedenklich vorwärts zu schreiten, wie von Zeit zu Zeit den Weg nach der Bussole zu überprüfen.
[. . .]

Kant, Immanuel (1724—1804), deutscher Philosoph, verstand Erkenntnis als Konstruktion eines erkennenden Subjekts mit der einen Grenze, daß Zeit, Raum und Kausalität „a priori" Voraussetzungen der Erkenntnis sind;
a priori: (lat.) von der Erfahrung oder Wahrnehmung unabhängig, ihr vorausgehend;
Bussole: (lat.-ital.) Winkelmaßinstrument;
Prolegomenon, Plural: *Prolegomena:* (griech.) Vorwort, einleitende Bemerkung zu einer größeren Schrift.

1. Erläutern Sie die These Kants, ohne „Idee" könne es keine Wissenschaft geben.
2. Wovon wird nach Frey die jeweilige wissenschaftliche Methode u. a. beeinflußt?
3. Erörtern Sie, welche Konsequenzen sich für Sie nach der Lektüre des Artikels von Frey für die Kunstbetrachtung und die eigene Arbeit ergeben.

Quelle:
Frey, Dagobert: Kunstwissenschaftliche Grundfragen. Prolegomena zu einer Kunstphilosophie. Wien 1946, S. 11 f.

DAGOBERT FREY, 1883—1962, österreichischer Kunsthistoriker. Er war Dozent in Wien, Breslau und Stuttgart und zwischendurch Leiter des Bundesdenkmalamtes in Wien.

Literatur:
Badt, Kurt: Eine Wissenschaftslehre der Kunstgeschichte. Köln 1971.
Bauer, Hermann: Kunsthistorik. Eine kritische Einführung in das Studium der Kunstgeschichte. München 1976.

Johann Joachim Winckelmann
Gedanken über die Nachahmung der griechischen Werke in der Malerei und der Bildhauerkunst

Der gute Geschmack, welcher sich mehr und mehr durch die Welt ausbreitet, hat angefangen, sich zuerst unter dem griechischen Himmel zu bilden. Alle Erfindungen fremder Völker kamen gleichsam nur als der erste Same nach Griechenland und nahmen eine andere Natur und Gestalt an in dem Lande, welches Minerva, sagt man, vor allen Ländern, wegen der gemäßigten Jahreszeiten, die sie hier angetroffen, den Griechen zur Wohnung angewiesen, als ein Land, welches kluge Köpfe hervorbringen würde. Der Geschmack, den diese Nation ihren Werken gegeben hat, ist ihr eigen geblieben; er hat sich selten weit von Griechenland entfernt, ohne etwas zu verlieren, und unter entlegenen Himmelsstrichen ist er spät bekannt geworden. [. . .]

Der einzige Weg für uns, groß, ja, wenn es möglich ist, unnachahmlich zu werden, ist die Nachahmung der Alten, und was jemand vom HOMER gesagt, daß derjenige ihn bewundern lerne, der ihn wohl verstehen gelernt, gilt auch von den Kunstwerken der Alten, sonderlich der Griechen. Man muß mit ihnen, wie mit seinem Freunde, bekannt geworden sein, um den Laokoon ebenso unnachahmlich als den HOMER zu finden.

[. . .]

Diese häufigen Gelegenheiten zur Beobachtung der Natur veranlaßten die griechischen Künstler, noch weiter zu gehen: Sie fingen an, sich gewisse allgemeine Begriffe von Schönheiten sowohl einzelner Teile als ganzer Verhältnisse der Körper zu bilden, die sich über die Natur selbst erheben sollten; ihr Urbild war eine bloß im Verstande entworfene geistige Natur.

[. . .]

Ich glaube, ihre Nachahmung könne lehren, geschwinder klug zu werden, weil sie hier in dem einen den Inbegriff desjenigen findet, was in der ganzen Natur ausgeteilt ist, und in dem anderen, wie weit die schönste Natur sich über sich selbst, kühn, aber weislich erheben kann. Sie wird lehren, mit Sicherheit zu denken und zu entwerfen, indem sie hier die höchsten Grenzen des menschlich und zugleich des göttlich Schönen bestimmt sieht.

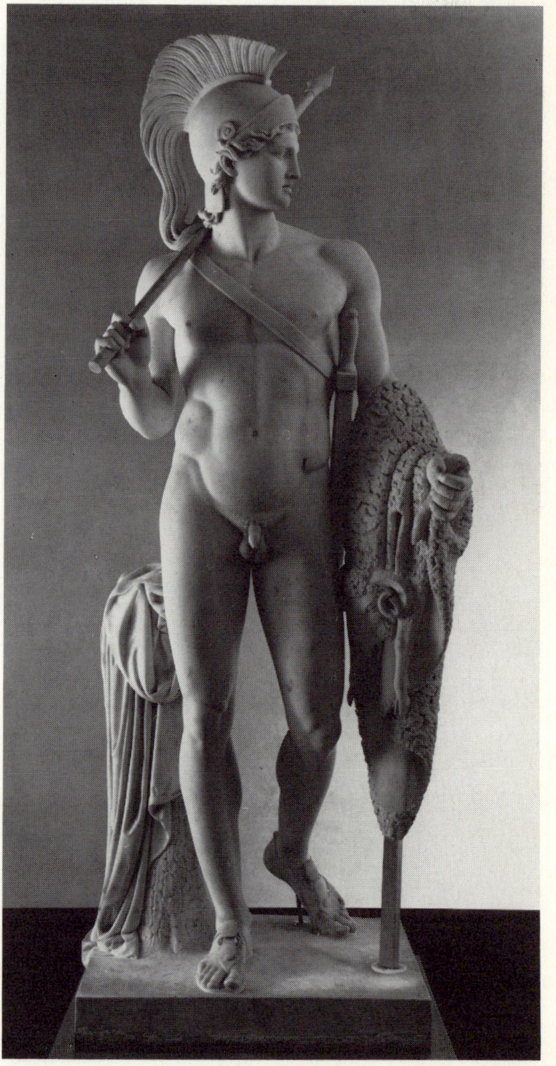

Bertel Thorvaldsen: Jason mit dem Goldenen Vlies. 1803—1828. Marmor. 242 cm. Thorvaldsens Museum, Kopenhagen.

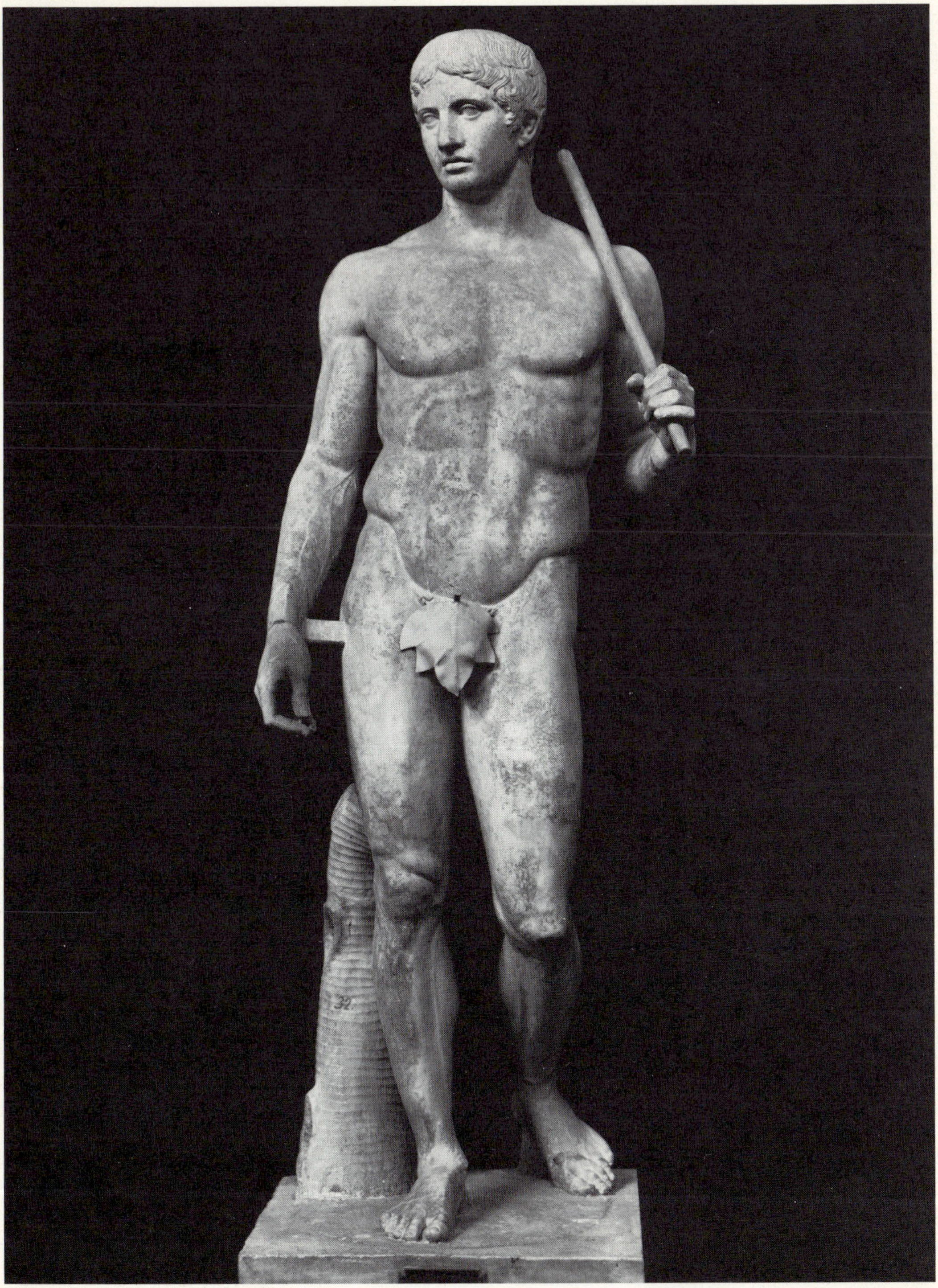

Polyklet von Argos: Doryphoros (Speerträger). 420 v. Chr. Nur noch als römische Marmorkopie (nach einem verschollenen Bronzeoriginal des Polyklet) erhalten. 212 cm. Museo Archeologico Nazionale, Neapel.

Wenn der Künstler auf diesen Grund baut und sich die griechische Regel der Schönheit Hand und Sinne führen läßt, so ist er auf dem Wege, der ihn sicher zur Nachahmung der Natur führen wird. Die Begriffe des Ganzen, des Vollkommenen in der Natur des Altertums werden die Begriffe des Geteilten in unserer Natur bei ihm läutern und sinnlicher machen: Er wird bei Entdeckung der Schönheiten derselben diese mit dem vollkommenen Schönen zu verbinden wissen, und durch Hilfe der ihm beständig gegenwärtigen erhabenen Formen wird er sich selbst eine Regel werden.
[...]
Das allgemeine vorzügliche Kennzeichen der griechischen Meisterstücke ist endlich eine edle Einfalt und stille Größe, sowohl in der Stellung als im Ausdrucke. So wie die Tiefe des Meeres allezeit ruhig bleibt, die Oberfläche mag noch so wüten, ebenso zeigt der Ausdruck in den Figuren der Griechen bei allen Leidenschaften eine große und gesetzte Seele. Diese Seele schildert sich in dem Gesichte des Laokoon, und nicht in dem Gesichte allein, bei dem heftigsten Leiden. Der Schmerz, welcher sich in allen Muskeln und Sehnen des Körpers entdeckt und den man ganz allein, ohne das Gesicht und andere Teile zu betrachten, an dem schmerzlich eingezogenen Unterleibe beinahe selbst zu empfinden glaubt: Dieser Schmerz, sage ich, äußert sich dennoch mit keiner Wut in dem Gesichte und in der ganzen Stellung. Er erhebt kein schreckliches Geschrei, wie VIRGIL von seinem Laokoon singt. Die Öffnung des Mundes gestattet es nicht; es ist vielmehr ein ängstliches und beklemmtes Seufzen. [...] Der Schmerz des Körpers und die Größe der Seele sind durch den ganzen Bau der Figur mit gleicher Stärke ausgeteilt und gleichsam abgewogen. [...]
Der Ausdruck einer so großen Seele geht weit über die Bildung der schönen Natur; der Künstler mußte die Stärke des Geistes in sich selbst fühlen, welche er seinem Marmor einprägte.

Minerva: altitalische Göttin, Beschützerin des Handwerks; später der griechischen Athene gleichgesetzt;
Homer (lebte etwa um 800 v. Chr.), griechischer Dichter, die Epen „Ilias“ und „Odyssee“ sind die frühesten uns erhaltenen Dichtungen der Antike;
Laokoon: sagenhafter Priester des Apollo in Troia, warnte vor dem hölzernen Pferd der Griechen, wurde bald darauf bei der Darbietung des Opfers mit seinen beiden Söhnen durch zwei Schlangen erwürgt;
Virgil (Vergil) (70 v. Chr. – 19 v. Chr.), römischer Dichter;
Polyklet von Argos, griechischer Bildhauer des 5. Jahrhunderts v. Chr., einer der bedeutendsten Bildhauer der Antike;
Thorvaldsen, Bertel (1768 – 1844), dänischer Bildhauer;
Attitüde: (franz.) Einstellung, Haltung, die eine Gesinnung ausdrückt.

1. Anhand welcher Kriterien beurteilt Winckelmann die Qualität von Kunstwerken? Warum kann seine Methode normativ genannt werden?
2. Zeigen Sie, wie Winckelmann Prinzipien der Ästhetik auf die bildende Kunst überträgt und damit Kunst als Vorstufe des sittlich Schönen und als eine Einheit von Sinnlich-Sittlichem versteht.
3. Inwiefern ist Winckelmanns Kunstbetrachtung eher schöpferisch als analytisch? Welche Bedeutung hat die sprachliche Formulierung bei Winckelmanns Werkanalyse?
4. Versuchen Sie anhand der Skulpturen „Doryphoros“ von Polyklet (S. 8) und „Jason“ von Bertel Thorvaldsen (S. 7) nachzuweisen, daß Winckelmanns klassizistisch-historisierende Auffassung Beurteilung und Produktion von Kunst beeinflußt hat. Worin unterscheiden sich die beiden vom Motiv her ähnlichen Figuren?

Quelle:
Winckelmann, Johann Joachim: Gedanken über die Nachahmung der griechischen Werke in der Malerei und Bildhauerkunst. In: *Rehm, Walther* (Hrsg.), Johann Joachim Winckelmann – Ausgewählte Schriften und Briefe. Wiesbaden 1948. S. 1 – 20.

JOHANN JOACHIM WINCKELMANN, 1717 – 1768, war nach pädagogischer Tätigkeit Bibliothekar bei Dresden und schrieb, z. T. von der Dresdner klassizistischen Atmosphäre angeregt, im Jahr 1755 „Gedanken über die Nachahmung der griechischen Werke in der Malerei und der Bildhauerkunst“. Diese Schrift wurde die eigentliche Programmschrift der beginnenden klassizistischen Bewegung in Deutschland. Im gleichen Jahr siedelte Winckelmann nach Rom über und war seit 1763 Präsident der Altertümer und Skriptor der vatikanischen Bibliothek. 1764 erschien sein Hauptwerk „Geschichte der Kunst des Altertums“.
Winckelmann schrieb über griechische Kunst, ohne je selbst in Griechenland gewesen zu sein.
Die Bedeutung seiner Werke besteht vor allem in seiner völlig neuen Betrachtungsweise: Er geht auf die Grundbedingungen des künstlerischen Schaffens zurück, auf die Lebensformen der Völker, auf Boden, Klima, Staat, Gesellschaft, Religion; an Stelle der üblichen Künstlergeschichte tritt eine Stilgeschichte.

Literatur:
Kultermann, Udo: Geschichte der Kunstgeschichte – Der Weg einer Wissenschaft. Wien/Düsseldorf 1966.
Gohr, Siegfried: Die Antike in der Kunsttheorie von J. J. Winckelmann bis Friedrich Schlegel. In: Ausstellungskatalog Bertel Thorvaldsen. Eine Ausstellung des Wallraf-Richartz-Museums in der Kunsthalle Köln. Köln 1977.

Jakob Burckhardt
Weltgeschichtliche Betrachtungen

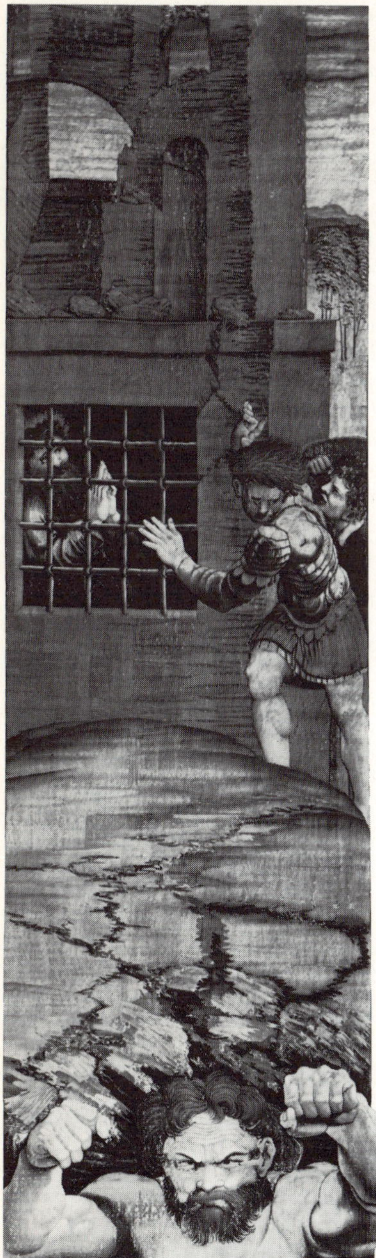

Raffael (Raffaello Santi): St. Paul im Kerker. Gobelin. Vatikan.

Unser Thema werden Staat, Religion und Kultur in ihrem gegenseitigen Verhältnisse sein. Hierbei sind wir uns der Willkür unserer Trennung in diese drei Potenzen wohl bewußt. Es ist, als nähme man aus einem Bilde eine Anzahl von Figuren heraus und ließe den Rest stehen. Auch soll die Trennung bloß dazu dienen, uns eine Anschauung zu ermöglichen, und ohnehin *muß* ja freilich jede fachweise trennende Geschichtsbetrachtung so verfahren (wobei die Fachforschung jedesmal *ihr* Fach für das wesentlichste hält).

Die drei Potenzen sind unter sich höchst heterogen und nicht koordinierbar, und ließe man auch die beiden stabilen: Staat und Religion, in einer Reihe gehen, so wäre doch die Kultur etwas wesentlich anderes.

Staat und Religion, die der Ausdruck des politischen und des metaphysischen Bedürfnisses sind, beanspruchen wenigstens für das betreffende Volk, ja für die Welt, die universale Geltung.

Die dem materiellen und dem geistigen Bedürfnis im engeren Sinn entsprechende Kultur aber ist für uns hier: der Inbegriff alles dessen, was zur Förderung des materiellen und als Ausdruck des geistig-sittlichen Lebens *spontan* zustande gekommen ist, alle Geselligkeit, alle Techniken, Künste, Dichtungen und Wissenschaften. Sie ist die Welt des Beweglichen, Freien, nicht notwendig Universalen, desjenigen, was keine Zwangsgeltung in Anspruch nimmt.

Eine unnütze Prioritätsfrage könnte zwischen den dreien aufgeworfen werden; wir sind hier davon wie von aller Spekulation über die Anfänge dispensiert.

Unser Hauptgegenstand werden zunächst ihre kurze Charakteristik und alsdann die Erörterung ihrer gegenseitigen Einwirkung aufeinander sein.

Bisweilen scheinen sie sogar in der Funktion abzuwechseln; es gibt vorzugsweise politische und vorzugsweise religiöse Zeiten oder wenigstens Momente und endlich Zeiten, die vorzugsweise den großen Kulturzwecken zu leben scheinen.

Ferner wechselt ihr Bedingen und Bedingtsein oft in raschem Umschlag; oft täuscht sich der Blick noch lange darüber, welche die aktive und welche die passive ist.

Und jedenfalls existiert in Zeiten hoher Kultur immer alles auf allen Stufen des Bedingens und der Bedingtheit gleichzeitig, zumal, wenn das Erbe vieler Epochen schichtweise übereinander liegt. [. . .]

Kultur nennen wir die ganze Summe derjenigen Entwicklungen des Geistes, welche spontan geschehen und keine universale oder Zwangsgeltung in Anspruch nehmen.
Sie wirkt unaufhörlich modifizierend und zersetzend auf die beiden stabilen Lebenseinrichtungen ein, — ausgenommen insofern dieselben sie völlig dienstbar gemacht und zu ihren Zwecken eingegrenzt haben.
Sonst ist sie die Kritik der beiden, die Uhr, welche die Stunde verrät, da in jenen Form und Sache sich nicht mehr decken.
Ferner ist sie derjenige millionengestaltige Prozeß, durch welchen sich das naive und rassenmäßige Tun in reflektiertes Können umwandelt, ja in ihrem letzten und höchsten Stadium, in der Wissenschaft und speziell in der Philosophie, in bloße Reflexion.
Ihre äußerliche Gesamtform aber gegenüber von Staat und Religion ist die Gesellschaft in weitestem Sinne.
Jedes ihrer Elemente hat so gut wie Staat und Religion sein Werden, Blühen, d. h. völliges Sichverwirklichen, Vergehen und Weiterleben in der allgemeinen Tradition (soweit es dessen fähig und würdig ist); Unzähliges lebt auch unbewußt weiter als Erwerb, der aus irgend einem vergessenen Volk in das Geblüt der Menschheit übergegangen sein kann. Ein solches unbewußtes Aufsummieren von Kulturresultaten in Völkern und einzelnen sollte man überhaupt immer in Rechnung ziehen.
Dies Wachsen und Vergehen folgt höheren, unergründlichen Lebensgesetzen.
[...]
Hier mögen nun noch einige Worte zur geschichtlichen Betrachtung der *übrigen Künste* angeschlossen werden, wobei wir allerdings vom Verhältnis der jeweiligen Menschheit zur Musik absehen wollen, das wieder eine Welt für sich ist.
Eine solche ist aber auch ihr Verhältnis zu den bildenden Künsten, und es erhebt sich die Frage: Wie spricht die Geschichte durch die Kunst?
Es geschieht dies vor allem durch das *Baulich-Monumentale,* welches der willentliche Ausdruck der Macht ist, sei es im Namen des Staates oder dem der Religion.
Aber man kann sich mit einem Stonehenge begnügen, wenn nicht in dem betreffenden Volke das Bedürfnis vorhanden ist, in Formen zu sprechen.
Durch dies Bedürfnis entstehen die Stile; aber der Weg vom religiös-monumentalen Wollen bis zum Vollbringen, bis zu einem Parthenon und Kölner Dom ist ein weiter.
Und dann meldet sich das Monumentale in Schloß, Palast, Villa usw. auch als Lebensluxus. Es ist hier zugleich Ausdruck und wiederum Anregung bestimmter Stimmungen, beim Besitzer jenes, beim Beschauer dieses.

So spricht der Charakter ganzer Nationen, Kulturen und Zeiten aus ihrem Gesamtbauwesen als der äußeren Hülle ihres Daseins.

Die Kunst ist in den religiösen, monumentalen, naiven Zeiten die unvermeidliche Form alles dessen, was für den Menschen heilig oder mächtig ist, und so prägt sich auch in *Skulptur und Malerei* vor allem die Religion aus, und zwar erstlich in Typen, indem Ägypter, Orientalen, Griechen, Mittelalter und neuere Kunst das Göttliche oder wenigstens das Heilige jedesmal in der ihnen gemäßen Gestalt einer erhöhten Menschheit darstellen, und zweitens in Historien, wobei die Kunst zu dem Zweck entsteht, das Wort in der Erzählung des Mythus, der heiligen Geschichte und Legende gleichsam abzulösen. Dies sind ihre größten, dauernden, unerschöpflichen Aufgaben, an welchen sich ihr Maßstab überhaupt ausbildet, wo sie kennen lernt, was sie kann.
Aber auch hier, in Skulptur und Malerei, wird dann die Kunst Lebensluxus; es entsteht eine profane Kunst, zum Teil weltlich-monumental, im Dienste der Macht, zum Teil im Dienste des Reichtums; Nebengattungen wie Porträt, Genre, Landschaft lösen sich ab, besondern einzelnen Vermögen und Bestellern entsprechend; auch hier wird die Kunst Ausdruck von Stimmungen und Anregung zu solchen.
In den abgeleiteten oder Spätzeiten sodann glaubt der Mensch, die Kunst diene ihm; er braucht sie zur Pracht und beutet bisweilen mehr ihre Neben- und Zierformen als ihre Hauptformen aus; ja sie wird Gegenstand von Zeitvertreib und von Geschwätz.
Neben dem allem aber wird sie sich ihrer hohen Stellung bewußt als eine Macht und Kraft für sich, welche nur der Anlässe und flüchtiger Berührungen aus dem Leben bedarf, dann aber von sich aus ein Höchstes verwirklicht.
Das Innewerden dieses gewaltigen Mysteriums ist es, was uns die Person des großen Künstlers, in welchem sich dies alles vollzieht, in so gewaltige Höhe und Ferne rückt, ob nun der Ausdruck der eines unmittelbaren Volksgeistes, einer Religion, eines Höchsten, das einst geherrscht — oder eine ganz freie Schwingung eines individuellen Geistes sei. Daher die magische Gewalt (und heute die hohen Preise) der Originale.

Stonehenge: vorgeschichtliche Steinkreisanlage in Süd-England, die am besten erhaltene Megalithanlage aus dem 3./2. Jt. v. Chr. (s. auch Abb. S. 5);
Parthenon: Tempel der Athene auf der Akropolis in Athen, erbaut 448—432 v. Chr. (s. auch Abb. S. 65);
profan: (lat.) weltlich, alltäglich.

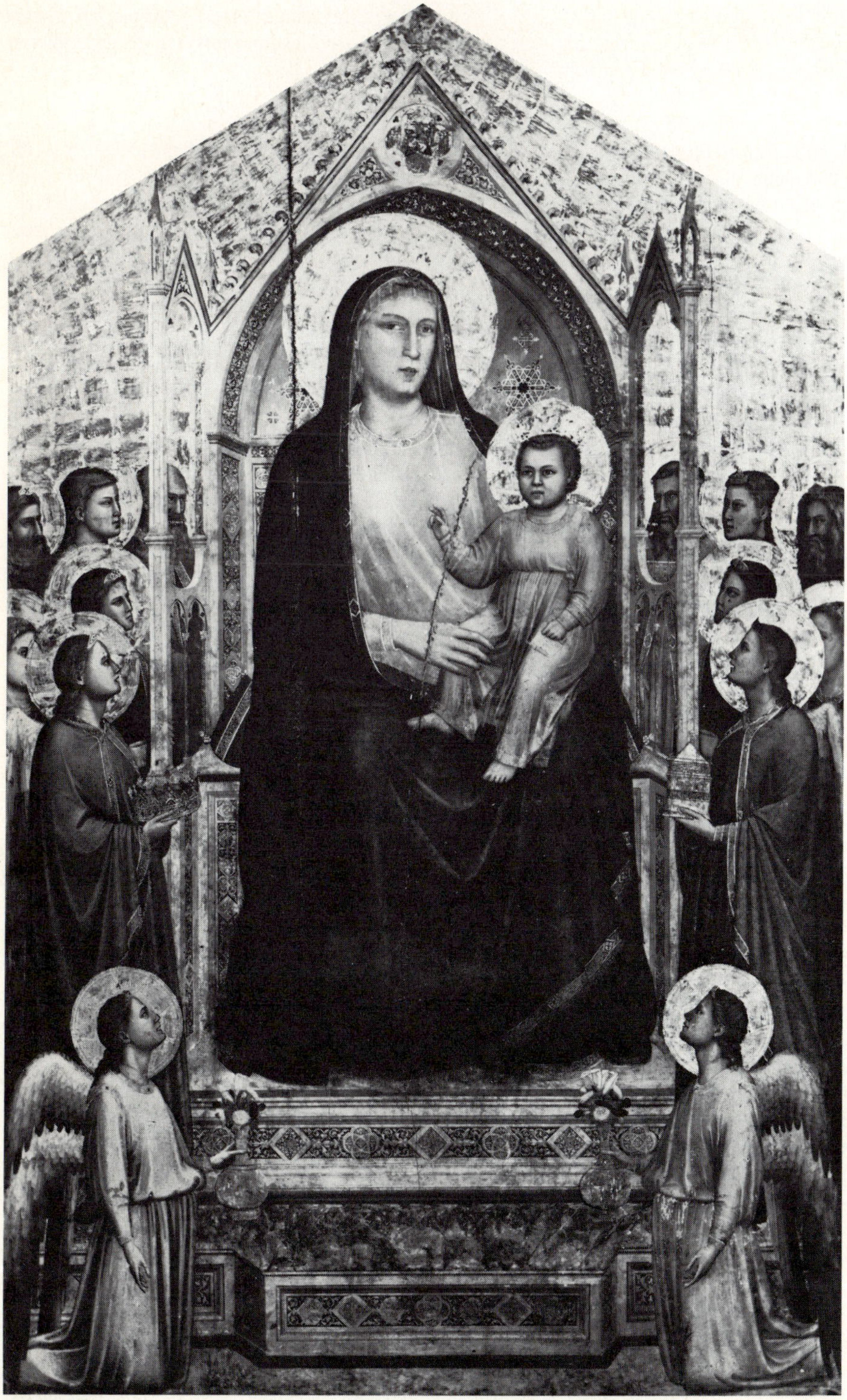

Giotto di Bondone: Allerheiligenmadonna aus der Kirche Ognissanti, Florenz. Um 1310. Tempera auf Holz. 324 × 204 cm. Uffizien, Florenz.

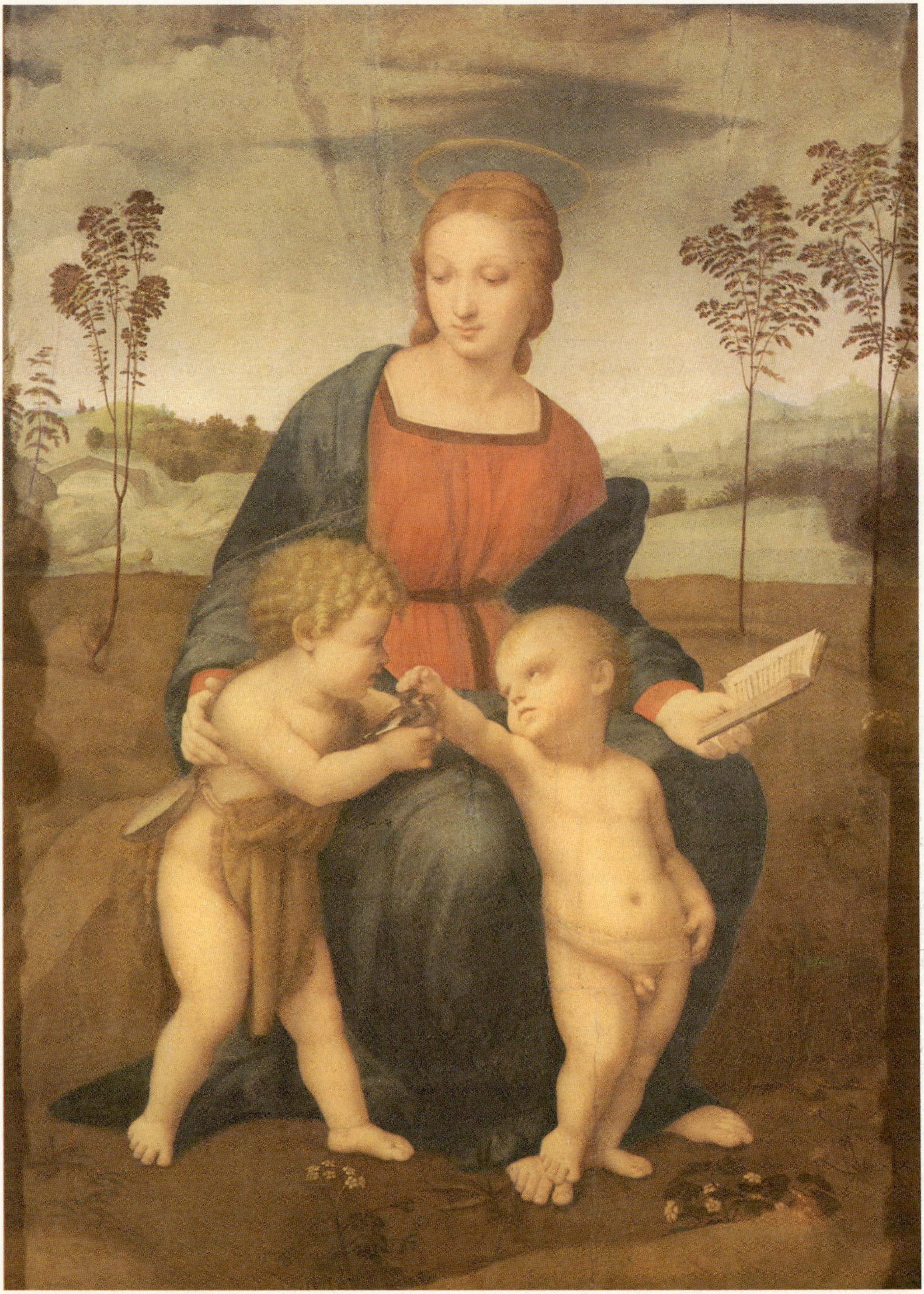

Raffael (Raffaello Santi): Die Madonna mit dem Stieglitz. 1506. Öl auf Leinwand. 107 × 77 cm. Uffizien, Florenz.

Jacob Burckhardt
Die Kunst der Renaissance in Italien

[. . .]

§ 260
Verhältnis zur vorhergehenden Periode

Die Malerei der Frührenaissance trat ein gewaltigeres Erbe an als die gleichzeitige Skulptur. In der christlichen Kunst war es schon seit dem frühesten Mittelalter aus inneren Gründen entschieden, daß die Malerei der Religion die überwiegend reichere und vielseitigere Verherrlichung gewähre, und für Italien hatte im 14. Jahrhundert die Schule GIOTTOs dies Verhältnis auf das Ruhmvollste festgesetzt.

§ 261
Der Ruhm in der Malerei

Mit hoher ererbter Popularität ausgerüstet und von einem gewaltigen Drange der Auszeichnung beseelt, gestaltet die Malerei seit Anfang des 15. Jahrhunderts alle ihre bisherigen Aufgaben im Geist der neuen Zeit um und erweitert ihre Grenzen nach allen Seiten.

§ 262
Äußere Stellung und Konkurrenz

Von zünftischen Schranken war die Malerei nirgends mehr ernstlich gehemmt, der Bildungsgang ein völlig freier, die Konkurrenz schrankenlos und bisweilen von den Bestellern in hoher Absicht gefördert.

§ 263
Reisen der Maler

Die künstlerische Existenz ist und bleibt eine höchst bewegliche, und mit dem 16. Jahrhundert beginnen auch die Reisen außerhalb Italiens häufiger zu werden.

§ 264
Äußere Ursachen des Verfalls

Der Verfall der Malerei ist äußerlich begleitet von der entschiedenen Knechtschaft Italiens in Verbindung mit der beginnenden Gegenreformation und hat zur wesentlichen Mitursache die gewissenlose Schnellproduktion. Daneben macht sich eine unechte Verbindung mit der Presse geltend.

Renaissance: (lat.) „Wiedergeburt“ (der antiken Kultur). Der kulturgeschichtliche Begriff „Renaissance“ zur Kennzeichnung der nachmittelalterlichen, die Neuzeit einleitende Epoche ist von Geschichtsschreibern des 19. Jahrhunderts, u. a. von Jacob Burckhardt, formuliert worden;
Frührenaissance: 1420– etwa 1500 in Italien;
Giotto di Bondone (1266–1337), italienischer Maler und Baumeister;
Zunft: die ständische Gliederung der selbständigen Handwerker in Europa vom hohen Mittelalter bis in die Mitte des 19. Jahrhunderts.

1. Wie begründet und erläutert Burckhardt seine Kunstanschauung als Kulturanschauung und seine Auffassung von Kunst als einem gesellschaftlichen Instrument?
2. Vergleichen Sie die Textauszüge von Winckelmann (s. S. 7) und Burckhardt unter folgenden Gesichtspunkten:
   — Welche Rolle spielt eine idealistische, normative Ästhetik bei den Kunstbetrachtungen der Autoren?
   — Welcher Zusammenhang besteht zwischen der Gestalt des Kunstwerks und dessen sozialer Funktion?
   — Welches sind die zentralen Begriffe?
3. Burckhardt nennt seine Kunstbetrachtungen „geschichtlich“. Zeigen Sie, inwieweit sich Burckhardts Methode an der Geschichtswissenschaft orientiert.

Quellen:
Burckhardt, Jacob: Weltgeschichtliche Betrachtungen. Berlin/Stuttgart 1910, S. 26 f., S. 56 f. und S. 78 ff.
Burckhardt, Jacob: Die Kunst der Renaissance in Italien. Stuttgart/Berlin/Leipzig 1932, S. 291 f.

JACOB BURCKHARDT, 1818–1897, Baseler Historiker und Kunstwissenschaftler. Äußerst eigenwilliger Denker, der inmitten einer Umwelt der Machtbegeisterung die Macht an sich als böse ansah und geschichtliche Erkenntnis nicht nur aus dem Ablauf politischen Geschehens, sondern in besonderem Maße aus der Betrachtung der Kulturentwicklung zog.

Literatur:
Neumann, Karl: J. Burckhardt. München 1927.
Wenzel, Johannes: J. Burckhardt in der Krise seiner Zeit. Berlin (Ost) 1967.
Martin, Alfred von: Soziologie der Renaissance. Stuttgart 1974.

II. KÜNSTLERBEZOGENE INTERPRETATIONSANSÄTZE

Wilhelm Heinrich Wackenroder

Das Muster eines kunstreichen und dabei tiefgelehrten Malers vorgestellt in dem Leben des Leonardo da Vinci berühmten Stammvaters der Florentinischen Schule

Das Zeitalter der Wiederaufstehung der Malerkunst in Italien hat Männer ans Licht gebracht, zu denen die heutige Welt billig wie zu Heiligen in der Glorie hinaufsehen sollte. Von ihnen möchte man sagen, daß sie zuerst die wilde Natur durch ihre Zauberkünste bezwungen und gleichsam beschworen, — oder auch, daß sie zuerst aus der verworrenen Schöpfung den Funken der Kunst herausgeschlagen hätten. Ein jeder von diesen prangte mit eigenen, namhaften Vollkommenheiten, und es sind im Tempel der Kunst für viele von ihnen Altäre errichtet.

Ich habe mir aus diesen für jetzt den berühmten Stammvater der Florentinischen Schule, den nie genug gepriesenen LEONARDO DA VINCI auserwählt, um ihn, wem daran gelegen ist, als das Muster in einem wahrhaft gelehrten und gründlichen Studium der Kunst und als das Bild eines unermüdlichen und dabei geistreichen Fleißes darzustellen.

[. . .]

Der Mann, von dem wir reden, erblickte das Licht der Welt in dem Flecken Vinci, welcher unten im Arno-Tale, unweit der prächtigen Stadt Florenz, belegen ist. Seine Geschicklichkeit und sein Witz, die er von der Natur zum Erbteil bekommen hatte, verrieten sich, wie es bei solchen auserlesenen Geistern zu geschehen pflegt, schon in seiner zarten Jugend, und sahen durch die bunten Figuren, die seine kindische Hand spielend herausbrachte, deutlich hervor. Dies ist wie das erste Sprudeln einer kleinen, muntern Quelle, welche nachher zum mächtigen und bewunderten Strome wird. Wer es kennt, hält das Gewässer in seinem Laufe nicht zurück, weil es sonst durch Wall und Dämme bricht, sondern läßt ihm seinen freien Willen. So tat Leonardos Vater, indem er den Knaben seiner ihm von Natur eingepflanzten Neigung überließ und ihn der Lehre des sehr berühmten und verdienten Mannes, ANDREA DEL VERROCCHIO zu Florenz, übergab.

Aber ach! wer kennt und wer nennt unter uns noch diese Namen, die damals wie funkelnde Sterne am Himmel glänzten? Sie sind untergegangen, und es wird nichts mehr von ihnen gehört, — man weiß nicht, ob sie jemals waren.

Und dieser ANDREA DEL VERROCCHIO war keiner der gemeinsten. Er war dem heiligen Trifolium aller bildenden Künste, der Maler-, Bildner- und Baukunst ergeben, — wie es denn dazumal nichts Ungewöhnliches war, daß für eine solche dreifache Liebe und Fähigkeit *eines* Menschen Geist Raum genug hatte. Außerdem aber war er in den mathematischen Kenntnissen bewandert und auch ein eifriger Freund der Musik. Es mag wohl sein, daß dessen Vorbild, welches sich früh in die weiche Seele LEONARDOs eindrückte, viel auf ihn gewirkt hat; indes mußten die Keime doch auf dem Grunde seiner Seele liegen. Aber wer mag überhaupt bei der Geschichte der Ausbildung eines fremden Geistes alle die feinen Fäden zwischen Ursachen und Wirkungen auffinden, da die Seele während ihrer Handlungen sich dieses Zusammenhanges selbst nicht einmal immer bewußt ist.

Zur Erlernung jeder bildenden Kunst, selbst wenn sie ernsthafte oder trübselige Dinge abschildern soll, gehört ein lebendiges und aufgewecktes Gemüt; denn es

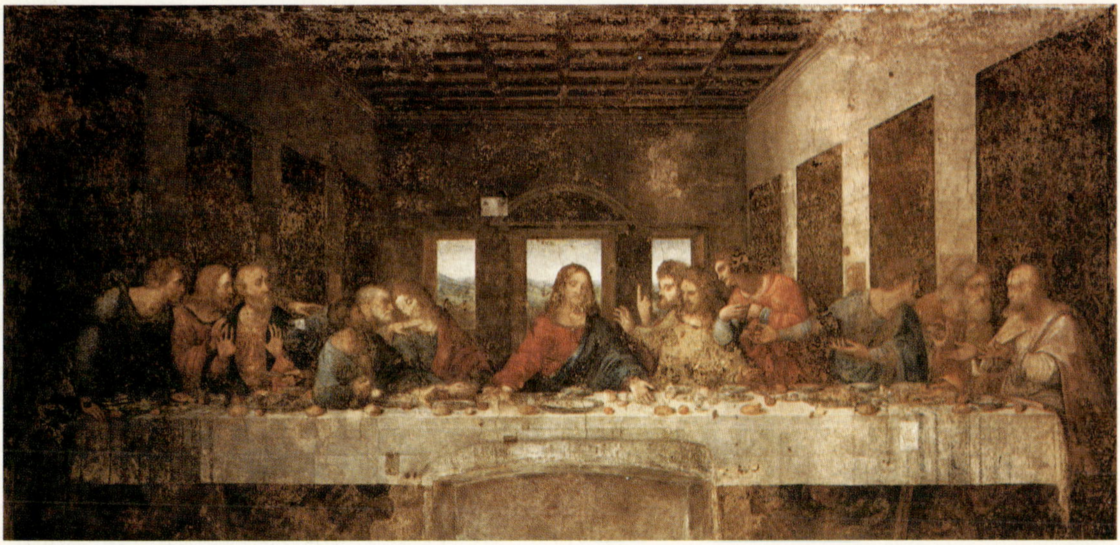

Leonardo da Vinci: Das Heilige Abendmahl. 1495—1497. Öltempera auf Putz. 420 × 910 cm. Santa Maria delle Grazie, Mailand.

soll ja durch allmähliche mühsame Arbeit endlich ein vollkommenes Werk, zum Wohlgefallen aller Sinne, hervorgebracht werden, und traurige und in sich verschlossene Gemüter haben keinen Hang, keine Lust, keinen Mut und keine Stetigkeit hervorzubringen. Solch ein aufgewecktes Gemüt besaß der Jüngling LEONARDO DA VINCI; und er übte sich nicht nur mit Eifer im Zeichnen und im Setzen der Farben, sondern auch in der Bildhauerei, und zur Erholung spielte er auf der Geige und sang artige Lieder. Wohin also sein vielbefassender Geist sich auch wandte, so ward er immer von den Musen und Grazien als ihr Liebling, in ihrer Atmosphäre schwebend getragen und berührte nie, auch in den Stunden der Erholung nicht, den Boden des alltäglichen Lebens. Von allen Beschäftigungen aber lag die Malerei ihm zunächst am Herzen; und zu seines Lehrers Beschämung brachte er es darin nach kurzer Zeit so weit, daß er ihn selbst übertraf. Ein Beweis, daß die Kunst sich eigentlich nicht lernt und nicht gelehrt wird, sondern daß ihr Strom, wenn er nur auf eine kurze Strecke geführt und gerichtet ist, unbeherrscht aus eigener Seele quillt.

Da seine Einbildung so fruchtbar und reich an allerlei bedeutenden und sprechenden Bildern war, so zeigte sich in seiner lebhaften Jugend, wo alle Kräfte sich mit Gewalt in ihm hervordrängten, sein Geist nicht in gewöhnlichen, unschmackhaften Nachahmungen, sondern in außerordentlichen, reichen, ja fast ausschweifenden und seltsamen Vorstellungen. So malte er einst unsre ersten Voreltern im Paradiese, welches er durch alle mögliche Arten wunderbarer und fremdgestalteter Tiere und durch eine unendliche, mühsame Verschiedenheit der Pflanzen und Bäume so bereicherte und ausschmückte, daß man über die Mannigfaltigkeit erstaunen mußte und seine Augen nicht von dem Bilde abziehen konnte. Noch wunderbarer war der Medusenkopf, den er einst auf ein hölzernes Schild für einen Bauern malte: Er setzte ihn aus den Gliedern aller nur ersinnlichen häßlichen Gewürme und greulicher Untiere zusammen, so daß man gar nichts Erschrecklicheres sehen mochte. Die Erfahrenheit der Jahre ordnete nachher diesen wilden, üppigen Reichtum in seinem Geiste.

Aber ich will zur Hauptsache eilen und versuchen, ob ich eine Abschilderung von dem vielumfassenden Eifer dieses Mannes geben kann.

In der Malerei trachtete er mit unermüdlicher Begier nach immer höheren Vollkommenheiten, und nicht in *einer*, sondern in *allen* Arten; und mit dem Studium der Geheimnisse des Pinsels verband er die fleißigste *Beobachtung*, die, als sein Genius, ihn durch alle Szenen des gewöhnlichen Lebens leitete und ihn auf allen seinen Wegen, wo andre es nicht ahndeten, die schönsten Früchte für sein Lieblingsfach einsammeln ließ. Also war er selber das größte Beispiel zu den Lehren, die er in seinem vortrefflichen Werke von der Malerei erteilt, daß nämlich ein Maler sich *allgemein* machen solle und nicht alle Dinge nach einem einzigen angewöhnten Handgriff, sondern ein jedes nach seiner besonderen Eigentümlichkeit darstellen müsse; — und denn, daß man sich nicht an einen Meister hängen, sondern selbst frei die Natur in allem ihren Wesen erforschen solle, indem man sonst ein Enkel, nicht aber ein Sohn der Natur genannt zu werden verdiene.

[...]

In der *Wissenschaft* seiner Kunst war vielleicht nie ein Maler erfahrener und gelehrter als er. Die Kenntnis der inneren Teile des menschlichen Körpers und des ganzen Räder- und Hebelwerks dieser Maschine, — die Kenntnis des Lichts und der Farben, und wie beide aufeinander wirken, und sich eines mit dem andern vermählt, — die Lehre von den Verhältnissen, nach welchen die Dinge in der Entfernung kleiner und schwächer erscheinen; — alle diese Wissenschaften, welche in der Tat zu dem wahren, ursprünglichen Fundamente der Kunst gehören, hatte er bis in ihre tiefsten Abgründe durchdrungen.

[...]

Alle die Schönheiten und das Vortreffliche in den vielen Gemälden unseres LEONARDO auseinanderzusetzen, ist meine Feder nicht im Stande. Sein berühmtestes Bild ist wohl die Vorstellung des heiligen Abendmahles in dem Refektorium der Dominikaner zu Mailand. Man bewundert darin den seelenvollen Ausdruck in den Köpfen der Jünger Christi, wie jeder den Herrn zu fragen scheinet: Herr! bin ich's? Die alten Anekdotensammler der Kunst erzählen, daß LEONARDO, nachdem er die übrigen Figuren vollendet, eine Weile gezögert und immer bei sich überlegt und nachgedacht, oder (um vielleicht eigentlicher zu reden) auf glückliche Eingebungen geharret habe, wie er das verräterische Gesicht des Judas und das erhabene Antlitz Jesu recht vollkommen ausdrücken solle; Worauf der Prior des Klosters einen einleuchtenden Beweis seines Unverstandes gegeben, indem er ihn, wie einen Tagelöhner, über sein Zögern zur Rede gestellt habe.

[...]

In Florenz hatte LEONARDO DA VINCI sich wieder aufgehalten, seitdem in den kriegerischen Zeiten von Italien der HERZOG LODOVICO SFORZA von Mailand eine gänzliche Niederlage erlitten hatte und die Akademie zu Mailand ganz zerstiebt war. In seinem hohen Alter ward er noch von KÖNIG FRANZ I. aus Florenz nach *Frankreich* berufen.

Der Monarch schätzte ihn über alles hoch und empfing den alten, fünfundsiebzigjährigen Mann mit besonderer Freundlichkeit und Achtung. Allein es war ihm nicht beschieden, sein Leben in dem ihm neuen Lande noch hoch zu bringen. Die Beschwerlichkeiten der Reise und die Verschiedenheit der Landesart mußten ihm die Krankheit zugezogen haben, die ihn nicht lange nach seiner Ankunft befiel. Der König besuchte ihn fleißig in seiner Krankheit und bezeigte sich sehr besorgt um ihn. Als er einst auch zu ihm kam, an sein Lager trat, und der alte Mann sich im Bette aufrichten wollte, um dem Könige für seine Gnade zu danken, ward er unvermerkt von einer Schwachheit überfallen — der König unterstützte ihn mit seinen Armen – aber der Atem ging ihm aus – und *der Geist,* der so viele und große Dinge gewirkt hatte, welche noch jetzt in ihrer Vollkommenheit bestehen, war durch einen einzigen Hauch, wie ein Blatt von der Erde, weggeweht. —

Wenn der Glanz der Kronen das Licht ist, welches das Gedeihen der Künste vorzüglich befördert, so kann man die Szene, die an dem Ende von LEONARDOS Leben steht, gewissermaßen als eine Apotheose des Künstlers ansehen; in den Augen der Welt wenigstens mußte es für alle Taten des großen Mannes ein würdiger Lohn erscheinen, in den Armen eines *Königs* zu erblassen. — —

Man wird mich nun vielleicht fragen: Ob ich denn nun diesen hier so hochgepriesenen LEONARDO DA VINCI als den vortrefflichsten und als das Haupt aller Maler aufstellen, und alle Schüler auffordern wollte, daß sie gerade so zu werden streben sollten, wie er?

Aber anstatt zu antworten, frage ich wieder: Ob es denn nicht erlaubt sei, seinen Blick einmal absichtlich auf den großen und betrachtungswürdigen Geist eines einzigen Mannes zu beschränken, um seine eigentümlichen Vortrefflichkeiten einmal recht für sich in ihrem Zusammenhange zu überschauen? — und ob man wohl so dreist mit der anmaßenden Strenge eines Richteramtes die Künstler nach Maß und Gewicht ihrer Verdienste in Reih und Glied stellen könne, wie die Lehrer der Moral tugend- und lasterhafte Menschen nach genauen Regeln des Ranges über- und untereinander zu setzen sich vermessen?

[...]

Wer bei meinem zweifachen Bilde, wie ich an den Geist des Mannes, den wir eben geschildert haben, und an den Geist desjenigen, den ich den Göttlichen zu nennen pflege, gedenkt, wird in dieser Gleichnisrede vielleicht Stoff zum Nachsinnen finden. Dergleichen Phantasien, die uns in den Sinn kommen, verbreiten oftmals auf wunderbare Weise ein helleres Licht über einen Gegenstand, als die Schlußreden der Vernunft; und es liegt neben den sogenannten höheren Erkenntniskräften ein Zauberspiegel in unsrer Seele, der uns die Dinge manchmal vielleicht am kräftigsten dargestellt zeigt. —

da Vinci, Leonardo (1452 – 1519), war das umfassendste künstlerische und wissenschaftliche Genie der Renaissance; seine Erkenntnisse und Erfindungen auf naturwissenschaftlichem und technischem Gebiet sind so bedeutend wie seine gestalterischen Leistungen. Hauptgemälde: (das sehr beschädigte) Abendmahl, Bildnis der Mona Lisa, Madonna in der Felsengrotte;

Verrocchio, Andrea del (1436 – 1488), italienischer Maler und Bildhauer;

Trifolium: (lat.) Dreiblatt, Kleeblatt;
Refektorium: (lat.) der Speisesaal im Kloster;
Dominikaner: Predigerorden, Bettelorden zur Ausbreitung und Verteidigung des Glaubens durch Predigt, Unterricht und Presse mit dem Sitz des Ordensmeisters in Rom und (1966) 10 000 Mitgliedern;
Anekdote: (griech.-franz.) kurze, oft witzige Geschichte (zur Charakterisierung einer Persönlichkeit, einer sozialen Schicht, einer Zeit usw.);
Sforza: italienisches Adelsgeschlecht, gelangte 1450 im Herzogtum Mailand zur Regierung. 1499 und 1515 wurden die Sforza von den Franzosen aus Mailand vertrieben;
Franz I. (1515 – 1547), König von Frankreich;
Apotheose: (griech.) Vergottung, Verherrlichung, Verklärung.

1. Erläutern Sie Wackenroders Methode, und zeigen Sie, wie seine Vorstellung von Kunst und Künstlertum seine Werkbetrachtung beeinflußt.
2. Zeigen Sie an vorliegendem Textbeispiel, wie die Interpretationsmethode der Werke eines Künstlers von der Sichtweise der Künstlerbiographie abhängig sein kann.
3. Welche Merkmale kennzeichnen die Kunstbetrachtung Wackenroders als einen Text der Romantik?

Quelle:
Wackenroder, Wilhelm Heinrich: Herzensergießungen eines kunstliebenden Klosterbruders. Phantasien über Kunst für Freunde der Kunst. 1797.

WILHELM HEINRICH WACKENRODER, 1773 – 1798, deutscher Schriftsteller, gehört mit dem ihm befreundeten Ludwig Tieck zu den frühesten Vertretern des romantischen Lebensgefühls. Seine „Herzensergießungen eines kunstliebenden Klosterbruders“ (1797) enthalten im Keim bereits die spätere romantische Poesie der Natur und der deutschen Landschaft, die Wiederentdeckung des Mittelalters und der Volkspoesie. Sein eigentliches Ziel war nicht die Kunstandacht, sondern darüber hinaus die Verschmelzung von Kunst und Religion.

Literatur:
Benjamin, Walter: Der Begriff der Kunstkritik in der deutschen Romantik. Diss. 1919, gedr. 1920. In: *Herbertz, Richard (Hrsg.):* Neue Berner Hefte zur Philosophie und Geschichte, 5. Heft.

Johann Wolfgang von Goethe
Von deutscher Baukunst

Als ich auf deinem Grabe herumwandelte, edler *Erwin,* und den Stein suchte, der mir deuten sollte: *Anno domini 1318. XVI. Kal. Febr. obiit Magister Ervinus, Gubernator Fabricae Ecclesiae Argentinensis,* und ich ihn nicht finden, keiner deiner Landsleute mir ihn zeigen konnte, daß sich meine Verehrung deiner an der heiligen Stätte ergossen hätte, da ward ich tief in die Seele betrübt, und mein Herz, jünger, wärmer, töriger und besser als jetzt, gelobte dir ein Denkmal, wenn ich zum ruhigen Genuß meiner Besitztümer gelangen würde, von Marmor oder Sandsteinen, wie ich's vermöchte.
Was braucht's dir Denkmal! Du hast dir das herrlichste errichtet; und kümmert die Ameisen, die drum krabbeln, dein Name nichts, hast du gleiches Schicksal mit dem Baumeister, der Berge auftürmte in die Wolken.
[. . .]
Es ist im kleinen Geschmack, sagt der Italiener und geht vorbei. Kindereien, lallt der Franzose nach. [. . .]

Was habt ihr getan, daß ihr verachten dürft?
Hat nicht der seinem Grab entsteigende Genius der Alten den deinen gefesselt, Welscher! Krochst an den mächtigen Resten Verhältnisse zu betteln, flicktest aus den heiligen Trümmern dir Lusthäuser zusammen, und hältst dich für Verwahrer der Kunstgeheimnisse, weil du auf Zoll und Linie von Riesengebäuden Rechenschaft geben kannst. Hättest du mehr gefühlt als gemessen, wäre der Geist der Massen über dich gekommen, die du anstauntest, du hättest nicht so nur nachgeahmt, weil sie's taten und es schön ist; notwendig und wahr hättest du deine Plane geschaffen, und lebendige Schönheit wäre bildend aus ihnen gequollen.
So hast du deinen Bedürfnissen einen Schein von Wahrheit und Schönheit aufgetüncht. Die herrliche Wirkung der Säulen traf dich, du wolltest auch ihrer brauchen und mauertest sie ein, wolltest auch Säulenreihen haben, und umzirkeltest den Vorhof der Peterskirche mit Marmorgängen, die nirgends hin- noch herführen, daß Mutter Natur, die das Ungehörige und Unnötige verachtet und haßt, deinen Pöbel trieb, jene Herrlichkeit zu öffentlichen Kloaken zu prostituieren,

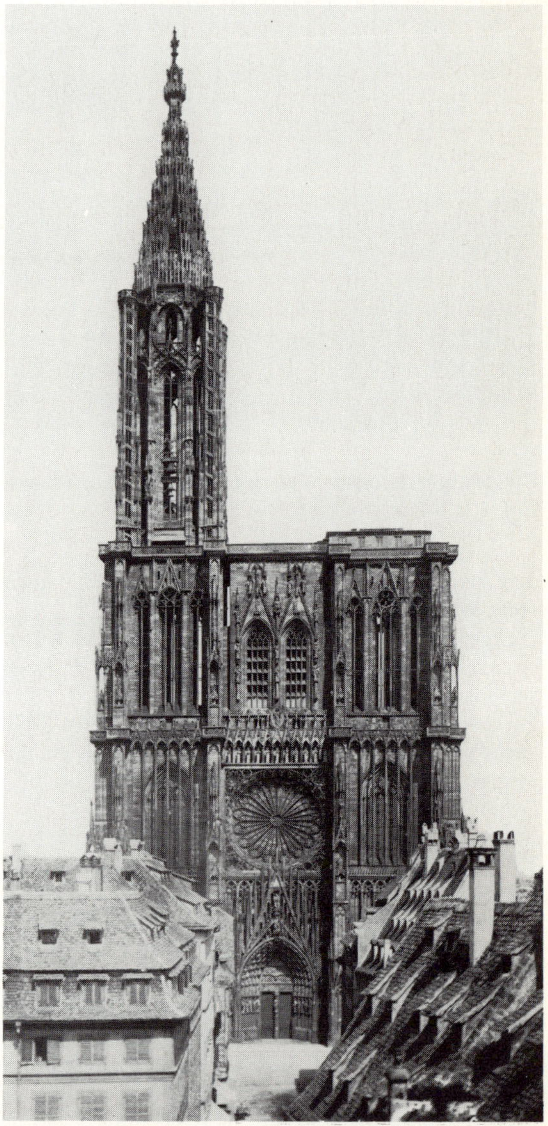

Straßburger Münster, Ansicht von Westen. 1399—1439.

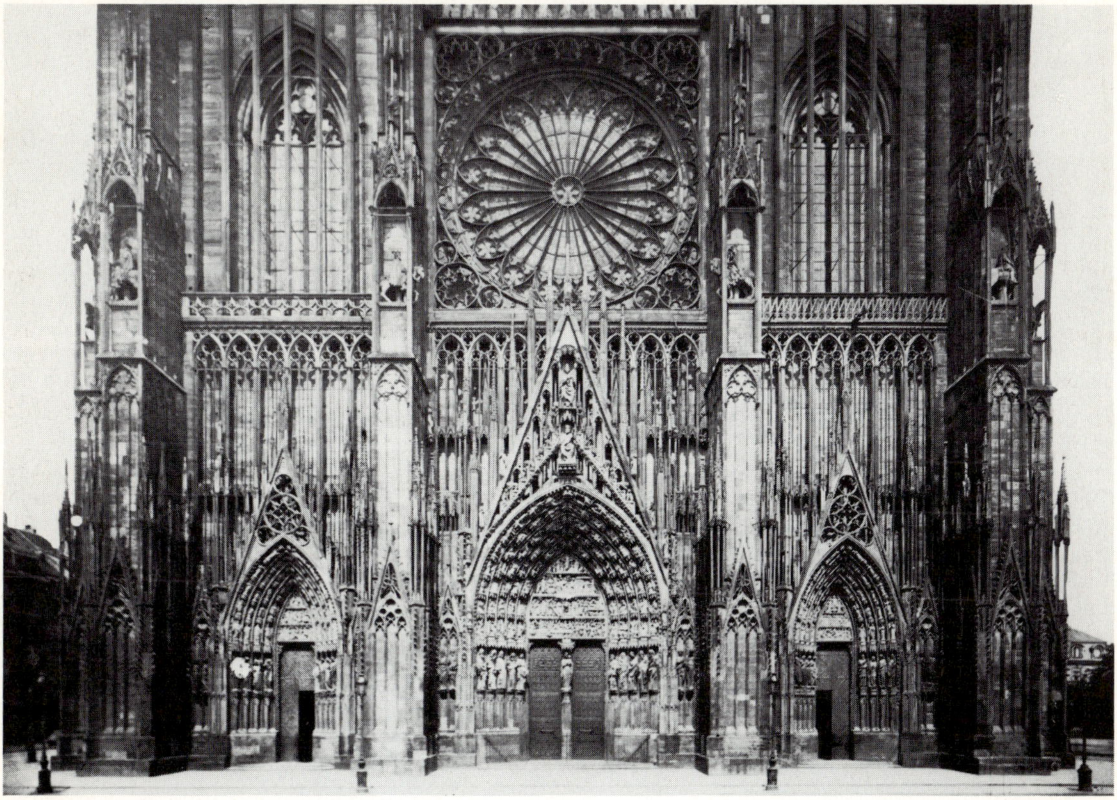

Straßburger Münster, Teil der Westfassade. Entwurf: Erwin von Steinbach. 1290—1320.

daß ihr die Augen wegwendet und die Nasen zuhaltet vorm Wunder der Welt.
Das geht nun alles seinen Gang: Die Grille des Künstlers dient dem Eigensinne des Reichen; der Reisebeschreiber gafft, und unsere schönen Geister, genannt Philosophen, erdrechseln aus protoplastischen Märchen Prinzipien und Geschichte der Künste bis auf den heutigen Tag, und echte Menschen ermordet der böse Genius im Vorhof der Geheimnisse.
Schädlicher als Beispiele sind dem Genius Prinzipien. Vor ihm mögen einzelne Menschen einzelne Teile bearbeitet haben. Er ist der erste, aus dessen Seele die Teile, in ein ewiges Ganzes zusammengewachsen, hervortreten. Aber Schule und principium fesselt alle Kraft der Erkenntnis und Tätigkeit. Was soll uns das, du neufranzösischer philosophierender Kenner, daß der erste zum Bedürfnis erfindsame Mensch vier Stämme einrammelte, vier Stangen drüber verband und Äste und Moos drauf deckte? Daraus entscheidest du das Gehörige unserer heurigen Bedürfnisse, eben als wenn du dein neues Babylon mit einfältigem patriarchalischem Hausvatersinn regieren wolltest.
Und es ist noch dazu falsch, daß deine Hütte die erstgeborne der Welt ist. Zwei an ihrem Gipfel sich kreuzende Stangen vorne, zwei hinten und eine Stange querüber zum First ist und bleibt, wie du alltäglich an Hütten der Felder und Weinberge erkennen kannst, eine weit primävere Erfindung, von der du doch nicht einmal principium für deine Schweinställe abstrahieren könntest.
So vermag keiner deiner Schlüsse sich zur Region der Wahrheit zu erheben, sie schweben alle in der Atmosphäre deines Systems. Du willst uns lehren, was wir brauchen sollen, weil das, was wir brauchen, sich nach deinen Grundsätzen nicht rechtfertigen läßt.
Die Säule liegt dir sehr am Herzen, und in anderer Weltgegend wärst du Prophet. Du sagst: die Säule ist der erste, wesentliche Bestandteil des Gebäudes, und der schönste. Welche erhabene Eleganz der Form, welche reine mannigfaltige Größe, wenn sie in Reihen dastehen! Nur hütet euch, sie ungehörig zu brauchen; ihre Natur ist, frei zu stehn. Wehe den Elenden, die ihren schlanken Wuchs an plumpe Mauern geschmiedet haben!

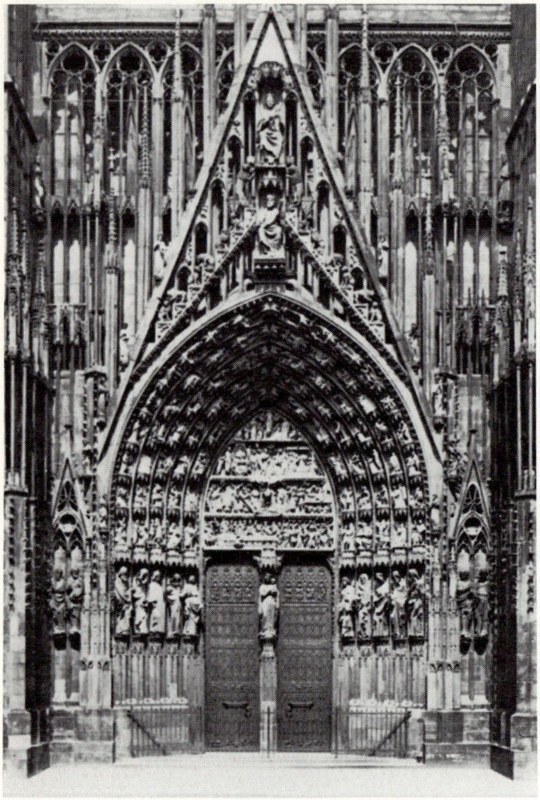

Straßburger Münster, Hauptportal. Um 1310—1320.

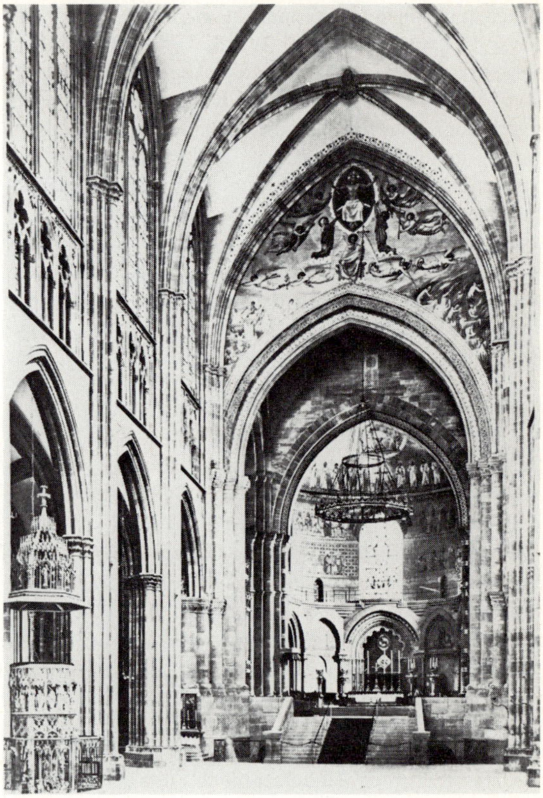

Straßburger Münster, Innenansicht. 1250—1275.

Und doch dünkt mich, lieber Abt, hätte die öftere Wiederholung dieser Unschicklichkeit des Säuleneinmauerns, daß die Neuern sogar antiker Tempel Intercolumnia mit Mauerwerk ausstopften, dir einiges Nachdenken erregen können. Wäre dein Ohr nicht für Wahrheit taub, diese Steine würden sie dir gepredigt haben.
Säule ist mitnichten ein Bestandteil unserer Wohnungen; sie widerspricht vielmehr dem Wesen all unserer Gebäude. Unsere Häuser entstehen nicht aus vier Säulen in vier Ecken; sie entstehen aus vier Mauern auf vier Seiten, die statt aller Säulen sind, alle Säulen ausschließen, und wo ihr sie anflickt, sind sie belastender Überfluß. Ebendas gilt von unsern Palästen und Kirchen, wenige Fälle ausgenommen, auf die ich nicht zu achten brauche.
Eure Gebäude stellen euch also Flächen dar, die, je weiter sie sich ausbreiten, je kühner sie zum Himmel steigen, mit desto unerträglicher Einförmigkeit die Seele unterdrücken müssen! Wohl! wenn uns der Genius nicht zu Hilfe käme, der ERWINEN VON STEINBACH eingab: vermannigfaltige die ungeheure Mauer, die du gen Himmel führen sollst, daß sie aufsteige gleich einem hocherhabenen, weitverbreiteten Baume Gottes, der mit tausend Ästen, Millionen Zweigen und Blättern wie Sand am Meer ringsum der Gegend verkündet die Herrlichkeit des Herrn, seines Meisters.

Als ich das erste Mal nach dem Münster ging, hatt' ich den Kopf voll allgemeiner Erkenntnis guten Geschmacks. Auf Hörensagen ehrt' ich die Harmonie der Massen, die Reinheit der Formen, war ein abgesagter Feind der verworrenen Willkürlichkeiten gotischer Verzierungen.
[. . .]
Mit welcher unerwarteten Empfindung überraschte mich der Anblick, als ich da vortrat! Ein ganzer, großer Eindruck füllte meine Seele, den, weil er aus tausend harmonierenden Einzelheiten bestand, ich wohl schmecken und genießen, keineswegs aber erkennen und erklären konnte. Sie sagen, daß es also mit den Freuden des Himmels sei. Wie oft bin ich zurückgekehrt, diese himmlisch-irdische Freude zu genießen, den Riesengeist unserer ältern Brüder in ihren Werken zu umfassen. Wie oft bin ich zurückgekehrt, von allen

Seiten, aus allen Entfernungen, in jedem Lichte des Tags zu schauen seine Würde und Herrlichkeit. Schwer ist's dem Menschengeist, wenn seines Bruders Werk so hoch erhaben ist, daß er nur beugen und anbeten muß. Wie oft hat die Abenddämmerung mein durch forschendes Schauen ermattetes Auge mit freundlicher Ruhe geletzt, wenn durch sie die unzähligen Teile zu ganzen Massen schmolzen und nun diese, einfach und groß, vor meiner Seele standen, und meine Kraft sich wonnevoll entfaltete, zugleich zu genießen und zu erkennen. Da offenbarte sich mir in leisen Ahnungen der Genius des großen Werkmeisters. Was staunst du? lispelt' er mir entgegen. Alle diese Massen waren notwendig, und siehst du sie nicht an allen älteren Kirchen meiner Stadt? Nur ihre willkürlichen Größen hab' ich zum stimmenden Verhältnis erhoben. Wie über dem Haupteingange, der zwei kleinere zur Seite beherrscht, sich der weite Kreis des Fensters öffnet, der dem Schiffe der Kirche antwortet und sonst nur Tageloch war, wie hoch darüber der Glockenplatz die kleineren Fenster forderte! das all' war notwendig, und ich bildete es schön. Aber ach, wenn ich durch die düsteren erhabenen Öffnungen hier zur Seite schwebe, die leer und vergebens dazustehen scheinen. In ihre kühne schlanke Gestalt hab' ich die geheimnisvollen Kräfte verborgen, die jene beiden Türme hoch in die Luft heben sollten, deren, ach, nur einer traurig dasteht, ohne den fünfgetürmten Hauptschmuck, den ich ihm bestimmte, daß ihm und seinem königlichen Bruder die Provinzen umher huldigten. – Und so schied er von mir, und ich versank in teilnehmende Traurigkeit, bis die Vögel des Morgens, die in seinen tausend Öffnungen wohnen, der Sonne entgegenjauchzten und mich aus dem Schlummer weckten. Wie frisch leuchtet' er im Morgenduftglanz mir entgegen, wie froh konnt' ich ihm meine Arme entgegenstrecken, schauen die großen harmonischen Massen, zu unzählig kleinen Teilen belebt: wie in Werken der ewigen Natur bis aufs geringste Zäserchen alles Gestalt und alles zweckend zum Ganzen; wie das festgegründete ungeheure Gebäude sich leicht in die Luft hebt; wie durchbrochen alles und doch für die Ewigkeit. Deinem Unterricht dank' ich's, Genius, daß mir's nicht mehr schwindelt an deinen Tiefen, daß in meine Seele ein Tropfen sich senkt der Wonneruh des Geistes, der auf solch eine Schöpfung herabschauen und Gott gleich sprechen kann: es ist gut!

Und nun soll ich nicht ergrimmen, heiliger *Erwin*, wenn der deutsche Kunstgelehrte auf Hörensagen neidischer Nachbarn seinen Vorzug verkennt, dein Werk mit dem unverstandenen Worte gotisch verkleinert, da er Gott danken sollte, laut verkündigen zu können, das ist deutsche Baukunst, unsere Baukunst, da der Italiener sich keiner eigenen rühmen darf, viel weniger der Franzos'. Und wenn du dir selbst diesen Vorzug nicht zugestehen willst, so erweis uns, daß die Goten schon wirklich so gebaut haben, wo sich einige Schwierigkeiten finden werden. Und, ganz am Ende, wenn du nicht dartust, ein Homer sei schon vor dem Homer gewesen, so lassen wir dir gerne die Geschichte kleiner gelungener Versuche und treten anbetend vor das Werk des Meisters, der zuerst die zerstreuten Elemente in ein lebendiges Ganzes zusammenschuf. Und du, mein lieber Bruder im Geiste des Forschens nach Wahrheit und Schönheit, verschließ dein Ohr vor allem Wortgeprahle über bildende Kunst, komm, genieße und schaue. Hüte dich, den Namen deines edelsten Künstlers zu entheiligen und eile herbei, daß du schauest sein herrliches Werk. Macht es dir einen widrigen Eindruck, oder keinen, so gehab dich wohl, laß einspannen, und so weiter nach Paris.

Aber zu dir, teurer Jüngling, gesell' ich mich, der du bewegt dastehst und die Widersprüche nicht vereinigen kannst, die sich in deiner Seele kreuzen, bald die unwiderstehliche Macht des großen Ganzen fühlst, bald mich einen Träumer schiltst, daß ich da Schönheit sehe, wo du nur Stärke und Rauheit siehst. Laß einen Mißverstand uns nicht trennen, laß die weiche Lehre neuerer Schönheitelei dich für das bedeutende Rauhe nicht verzärteln, daß nicht zuletzt deine kränkelnde Empfindung nur eine unbedeutende Glätte ertragen könne. Sie wollen euch glauben machen, die schönen Künste seien entstanden aus dem Hang, den wir haben sollen, die Dinge ringsum uns zu verschönern. Das ist nicht wahr! Denn in dem Sinne, darin es wahr sein könnte, braucht wohl der Bürger und Handwerker die Worte, kein Philosoph.

Die Kunst ist lange bildend, eh' sie schön ist, und doch so wahre, große Kunst, ja oft wahrer und größer als die schöne selbst. Denn in dem Menschen ist eine bildende Natur, die gleich sich tätig beweist, wann seine Existenz gesichert ist. Sobald er nichts zu sorgen und zu fürchten hat, greift der Halbgott, wirksam in seiner Ruhe, umher nach Stoff, ihm seinen Geist einzuhauchen. Und so modelt der Wilde mit abenteuerlichen Zügen, gräßlichen Gestalten, hohen Farben seine Kokos, seine Federn und seinen Körper. Und laßt diese Bildnerei aus den willkürlichsten Formen bestehen, sie wird ohne Gestaltsverhältnis zusammenstimmen, denn *eine* Empfindung schuf sie zum charakteristischen Ganzen.

Diese charakteristische Kunst ist nun die einzige wahre. Wenn sie aus inniger, einiger, eigner, selbständiger Empfindung um sich wirkt, unbekümmert, ja unwissend alles Fremden, da mag sie aus rauher Wildheit oder aus gebildeter Empfindsamkeit geboren werden: sie ist ganz und lebendig.

[...]

Erwin von Steinbach (gest. 1318), gubernator fabricae (Werkstattleiter) der Bauhütte am Münster zu Straßburg;
Magister: (lat.) „Meister", Lehrer, Beamter;
obiit: (lat.) er verstarb;
Straßburger Münster: wurde auf den Fundamenten eines 1015 begründeten Baues gegen Ende des 12. Jahrhunderts noch in spätromanischen Formen mit dem Neubau des Chores in Angriff genommen; Querschiff erste Hälfte des 13. Jahrhunderts, Beginn des Langhauses 1250 bereits in hochgotischem Stil, Beginn der Westfassade 1276. Der vielleicht von Erwin von Steinbach – dem zur Goethezeit auch das Langhaus zugeschrieben wurde – stammende Fassadenriß (um 1275) wurde in den beiden unteren Geschossen befolgt, aber beim Weiterbau nach dem Tode Erwins (1318) weitgehend abgewandelt. Beginn des Nordturms oberhalb der Plattform 1399 durch Ulrich von Ensingen, fortgeführt und vollendet (1439) durch Johannes Hültz aus Köln;
Genius: (lat.) im römischen Altertum die göttliche Verkörperung des höheren und inneren Wesens eines Menschen;
Kloake: (lat.) (unterirdischer) Abzugskanal; Senkgrube;
protoplastisch: (griech.-lat.) die Lebenssubstanz aller pflanzlichen, tierischen und menschlichen Zellen betreffend;
principium: (lat.) Anfang, Ursprung, Eingang;
Babylon: im Alten Testament Babel „Tor Gottes", alte Stadt am Euphrat;
intercolumnium: (lat.) Säulenabstand, Säulenweite;
Homer, (s. S. 9).

1. Welche Bedeutung hat Goethes Auffassung von Kunst als quasi Naturform (im System seiner Naturphilosophie die „Urpflanze", in der Architektur die „Urhütte" als Ausgangsposition) für die Methode seiner Kunstbetrachtung und seiner Beurteilung von Kunstwerken in diesem Aufsatz?
2. Untersuchen Sie, welche der von Goethe bewunderten Merkmale des Straßburger Münsters eigentlich Ideale der Romantik sind. Vergleichen Sie Goethes Gotikbild mit unserer heutigen Sichtweise der Gotik; beachten Sie dabei auch, welche Teile des Bauwerkes Goethe interessieren und welche für Sie eher charakteristisch für die gotische Bauweise sind.
3. Wie begründet Goethe die Überflüssigkeit von Theorie und Akademismus für das Verstehen von Kunstwerken? In welchem Zusammenhang sieht Goethe das sinnlich Wahrnehmbare und die Bedeutung und Aussage wahrer Kunst? Erörtern Sie Goethes Auffassung.
4. Welche Bedeutung für das Verständnis des Kunstwerks hat für Goethe die Empfindung und die Fähigkeit des Betrachters, sich in das Kunstwerk einfühlen zu können?
5. Versuchen Sie, das für Goethes Zeit Neue und Besondere an seiner Methode der Kunstbetrachtung, wie es in folgendem Zitat zum Ausdruck kommt, aufzuzeigen.
   „Die Kunst ist lange bildend, eh' sie schön ist, und doch so wahre, große Kunst, ja oft wahrer und größer als die schöne selbst".

Quelle:
Goethe, Johann Wolfgang von: Schriften zur Kunst I. In: *Freiherr von Löhneysen, Wolfgang (Hrsg.):* Goethe-Gesamtausgabe der Werke und Schriften in zweiundzwanzig Bänden. Bd. 16. Stuttgart 1962. S. 11–20.

Johann Wolfgang von Goethe, 1749–1832, deutscher Dichter. Goethes Dichtung ist Bekenntnisdichtung im höchsten Sinn. In seinen frühen Werken, zu denen der abgedruckte Aufsatz gehört, hat die jugendliche Begeisterung der Sturm- und Drang-Zeit, ihr Kraftgefühl, ihre Empfindsamkeit die großartigste Prägung gefunden.

Literatur:
Einem, Herbert von: Beiträge zu Goethes Kunstauffassung. Hamburg 1956.

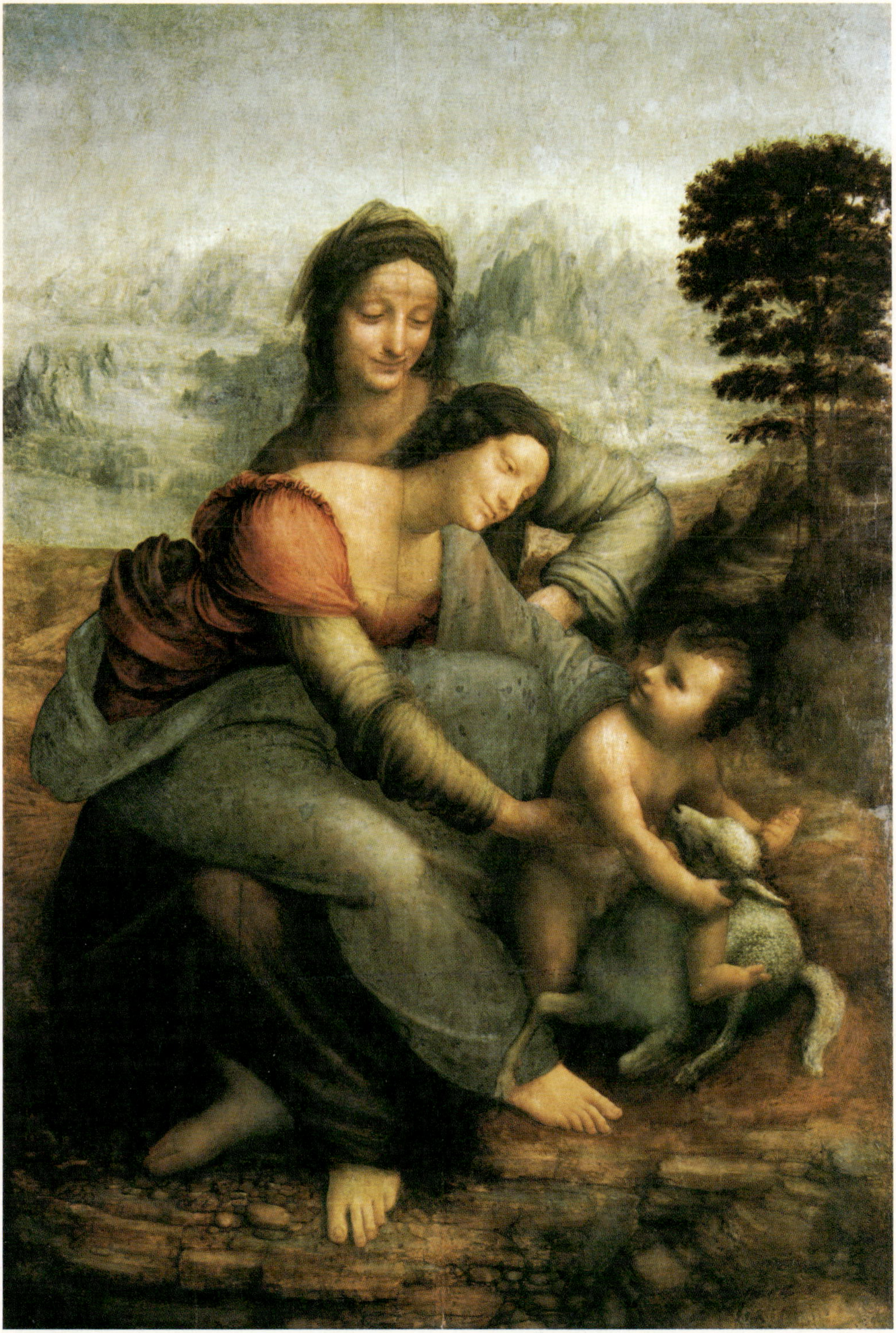

Leonardo da Vinci: Heilige Anna Selbdritt. 1501—1506. Öl auf Holz. 170 × 129 cm. Louvre, Paris.

Sigmund Freud
Eine Kindheitserinnerung des Leonardo da Vinci

I.

Die Beobachtung des täglichen Lebens der Menschen zeigt uns, daß es den meisten gelingt, ganz ansehnliche Anteile ihrer sexuellen Triebkräfte auf ihre Berufstätigkeit zu leiten. Der Sexualtrieb eignet sich ganz besonders dazu, solche Beiträge abzugeben, da er mit der Fähigkeit der Sublimierung begabt, d. h. imstande ist, sein nächstes Ziel gegen andere, eventuell höher gewertete und nicht sexuelle Ziele zu vertauschen. Wir halten diesen Vorgang für erwiesen, wenn uns die Kindergeschichte, also die seelische Entwicklungsgeschichte einer Person zeigt, daß zur Kinderzeit der übermächtige Trieb im Dienste sexueller Interessen stand. Wir finden eine weitere Bestätigung darin, wenn sich im Sexualleben reifer Jahre eine auffällige Verkümmerung dartut, gleichsam als ob ein Stück der Sexualbetätigung nun durch die Betätigung des übermächtigen Triebes ersetzt wäre.

[...]

Wenn wir das Zusammentreffen des übermächtigen Forschertriebes bei LEONARDO mit der Verkümmerung seines Sexuallebens erwägen, welches sich auf sogenannte ideelle Homosexualität einschränkt, werden wir geneigt sein, ihn als einen Musterfall [...] in Anspruch zu nehmen. Daß es ihm nach infantiler Betätigung der Wißbegierde im Dienste sexueller Interessen dann gelungen ist, den größeren Anteil seiner Libido in Forscherdrang zu sublimieren, das wäre der Kern und das Geheimnis seines Wesens. Aber freilich der Beweis für diese Auffassung ist nicht leicht zu erbringen. Wir bedürften hierzu eines Einblickes in die seelische Entwicklung seiner ersten Kinderjahre, und es erscheint töricht, auf solches Material zu hoffen, wenn die Nachrichten über sein Leben so spärlich und so unsicher sind, und wenn es sich überdies um Auskünfte über Verhältnisse handelt, die sich noch bei Personen unserer eigenen Generation der Aufmerksamkeit der Beobachter entziehen.

Wir wissen sehr wenig von der Jugend LEONARDOS. Er wurde 1452 in dem kleinen Städtchen *Vinci* zwischen Florenz und Empoli geboren; er war ein uneheliches Kind, was in jener Zeit gewiß nicht als schwerer bürgerlicher Makel betrachtet wurde; sein Vater war SER PIERO DA VINCI, ein Notar und Abkömmling einer Familie von Notaren und Landbebauern, die ihren Namen nach dem Orte Vinci führten; seine Mutter eine CATARINA, wahrscheinlich ein Bauernmädchen, die später mit einem anderen Einwohner von Vinci verheiratet war. Diese Mutter kommt in der Lebensgeschichte Leonardos nicht mehr vor, nur der Dichter MERESCHKOWSKI glaubt ihre Spur nachweisen zu können. Die einzige sichere Auskunft über Leonardos Kindheit gibt ein amtliches Dokument aus dem Jahre 1457, ein Florentiner Steuerkataster, in welchem unter den Hausgenossen der Familie Vinci Leonardo als fünfjähriges illegitimes Kind des SER PIERO angeführt wird. Die Ehe SER PIEROS mit einer DONNA ALBIERA blieb kinderlos, darum konnte der kleine LEONARDO im Hause seines Vaters aufgezogen werden. Dies Vaterhaus verließ er erst, als er, unbekannt in welchem Alter, als Lehrling in die Werkstatt des ANDREA DEL VERROCCHIO eintrat. Im Jahre 1472 findet sich Leonardos Name bereits im Verzeichnis der Mitglieder der „Compagnia dei Pittori". Das ist alles.

II.

Ein einziges Mal, soviel mir bekannt ist, hat LEONARDO in eine seiner wissenschaftlichen Niederschriften eine Mitteilung aus seiner Kindheit eingestreut. An einer Stelle, die vom Fluge des Geiers handelt, unterbricht er sich plötzlich, um einer in ihm auftauchenden Erinnerung aus sehr frühen Jahren zu folgen.

„Es scheint, daß es mir schon vorher bestimmt war, mich so gründlich mit dem Geier zu befassen, denn es kommt mir als eine ganz frühe Erinnerung in den Sinn, als ich noch in der Wiege lag, ist ein Geier zu mir herabgekommen, hat mir den Mund mit seinem Schwanz geöffnet und viele Male mit diesem seinem Schwanz gegen meine Lippen gestoßen."

[...]

Ein anderer unverstandener Zug der Kindheitsphantasie Leonardos nimmt unser Interesse zunächst in Anspruch. Wir deuten die Phantasie auf das Gesäugtwerden durch die Mutter und finden die Mutter ersetzt durch einen — Geier. Woher rührt dieser Geier, und wie kommt er an diese Stelle?

Ein Einfall bietet sich da, so fernab liegend, daß man versucht wäre, auf ihn zu verzichten. In der heiligen Bilderschrift der alten Ägypter wird die Mutter allerdings mit dem Bilde des Geiers geschrieben. Diese Ägypter verehrten auch eine mütterliche Gottheit, die geierköpfig gebildet wurde oder mit mehreren Köpfen, von denen wenigstens einer der eines Geiers war. Der Name dieser Göttin wurde Mut ausgesprochen; ob die Lautähnlichkeit mit unserem Worte „Mutter" nur eine zufällige ist? So steht der Geier wirklich in Beziehung zur Mutter, aber was kann uns das helfen? Dürfen wir LEONARDO denn diese Kenntnis zumuten, wenn die Lesung der Hieroglyphen erst FRANÇOIS CHAMPOLLION (1790–1832) gelungen ist?

Man möchte sich dafür interessieren, auf welchem Wege auch nur die alten Ägypter dazu gekommen sind, den Geier zum Symbol der Mütterlichkeit zu wählen. Nun war die Religion und Kultur der Ägypter bereits den Griechen und Römern Gegenstand wissenschaftlicher Neugierde, und lange, ehe wir selbst die Denkmäler Ägyptens lesen konnten, standen uns einzelne Mitteilungen darüber aus erhaltenen Schriften des klassischen Altertums zu Gebote.

[...]

Aus diesen Quellen erfahren wir, daß der Geier als Symbol der Mütterlichkeit galt, weil man glaubte, es gäbe nur weibliche Geier und keine männlichen von dieser Vogelart. Die Naturgeschichte der Alten kannte auch ein Gegenstück zu dieser Einschränkung; bei den Skarabäen, den von den Ägyptern als göttlich verehrten Käfern, meinten sie, gebe es nur Männchen.

[...]

Die Entstehung der Geierphantasie LEONARDOs können wir uns nun in folgender Weise vorstellen. Als er einmal bei einem Kirchenvater oder in einem naturwissenschaftlichen Buche davon las, die Geier seien alle Weibchen und wüßten sich ohne Mithilfe von Männchen fortzupflanzen, da tauchte in ihm eine Erinnerung auf, die sich zu jener Phantasie umgestaltete, die aber besagen wollte, er sei ja auch so ein Geierkind gewesen, das eine Mutter, aber keinen Vater gehabt habe, und dazu gesellte sich in der Art, wie so alte Eindrücke sich allein äußern können, ein Nachhall des Genusses, der ihm an der Mutterbrust zuteil geworden war. Die von den Autoren hergestellte Anspielung auf die jedem Künstler teure Vorstellung der heiligen Jungfrau mit dem Kinde mußte dazu beitragen, ihm diese Phantasie wertvoll und bedeutsam erscheinen zu lassen. Kam er doch so dazu, sich mit dem Christusknaben, dem Tröster und Erlöser nicht nur des einen Weibes, zu identifizieren.

Wenn wir eine Kindheitsphantasie zersetzen, streben wir danach, deren realen Erinnerungsinhalt von den späteren Motiven zu sondern, welche denselben modifizieren und entstellen. Im Falle LEONARDOs glauben wir jetzt den realen Inhalt der Phantasie zu kennen; die Ersetzung der Mutter durch den Geier weist darauf hin, daß das Kind den Vater vermißt und sich mit der Mutter allein gefunden hat. Die Tatsache der illegitimen Geburt LEONARDOs stimmt zu seiner Geierphantasie; nur darum konnte er sich einem Geierkinde vergleichen. Aber wir haben als die nächste gesicherte Tatsache aus seiner Jugend erfahren, daß er im Alter von fünf Jahren in den Haushalt seines Vaters aufgenommen war; wann dies geschah, ob wenige Monate nach seiner Geburt, ob wenige Wochen vor der Aufnahme jenes Katasters, ist uns völlig unbekannt. Da tritt nun die Deutung der Geierphantasie ein und will uns belehren, daß LEONARDO die entscheidenden ersten Jahre seines Lebens nicht bei seinem Vater und seiner Stiefmutter, sondern bei der armen, verlassenen, echten Mutter verbrachte, so daß er Zeit hatte, seinen Vater zu vermissen. Dies scheint ein mageres und dabei noch immer gewagtes Ergebnis der psychoanalytischen Bemühung, allein es wird bei weiterer Vertiefung an Bedeutung gewinnen. Der Sicherheit kommt noch die Erwägung der tatsächlichen Verhältnisse in der Kindheit LEONARDOs zu Hilfe. Den Berichten nach heiratete sein Vater SER PIERO DA VINCI noch im Jahre von LEONARDOs Geburt die vornehme DONNA ALBIERA; der Kinderlosigkeit dieser Ehe verdankte der Knabe seine im fünften Jahre dokumentarisch bestätigte Aufnahme ins väterliche oder vielmehr großväterliche Haus. Nun ist es nicht gebräuchlich, daß man der jungen Frau, die noch auf Kindersegen rechnet, von Anfang an einen illegitimen Sprößling zur Pflege übergibt. Es mußten wohl erst Jahre von Enttäuschung hingegangen sein, ehe man sich entschloß, das wahrscheinlich reizend entwickelte uneheliche Kind zur Entschädigung für die vergeblich erhofften ehelichen Kinder anzunehmen. Es steht im besten Einklang mit der Deutung der Geierphantasie, wenn mindestens drei Jahre, vielleicht fünf, von Leonardos Leben verflossen waren, ehe er seine einsame Mutter gegen ein Elternpaar vertauschen konnte. Dann aber war es bereits zu spät geworden. In den ersten drei oder vier Lebensjahren fixieren sich Eindrücke und bahnen sich Reaktionsweisen gegen die Außenwelt an, die durch kein späteres Erleben mehr ihrer Bedeutung beraubt werden können.

[...]

III.

[...]

Die heilige Anna mit Tochter und Enkelkind ist ein in der italienischen Malerei selten behandelter Gegenstand; die Darstellung LEONARDOs weicht jedenfalls weit von allen sonst bekannten ab.

[...]

Bei LEONARDO sitzt Maria auf dem Schoße ihrer Mutter vorgeneigt und greift mit beiden Armen nach dem Knaben, der mit einem Lämmchen spielt, es wohl ein wenig mißhandelt. Die Großmutter hat den einen unverdeckten Arm in die Hüfte gestemmt und blickt mit seligem Lächeln auf die beiden herab. Die Gruppierung ist gewiß nicht ganz ungezwungen. Aber das Lächeln, welches auf den Lippen beider Frauen spielt, hat, obwohl unverkennbar dasselbe wie im Bilde der Monna Lisa, seinen unheimlichen und rätselhaften Charakter verloren; es drückt Innigkeit und stille Seligkeit aus.

Bei einer gewissen Vertiefung in dieses Bild kommt es wie ein plötzliches Verständnis über den Beschauer: Nur LEONARDO konnte dieses Bild malen, wie nur er die Geierphantasie dichten konnte. In dieses Bild ist die Synthese seiner Kindheitsgeschichte eingetragen; die Einzelheiten desselben sind aus den allerpersönlichsten Lebenseindrücken LEONARDOS erklärlich. Im Hause seines Vaters fand er nicht nur die gute Stiefmutter DONNA ALBIERA, sondern auch die Großmutter, Mutter seines Vaters, MONNA LUCIA, die, wir wollen es annehmen, nicht unzärtlicher gegen ihn war, als Großmütter zu sein pflegen. Dieser Umstand mochte ihm die Darstellung der von Mutter und Großmutter behüteten Kindheit nahebringen. Ein anderer auffälliger Zug des Bildes gewinnt eine noch größere Bedeutung. Die hl. Anna, die Mutter der Maria und Großmutter des Knaben, die eine Matrone sein müßte, ist hier vielleicht etwas reifer und ernster als die hl. Maria, aber noch als junge Frau von unverwelkter Schönheit gebildet. Leonardo hat in Wirklichkeit dem Knaben zwei Mütter gegeben, eine, die die Arme nach ihm ausstreckt, und eine andere im Hintergrunde, und beide mit dem seligen Lächeln des Mutterglückes ausgestattet.

[. . .]

Leonardos Kindheit war gerade so merkwürdig gewesen wie dieses Bild. Er hatte zwei Mütter gehabt, die erste seine wahre Mutter, die CATARINA, der er im Alter zwischen drei und fünf Jahren entrissen wurde, und eine junge und zärtliche Stiefmutter, die Frau seines Vaters, DONNA ALBIERA. Indem er diese Tatsache seiner Kindheit mit der ersterwähnten zusammenzog, sie zu einer Mischeinheit verdichtete, gestaltete sich ihm die Komposition der hl. Anna selbdritt. Die mütterliche Gestalt weiter weg vom Knaben, die Großmutter heißt, entspricht nach ihrer Erscheinung und ihrem räumlichen Verhältnis zum Knaben der echten früheren Mutter CATARINA. Mit dem seligen Lächeln der hl. Anna hat der Künstler wohl den Neid verleugnet und überdeckt, den die Unglückliche verspürte, als sie der vornehmeren Rivalin wie früher den Mann, so nun auch den Sohn abtreten mußte[1].

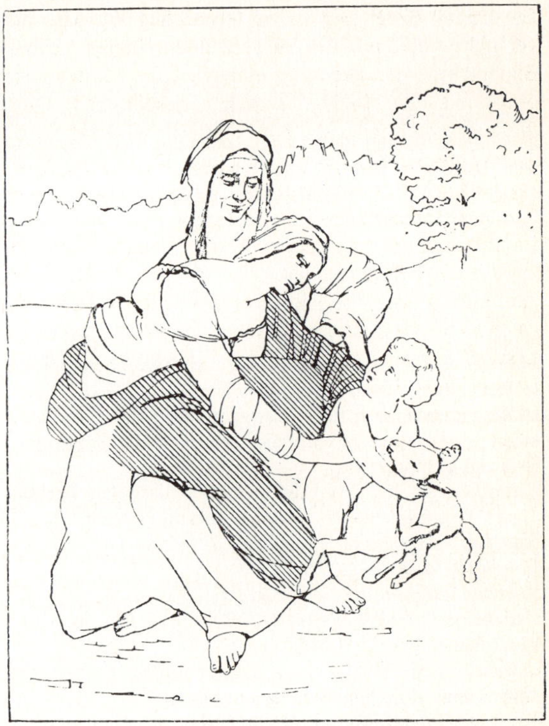

Leonardo da Vinci: Heilige Anna Selbdritt. Schemazeichnung aus dem Buch von Freud.

[1] Versucht man an diesem Bilde die Figuren der Anna und der Maria voneinander abzugrenzen, so gelingt dies nicht ganz leicht. Man möchte sagen, beide sind so ineinander verschmolzen wie schlecht verdichtete Traumgestalten, so daß es an manchen Stellen schwer wird zu sagen, wo Anna aufhört und wo Maria anfängt. Was so vor der künstlerischen Betrachtung als Fehlleistung, als ein Mangel der Komposition erscheint, das rechtfertigt sich vor der Analyse durch Hinweis auf seinen geheimen Sinn. Die beiden Mütter seiner Kindheit durften dem Künstler zu einer Gestalt zusammenfließen.

An diesem selben Bilde hat Oskar PFISTER eine merkwürdige Entdeckung gemacht, der man auf keinen Fall sein Interesse versagen wird, auch wenn man sich ihrer unbedingten Anerkennung nicht geneigt fühlen sollte. Er hat in der eigentümlich gestalteten und nicht leicht verständlichen Gewandung der Maria die *Kontur des Geier*s aufgefunden und deutet sie als *unbewußtes Vexierbild.*

„Auf dem Bilde, das die Mutter des Künstlers darstellt, findet sich nämlich in voller Deutlichkeit *der Geier, das Symbol der Mütterlichkeit.*

Man sieht den äußerst charakteristischen Geierkopf, den Hals, den scharfbogigen Ansatz des Rumpfes in dem blauen Tuche, das bei der Hüfte des vorderen Weibes sichtbar wird und sich in der Richtung gegen Schoß und rechtes Knie erstreckt. Fast kein Beobachter, dem ich den kleinen Fund vorlegte, konnte sich der Evidenz dieses Vexierbildes entziehen."

(Kryptolalie, Kryptographie und unbewußtes Vexierbild bei Normalen. Jahrb. f. psychoanalyt. u. psychopath. Forschungen, V, 1913.)
An dieser Stelle wird der Leser gewiß die Mühe nicht scheuen, das dieser Schrift beigegebene Titelbild anzuschauen, um die Umrisse des von PFISTER gesehenen Geiers in ihm zu suchen. Das blaue Tuch, dessen Ränder das Vexierbild zeichnen, hebt sich in der Reproduktion als lichtgraues Feld vom dunkleren Grund der übrigen Gewandung ab.

da Vinci, Leonardo, (s. S. 17);
Libido: (lat.) Begierde, Trieb;
sublimieren: (lat.) verfeinern, überhöhen; psychoanalytische Bezeichnung für einen unbewußten Prozeß, in dessen Verlauf ein Sexualimpuls oder seine Energie in seiner Richtung so geändert wird, daß er zu einer nichtsexuellen Handlung führt, die sozial akzeptiert ist;
Mereschkowski, Dimitri (1865–1941), russischer Dichter, schrieb geschichtliche Romane: „Leonardo da Vinci" u. a.;
Kataster, Steuerkataster: amtliches Verzeichnis;
Andrea del Verrochio, (s. S. 17);
Compagnia dei Pittori: (ital.) Malerzunft;
Champollion, Jean François (1790–1832), Begründer der Ägyptologie;
Skarabäus: ein Mistkäfer der Mittelmeerländer, galt den Ägyptern als eine Gestalt des Sonnengottes;
Monna (häufiger: Mona) Lisa, Gattin von Francesco del Giocondo; ihr Bildnis von Leonardo da Vinci (1503–06) ist berühmt wegen seines rätselhaften Ausdrucks;
Oscar Pfister (1873–1956), schweizerischer evangelischer Theologe und Psychologe.

1. Erläutern Sie, wie Freud am vorliegenden Beispiel einer psychoanalytischen Analyse eines Kunstwerkes seine These, daß der kreative Prozeß Darstellung einer psychischen Konstellation sei, nachzuweisen versucht.
2. Welchen Zusammenhang sehen Sie zwischen Freuds Analysemethode und seiner Auffassung, daß die Ursachen für ein bestimmtes Verhalten und dessen bewußte Begründung nicht übereinstimmen müssen?
3. Begründen Sie anhand der vorliegenden voneinander abweichenden Interpretationsbeispiele (s. S. 15 und S. 29), daß die Analysemethode geklärt sein muß, bevor Ergebnisse präsentiert oder beurteilt werden können.

Quelle:
Freud, Sigmund: Eine Kindheitserinnerung des Leonardo da Vinci. In: *Freud, Sigmund (Hrsg.):* Schriften zur angewandten Seelenkunde. Heft 7. Leipzig und Wien 1919. S. 17–55 mit Anmerkung 1.

SIGMUND FREUD, 1856–1936, österreichischer Nervenarzt. Er schuf die Psychoanalyse und entwickelte aus diesem Heilverfahren eine eigene Seelenkunde und Kulturphilosophie.

Literatur:
Lorenzer, Alfred: Kritik des psychoanalytischen Symbolbegriffes. Frankfurt a. M. 1970.
Spector, Jack J.: Freud und die Ästhetik. Psychoanalyse, Literatur und Kunst. München 1973.

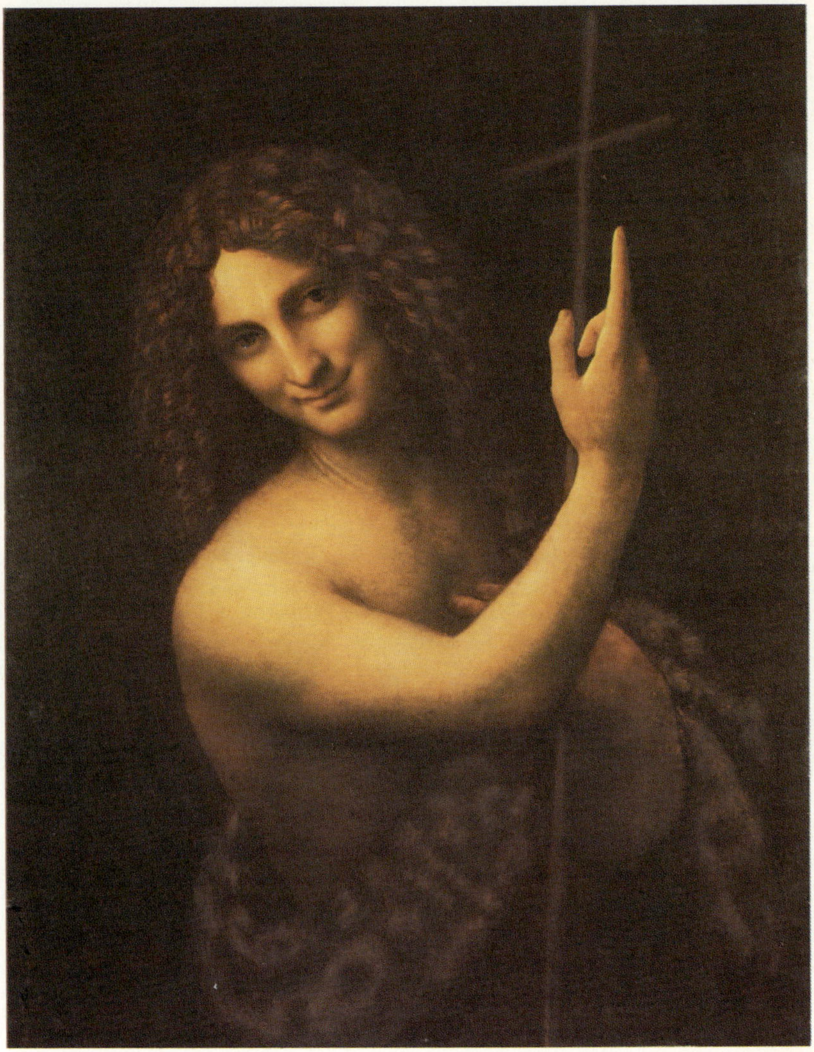

Leonardo da Vinci: Johannes der Täufer. 1509–1512. Öl auf Holz. 69 × 57 cm. Louvre, Paris.

Barbara Leuner
Bildende Kunst und Psychoanalyse

Wenden wir uns [. . .] der Interpretation eines Konfliktlösungsprozesses bei LEONARDO DA VINCI zu, so sind wir auf Vermutungen angewiesen; und so anschaulich unsere Beispiele auch sein mögen, so vage sind sie zu verifizieren, da LEONARDO viele Bilder unfertig ließ, da vieles verlorenging oder nur in Skizzen oder Kopien erhalten blieb. Wir verwenden trotzdem weiterhin seine Bilder traumanalog, beispielsweise das der „Anna Selbdritt". Wir können an ihm die Grundfunktionen der psychoanalytischen Konfliktlösungsprozesse erkennen. „Latent" deuten sich in diesem Bild, und zwar durch die im Hintergrund sichtbare extrem kahle Felsenlandschaft, [. . .] Konflikte mit der mütterlichen Frau an. Das mag verständlich sein, da wir wissen, daß Leonardo unehelich geboren wurde und seine Mutter gewiß nicht nur gelächelt, sondern sich auch verlassen gefühlt haben mag, daß sie traurig war, verstimmt und abwehrend; es muß auch Angst vor der Mutter hineingespielt haben.

Das „manifeste" Bild der „Anna Selbdritt" trägt Züge der Konfliktabwehr, der „Kompensation", der Abwehr von Angst, ins Gegenteil des Lächelns und der Schönheit der Gesichter der Frauen verkehrt. LEONARDO hat mehrere Bilder gemalt, in denen Personen dargestellt werden, die sich durch ein bestimmtes Lächeln ähneln. Man könnte sogar, ohne sich hier festlegen zu wollen, in den Bildern LEONARDOS, die das – an das Erleben der frühkindlichen Bindung an die Mutter erinnernde – Lächeln zeigen, einen spezifischen Konfliktlösungsprozeß sehen. Denn so wie jeder Traum durch seinen Konfliktlösungsprozeß – mit Ausnahme der „Wiederholungsträume" – den Menschen in seinem Erleben verändert, ebenso verändert jedes gemalte Bild durch seine Teilnahme an einem Konfliktlösungsprozeß den Menschen.

Dieser Konfliktlösungsprozeß wäre dann etwa folgendermaßen zu verstehen: Orientieren wir uns am Lächeln, so finden wir dieses schon bei der Schülerzeichnung LEONARDOS, bei dem Engel auf dem Bild „Die Taufe Christi" seines Lehrers VERROCCHIO [. . .]. Später taucht es bei der Maria der „Anbetung" sowie bei dem Engel der „Felsgrottenmadonna" auf, und hier spielen auch bereits die felsigen Hintergründe eine zentrale Rolle. Wenden wir uns dann dem Bild der „Anna Selbdritt" wieder zu und denken wir an die „Mona Lisa", die beide in der gleichen Lebensphase gemalt wurden, und zwar nach den vorher angeführten Bildern Leonardos, so finden wir auf beiden den felsigen Hintergrund und ebenso das „kompensatorische" Lächeln. Das ändert sich dann mit der thematischen Wandlung der späteren Bilder LEONARDOS. Auf dem Bild der „Leda" [. . .], dieser Frau mit dem männlichen Sexualpartner des Schwans, Leonardos Bild der Leda soll zerstört worden sein, weil es als anstößig empfunden wurde, [. . .] sowie auf dem Bild des lächelnden „Johannes des Täufers", eines wenn auch hermaphroditisch wirkenden Mannes, der den Knaben ähneln mochte, von denen sich LEONARDO angezogen fühlte, sind die felsigen Hintergründe nicht mehr vorherrschend. [. . .] Die für Leonardo typischen felsigen Landschaftsanteile verschwanden zugunsten RAFFAELscher Landschaftsschönheit voller Harmonie. Auf dem Bild des Johannes schließlich ist der Hintergrund völlig verschwunden, alles liegt im Dunkeln, im Ungewissen – ist das ein Zufall? Oder hängt das mit dem noch ungeklärten Konflikt zusammen?

Was mag sich da in LEONARDO abgespielt haben, was ist geschehen, und was bewirkte diese Veränderung? Derartige Konfliktlösungsansätze entstehen selbstverständlich nie allein durch einen Traum oder das Malen eines Bildes – vielmehr ist der „Tagesrest", wie FREUD das hineinspielende aktuelle Erleben nannte, von zentraler Bedeutung. So ist vage zu vermuten, daß das Erleben LEONARDOS mit der GIOCONDA, der „Mona Lisa", nicht ohne Wirkung auf ihn blieb; er hat sich mit ihr gewiß auch während des Malens auseinandergesetzt, er hat sie wohl auch geliebt, und das mag ihn angeregt haben, sich andeutungsweise aus der Identifikation mit der Mutter zu befreien, sich ihr gegenüber als Mann zu erleben. Während das Lächeln vor der „Mona Lisa" bei Mariengestalten, Engeln und der Heiligen Anna auftrat, ist es bei der „Mona Lisa" zum erstenmal einer ganz bestimmten Frau zugeordnet. So mag durch die Beziehung LEONARDOS zur MONA LISA ein Vorgang der Akzeptierung des Männlichen in Gang gekommen sein.[. . .]

Das Lächeln des Johannes weist jedoch auch darauf hin, daß dieser Prozeß der Akzeptierung des Männlichen durch LEONARDO nicht abgeschlossen war. Wir wissen das auch, da LEONARDO bis zu seinem Tod nur männliche Freunde hatte und allein mit ihnen lebte.

[. . .]

So mag diese Interpretation des malerischen Werkes LEONARDOS ein Beispiel sein für einen beginnenden Entneurotisierungsprozeß, für eine Re-Orientierung des Verdrängten am Aktuellen, der zu einem Konfliktlösungsprozeß führen kann, in dem das gegenwärtig Erlebte sich dem Inneren, dem Erlebnisgesamt des einzelnen Menschen einfügt, es wandelt, endlich verstehbar und damit verfügbar, sinnvoll und handlungsfähig macht. FREUD fühlte sich veranlaßt zu schreiben, daß er LEONARDO niemals zu den Neurotikern gezählt habe. Allerdings steht für FREUD fest, daß wir alle – eben auch LEONARDO – neurotische Symptome als Ersatz für Verdrängungsleistungen bilden und daß nur die Anzahl, Intensität und Verteilung dieser Ersatzbildungen den praktischen Begriff des Krankseins rechtfertigen.

[. . .]

Versuchen wir die moderne und zeitgenössische Kunst in psychoanalytischer Weise zu interpretieren, so erkennen wir, daß trotz der Vielfalt der Stile, also des Manifesten, trotz dieser Vielfalt der Konfliktlösungsprozesse, die latente Thematisierung relativ gleich ist. Die moderne Kunst macht infolgedessen einen Großgruppenprozeß deutlich mit einheitlichem „sozialem Unbewußten".

Ist es nun Zufall oder Gesetzmäßigkeit, daß in der Zeit, in der FREUD die Funktionen des Inneren entdeckte, also in der zweiten Hälfte des vorigen Jahrhunderts, die Ausschaltung der Funktionen der Introspektion in der bildenden Kunst zum Zentralthema wurde?

Diese Frage ist nicht leicht zu beantworten; es erscheint jedoch so, als sei die Verdrängung der Introspektionsfähigkeit, von der bildenden Kunst unterstützt, eine der entscheidensten Verhaltens- und Erlebnisveränderungen, die der moderne Mensch vollzog. Sie kann in ihrer Bedeutung gar nicht hoch genug eingeschätzt werden. Die Radikalität dieses Vorganges entspricht den Gesetzmäßigkeiten der Verdrängung, die dann einsetzen, wenn Konflikte nicht mehr lösbar zu sein scheinen. Bei diesem Vorgang ist also nicht etwa nur die Tatsache dieser Verdrängung von Bedeutung, sondern vielmehr die unlösbar scheinenden Widersprüche, die dieser Verdrängung zugrunde liegen, und die Störungen der Konfliktlösungsprozesse. Die moderne Kunst zeigt in vielen Variationen die Totalität eines solchen Prozesses, wobei zu beachten ist, daß Verdrängung niemals Vernichtung des Verdrängten heißt; es bleibt in der Latenz stets erhalten. Die Entscheidung zur Verdrängung bewirkt jedoch nicht nur ein Verschwinden des inhaltlich Widerspruchsvollen, sondern auch einen Verlust der bildhaften und sprachlichen Symbole für das Verdrängte; die verpönten Zusammenhänge werden „exkommuniziert, desymbolisiert".

[. . .]

Als Bildbeispiel für derartige Prozesse zeigen wir René Magrittes „Promenaden des Euklid" [. . .]. Der Blick aus dem Fenster fällt mit dem Bild des Malers, dessen Konturen nur eben angedeutet sind, vollständig und wie selbstverständlich zusammen. Das innere und das äußere Bild sind eins geworden, das heißt, das innere Bild ist verschwunden, nicht existent, als habe es dieses nie gegeben. Allerdings wird damit die Staffelei, auf der das kaum noch von der Realität unterscheidbare Bild steht, sinn- und funktionslos, und nicht nur die Staffelei, sondern auch der unsichtbare Künstler selbst, der sich am Inneren zu orientieren gewohnt war. Magritte hat dieses Thema des Verlustes des inneren Bildes um der äußeren Realität willen in vielen Variationen dargestellt — dieses Bild ist eine davon.

Ein weiteres Beispiel für die Ausschaltung der Introspektion ist das verschlossene Fenster Marcel Duchamps [. . .]. Er nennt es „Fresh Widow" (wir wollen auf den Titel hier nicht näher eingehen). Die Sicht durch dieses Fenster ist versperrt, die Scheiben sind schwarz; und wenn man davon ausgeht, daß dieses Bild ebenfalls die tabuierte Introspektion darstellt, so erscheint sie hier ebenso endgültig wie auf René Magrittes Bild.

Vergewissern wir uns bei Marcel Duchamp selbst, so hat er mit der Ausschaltung der Introspektion die Malerei aufgegeben. Er stellte zwar noch realistisch-banale Gegenstände her, die „Ready-Mades", er litt jedoch vermutlich am Ausgeliefertsein an die Außenwelt und versuchte in seltsamen Bildwerken, beispielsweise in Staub auf Glas, sich künstlerisch zurechtzufinden, künstlerisch zu überleben.

Mit dem Beispiel des „Schwarzen Quadrats" von Malewitsch [. . .] deuten wir die Tendenz der modernen Kunst an, sich mit den Strukturen des Anorganischen zu identifizieren. Das Quadrat ist keine undurchsichtige Fensterscheibe, keine verschlossene Öffnung, die

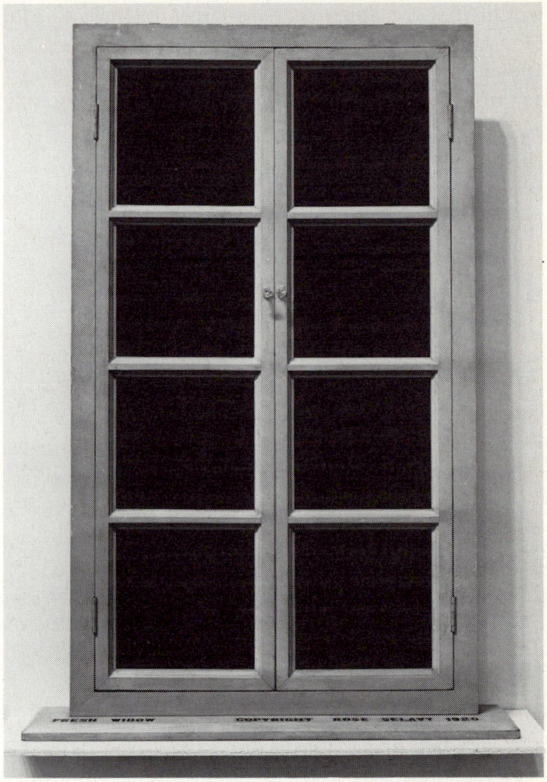

Marcel Duchamp: Fresh Widow (Frische Witwe). 1920. Kleines französisches Fenster, bemalter Holzrahmen und acht Glasscheiben, mit schwarzem Leder bedeckt. 30½ × 17⅝", auf hölzernem Fensterbrett ¾ × 21 × 4". Collection, The Museum of Modern Art, New York. Katherine S. Dreier Bequest.

geometrische Abstraktion unterbricht vielmehr jede Kommunikation zum Bildhaften.

Damit ist das Problem der Introspektionsfähigkeit des Menschen zuerst einmal wie durch einen Zauber aus der Welt geschafft. Die Qualitäten geometrischer Strukturen beginnen den Menschen zu fesseln, und sie legitimieren anscheinend den Verlust der Introspektion, entlasten den Ich-schwach gewordenen modernen Menschen.

In der zeitgenössischen Kunst sind Elemente des Vorgangs verdrängter Introspektion ebenfalls enthalten. Die Beschränkung auf die Außenwelt ist jedoch selbstverständlicher geworden, Resignation und Banalisierung folgen der Entmachtung der Außenwelt durch fehlende Introspektion — sie sind zum Stil erhoben, und Assoziationen, wie etwa Marcel Duchamps Bild-Titel „Fresh Widow", sind nicht mehr zugelassen.

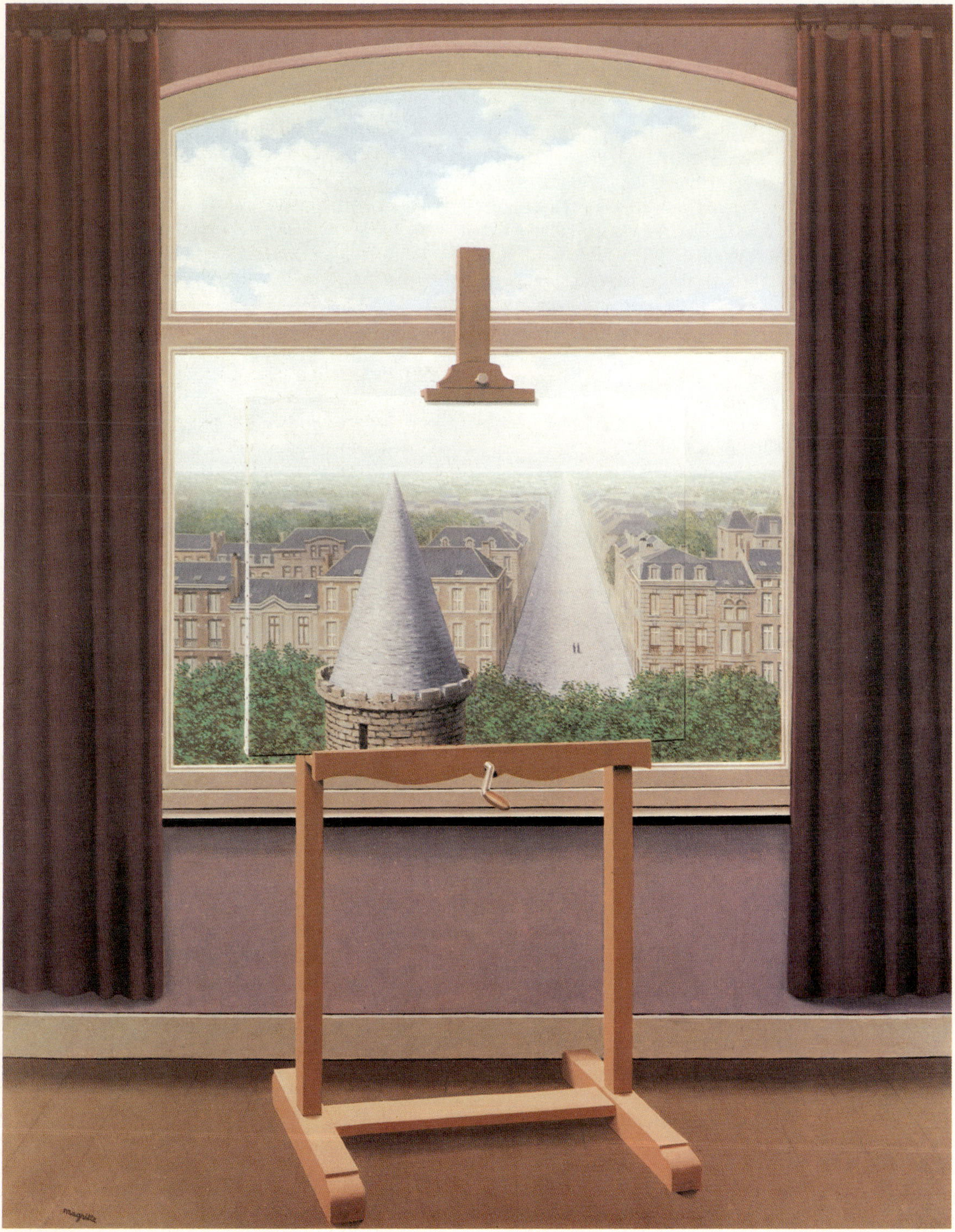

René Magritte: Die Promenaden des Euklid. 1955. Öl auf Leinwand. 64⅛ × 51⅛″.
The Minneapolis Institute of Arts, Minneapolis.

da Vinci, Leonardo (s. S. 17);
vage: (lat.) unbestimmt, ungewiß; dunkel, verschwommen;
latent: (lat.) versteckt, verborgen; ruhend;
manifest: (lat.) handgreiflich, offenbar, offenkundig;
Kompensation: (lat.) Streben nach Ersatzbefriedigung als Ausgleich von Minderwertigkeitsgefühlen;
Verrocchio, Andrea del (s. S. 17);
Mona Lisa (La Gioconda): (s. S. 28)
Gioconda: italienischer weiblicher Name;
Leda: in der griechischen Sage die Gemahlin des spartanischen Königs Tynaderos, Mutter der Dioskuren und der Helena, Geliebte des Zeus, der sie als Schwan besuchte;
hermaphroditisch: (griech.) zweigeschlechtlich, zwittrig;
Raffael (Raffaelo Santi) (1483 – 1520) italienischer Maler der Hochrenaissance;
Akzeptierung: Annahme, Billigung;
Neurose: (griech.) durch Fehlentwicklung des Trieblebens und durch unverarbeitete seelische Konflikte mit der Umwelt entstandener krankhafter Zustand ohne organische Ursachen;
Introspektion: (lat.) „Hineinsehen", Selbstbeobachtung, Beobachtung der eigenen seelischen Vorgänge zum Zweck psychologischer Selbsterkenntnis;
Latenz: (lat.) Verstecktheit, Verborgenheit;
Magritte, René (1898 – 1967), belgischer Maler; typischer Vertreter des Surrealismus, der die banalen Dinge des Alltags, naturalistisch im Detail, verfremdet;
Euklid, griechischer Mathematiker, lehrte um 300 v. Chr. in Alexandria;
Duchamp, Marcel (1887 – 1968), französischer Künstler;
tabu: (polynesisch) „verboten"; unverletzlich, unantastbar;
tabuieren: etwas für tabu erklären;
Ready-made: (engl.) „vorgefertigt"; von Marcel Duchamp eingeführte Bezeichnung für vorgefertigte und industriell produzierte Gebrauchsgegenstände, die vom Künstler ohne jede Veränderung ihrer äußeren Gestalt zu Kunstwerken erklärt werden;
Malewitsch, Kasimir (1878 – 1935), russischer Maler.

1. Erläutern Sie das methodische Vorgehen von Leuner.
2. Vergleichen Sie Leuners Ansatz mit den Ausführungen Freuds und Wackenroders (s. S. 25 und S. 15), die sich auch mit Leonardo da Vinci befassen. Welche Gemeinsamkeiten zeigen die drei Autoren in ihrem methodischen Vorgehen, welche charakteristischen Unterschiede können Sie erkennen?
3. Zeigen Sie, welche Auffassung von der Beziehung Künstler – Werk Leuners Methode der Bildanalyse zugrunde liegt.
4. Überprüfen Sie, inwieweit die Bildinterpretationen voneinander abweichen, wenn Sie die von Leuner analysierten Bildbeispiele (z. B. Marcel Duchamp, Fresh Widow) nach der Methode Salbers (s. S. 96) im Gruppengespräch untersuchen; welche Schlußfolgerung ziehen Sie aus eventuell unterschiedlichen Interpretationsergebnissen?

Quelle:
Leuner, Barbara: Psychoanalyse und Kunst. Die Instanzen des Inneren. Köln 1976, S. 22 ff., S. 45 ff.

Barbara Leuner, geb. 1920, studierte Medizin, war von 1964 bis 1972 als Ärztin tätig mit Ausbildung als Psychoanalytikerin; seitdem eigene psychoanalytische Praxis in Göttingen; langjährige autodidaktische künstlerische Tätigkeiten.

Literatur:
Carl Gustav Jung: Der Mensch und seine Symbole. Olten 1968.
Alfred Bader (Hrsg.): Geisteskrankheit, bildnerischer Ausdruck und Kunst. Bern 1975.
Schuster/Beisl: Kunstpsychologie. Wodurch Kunstwerke wirken. Köln 1978.

III. WERKBEZOGENE INTERPRETATIONSANSÄTZE

a) Stilanalyse

Gottfried Semper
Der Stil in den technischen und tektonischen Künsten oder praktische Ästhetik

§ 1

Hier seien [. . .] zuvörderst [. . .] zwei Thesen aufgestellt, deren Durchführung in dem zunächst folgenden versucht werden soll.
1. Es treten dem aufmerksamen Beobachter überall, wo er auf monumentale Spuren erstorbener Gesellschaftsorganismen trifft, gewisse Grundformen oder Typen der Kunst entgegen, die sich hier klar und unverwischt, dort bereits in sekundärer und tertiärer Umbildung und getrübt zeigen, immer aber als *dieselben*, die somit älter sind als alle Gesellschaftsorganismen, von welchen sich monumentale Spuren erhalten oder von denen wir sonst, in Beziehung auf ihnen eigen angehörige Kunst, Nachricht haben.
2. Diese Typen sind den verschiedenen technischen Künsten entlehnt, wie sie in primitivster Handhabung oder selbst in vorgerückter Entwicklung als die ursprünglichsten Beschützerinnen der heiligen Herdflamme (des urältesten Sinnbildes der Gesellschaft und des Menschentumes im allgemeinen) gedacht wurden. Sie erhielten zwar sehr frühzeitig symbolische Bedeutung (teils in hieratisch tendentiösem, teils in ästhetisch formellem Sinne), wurden aber zugleich in ihrer ursprünglichsten technisch-räumlichen Benutzung niemals ganz abgeschafft, sondern fuhren auch in diesem Sinne fort, bei den späteren Umbildungen der architektonischen Formen als wichtige Agentien nachzuwirken.
Ohne die Berücksichtigung dieses ältesten Einflusses der technischen Künste auf die Entstehung der althergebrachten Formen und Typen in der Baukunst ist kein richtiges Eingehen in das Verständnis dieser letzteren möglich. So wie die Sprachwurzeln ihre Geltung immer behaupten und bei allen späteren Umgestaltungen und Erweiterungen der Begriffe, die sich an sie knüpfen, der Grundform nach wieder hervortreten, wie es unmöglich ist, für einen neuen Begriff zugleich ein ganz neues Wort zu erfinden, ohne den ersten Zweck zu verfehlen, nämlich verstanden zu werden, ebensowenig darf man diese ältesten Typen und Wurzeln der Kunstsymbolik für andere verwerfen und unberücksichtigt lassen.
[. . .]

§ 2

Die Aufgabe, die ich mir stellte, erheischte nun, die technischen Künste in Kategorien zu sondern und jede dieser Kategorien für sich in Betracht zu ziehen, insoweit nämlich dies erforderlich war, um den Nachweis ihres Einflusses auf die Entstehung der Kunstsymbole im allgemeinen und der architektonischen Symbole im besonderen zu geben; wobei sich zeigte, daß die Grundgesetzte des Stiles in den technischen Künsten identisch sind mit denjenigen, die in der Architektur walten, daß diese Grundsätze dort in ihren einfachsten und klarsten Ausdrücken hervortreten, daß sie an ihnen zuerst sich feststellten und entwickelten. Dem Programme dieser Schrift gemäß sind in dem Folgenden die verschiedenen technischen Künste in ihren ältesten Beziehungen zu der Baukunst, insofern sie nämlich auf das Werden der architektonischen Grundformen Einfluß hatten, ihrerseits gleichfalls als Werdendes zu behandeln, und es ist daher der Reihe nach eine jede von ihnen von folgenden beiden Gesichtspunkten aus zu fassen:
Erstens das Werk als Resultat des *materiellen Dienstes* oder *Gebrauches*, der bezweckt wird, sei dieser nun tatsächlich oder nur supponiert und in höherer, symbolischer Auffassung genommen;
zweitens das Werk als Resultat des *Stoffes*, der bei der Produktion benutzt wird, sowie der *Werkzeuge* und *Prozeduren*, die dabei in Anwendung kommen.

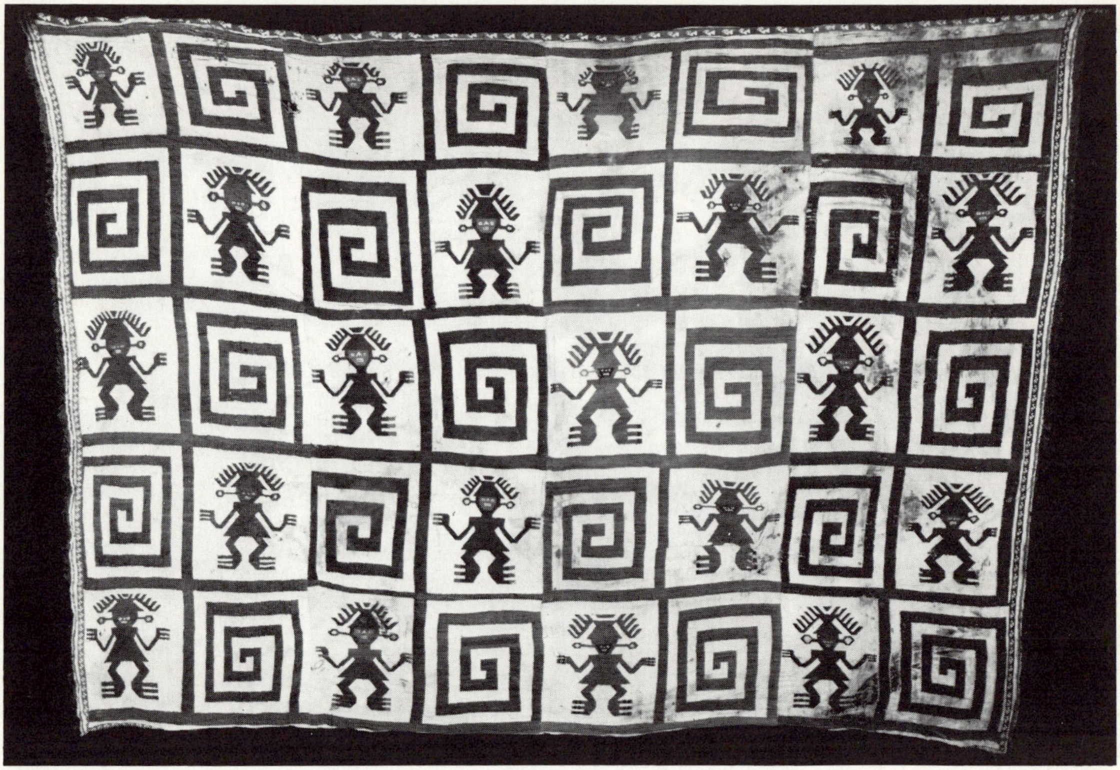

Kultur von Chancay, Peru: Totentuch. 13.—15. Jh. Baumwolle. 205 × 267 cm. Rautenstrauch-Joest-Museum, Köln.

Da die Bestimmung eines jeden technischen Produktes dem Wesen nach zu allen Zeiten dieselbe bleibt, insofern sie sich auf das allgemeine Bedürfnis des Menschen begründet und auf überall und zu allen Zeiten gültigen Naturgesetzen beruht, die ihren formellen Ausdruck suchen, dagegen die Stoffe und namentlich die Arten der Bearbeitung der Stoffe, die zu der Hervorbringung des Produktes angewendet werden, mit dem Laufe der Zeiten und nach lokalen und allen möglichen anderen Umständen sich wesentlich ändern, so ist es angemessen, die allgemeineren formell-ästhetischen Betrachtungen an die Frage über das Zweckliche, die stilgeschichtlichen Betrachtungen an diejenige über das Stoffliche zu knüpfen. Doch ist eine durchaus konsequente Durchführung dieses Prinzips nicht zu erwarten, da die Zwecklichkeit eines Produktes meistens die Anwendung von Stoffen, die sich mehr als andere zu dessen Hervorbringung eignen, und bestimmte technische Prozeduren, die dabei in Anwendung kommen, a priori erheischt. Es leiten also die allgemeineren formell-ästhetischen Betrachtungen bereits auf das Gebiet des Stofflichen hinüber. So z. B. ist das *Band*, der Bestimmung nach, durch einen Streifen, der einen Gegenstand ringförmig umgibt oder sich auf demselben der Länge nach hinzieht, charakterisiert, aber schärfer tritt die Charakteristik des Begriffes Band hervor, wenn dieser Streifen gedreht ist wie ein Strick oder das Muster eines geflochtenen oder gewebten Stoffes auf seiner Oberfläche zeigt. Doch ist es deutlich, daß hier nur gewisse, gleichsam abstrakte Eigenschaften des bindenden Stoffes im allgemeinen sich zur Erwägung aufdrängen, daß dagegen die Frage, wie sich ein solches Band anders charakterisieren müsse, wenn es in Linnen, Wolle oder Seide, in Holz, Ton, Stein oder Metall seinen formellen Ausdruck erhalten soll, eine andere, eine durchaus *stilgeschichtliche* sei.

hieratisch: (griech.) priesterlich;
tendenziös (tendentiös): etwas bezweckend, beabsichtigend;
Agens (Plural: Agentien, Agenzien, lat.): treibende Kraft; wirkendes Prinzip;
a priori: (s. S. 6).
Paxton, Joseph (1803—1865), englischer Landschaftsgärtner und Architekt; Erbauer des Kristallpalastes in London zur Weltausstellung 1851.

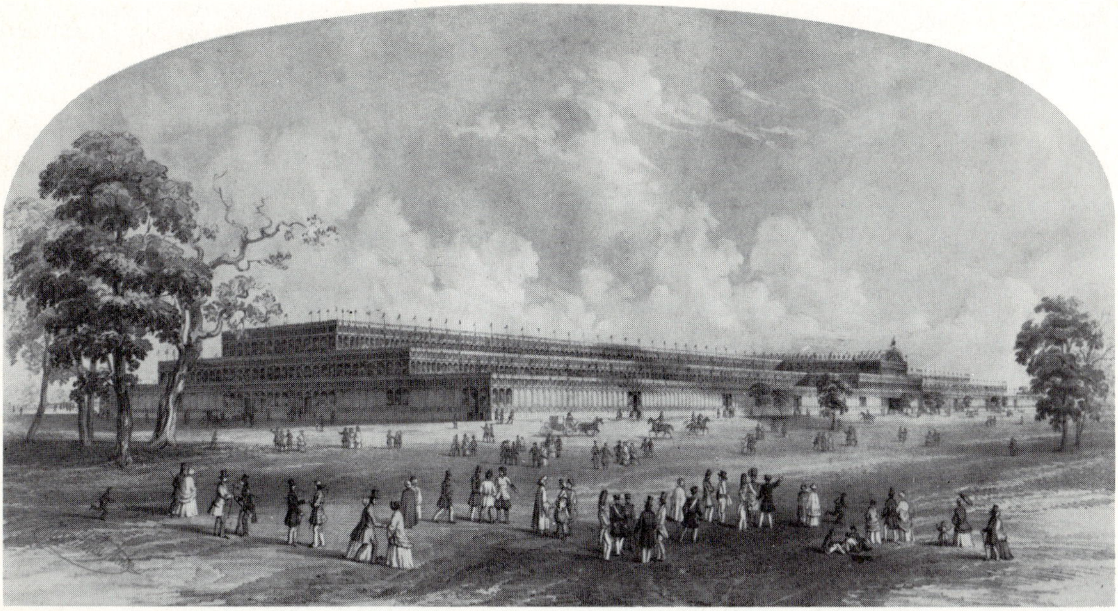

Joseph Paxton: Kristallpalast, London. 1851. Lithographie von Bliss Stocker.

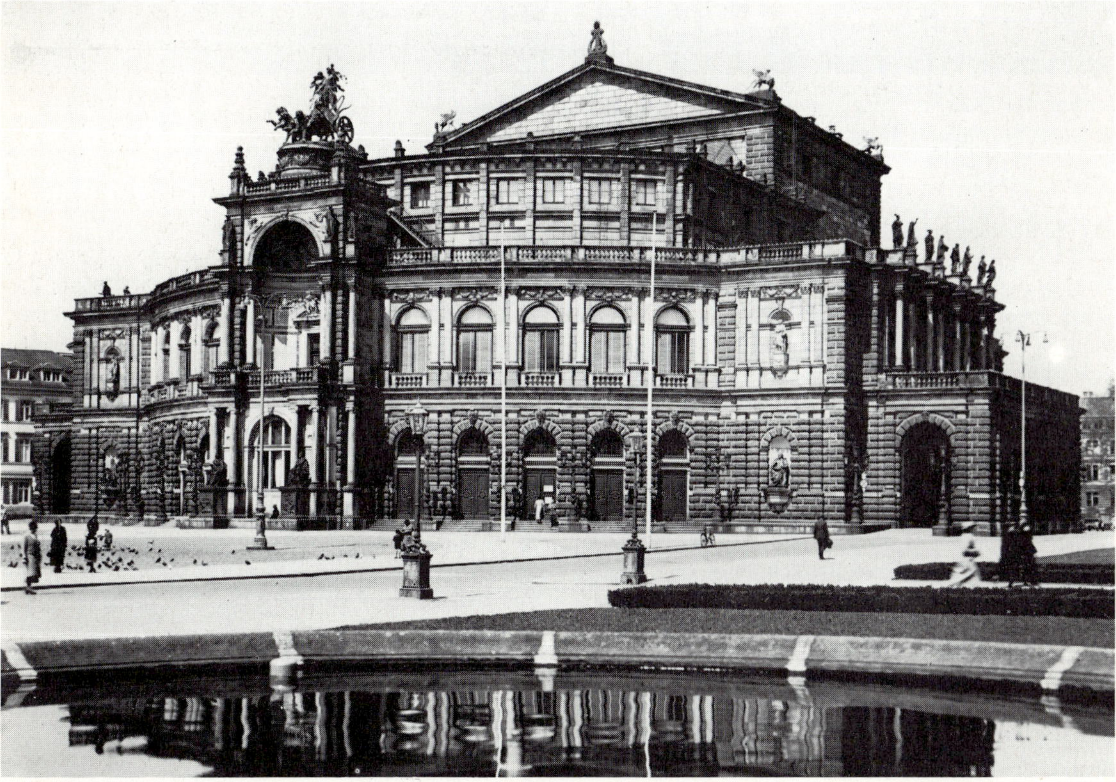

Opernhaus in Dresden, Ansicht von Süden. 1871–1878.
Entwurf: Gottfried Semper. Bauleitung: Manfred Semper.

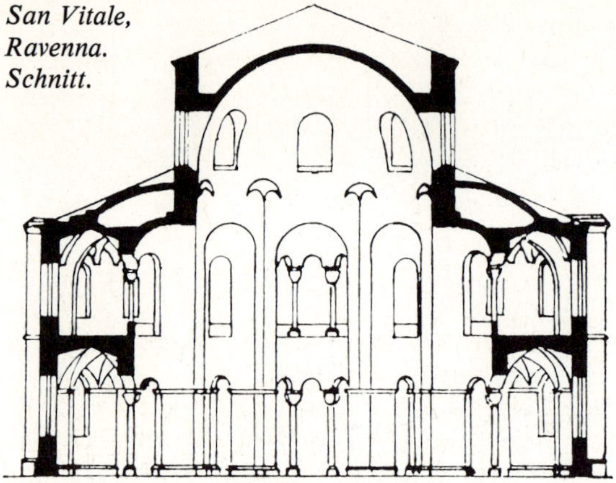

San Vitale,
Ravenna.
Schnitt.

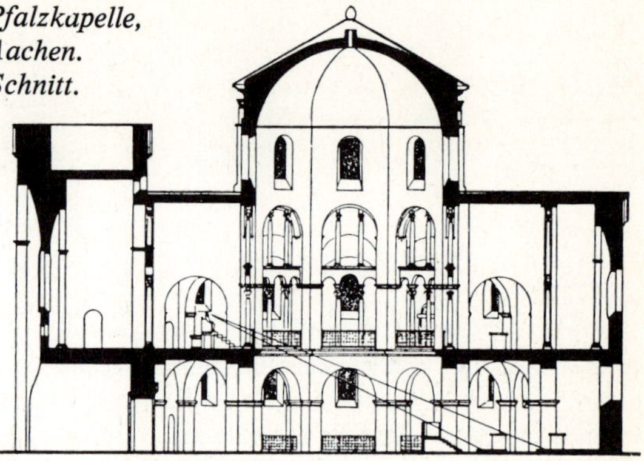

Pfalzkapelle,
Aachen.
Schnitt.

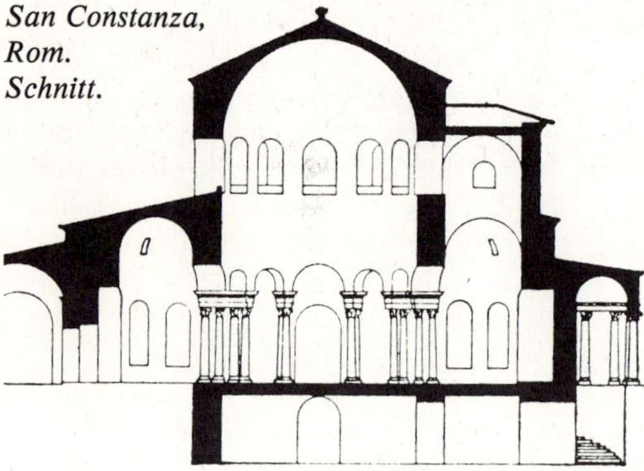

San Constanza,
Rom.
Schnitt.

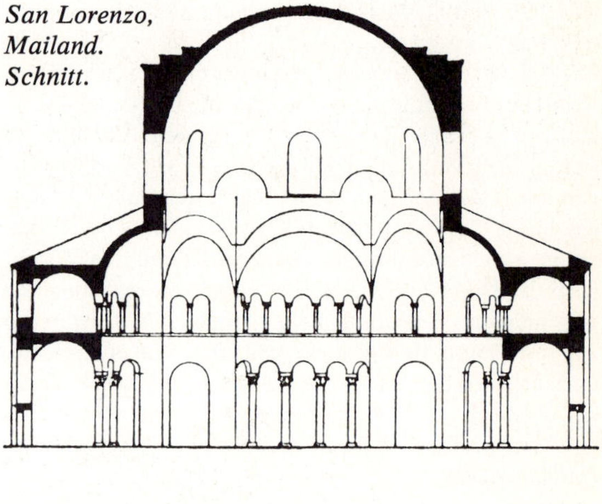

San Lorenzo,
Mailand.
Schnitt.

1. Erläutern Sie Sempers Vergleich von Sprachwissenschaft mit seinen Untersuchungen über das Werden der Form und deren Bedeutungsveränderungen.
2. Weisen Sie nach, daß Sempers Methode als eine an den Naturwissenschaften orientierte empirische Methode bezeichnet werden kann. Untersuchen Sie dabei, wie Semper Kunst nach den Prinzipien der Entstehung betrachtet und diesen Prozeß mit Ursache und Wirkung zu erklären versucht.
3. Untersuchen Sie, ob ein Zusammenhang besteht von Sempers Vorstellungen über die Entstehung der Kunststile und der im Klassizismus vollzogene Trennung in Architektur als Monument und Architektur als Zweckarchitektur?
4. Erörtern Sie, inwieweit die individuelle Künstlerpersönlichkeit eine Rolle spielt und welche Aspekte von Kunst bei Semper unberücksichtigt bleiben, wenn die Verwirklichung des Kunstwerkes in einem „... in naturhafter Gesetzlichkeit und mechanischer Notwendigkeit sich abwickelnden Formprozeß ...“ (Semper) geschieht.

Quelle:
Semper, Gottfried: Der Stil in den technischen und tektonischen Künsten oder praktische Ästhetik. Ein Handbuch für Techniker, Künstler und Kunstfreunde. (Neuauflage) Mittenwald 1977, S. 6–15.

Gottfried Semper, geb. 1808 in Hamburg, gest. 1879 in Rom, Kunsthistoriker und Architekt. Er studierte in Göttingen Jura, Archäologie und Mathematik (bei Gauss) und danach in München Architektur. 1826 ging er nach Paris und wurde Zeuge der Julirevolution 1834 Prof. für Baukunst und Direktor der Bauschule an der Dresdner Akademie, mußte 1849 aus politischen Gründen nach Paris fliehen. 1851 beschäftigte Semper sich in London mit dem Kunstgewerbe und der Möglichkeit, Geschmacksverirrungen durch Volkserziehung, öffentliche Sammlungen und zukunftsorientierten Kunstunterricht zu überwinden. 1855 war Semper am Polytechnikum in Zürich und 1870 als kaiserlicher Architekt in Wien.

Literatur:
Stockmeyer, Ernst: Gottfried Sempers Kunsttheorie. Zürich/Leipzig 1939.
Quitzsch, Heinz: Die ästhetischen Anschauungen Gottfried Sempers. Berlin 1962.

Alois Riegl
Stilfragen

Alle Kunst und somit auch die dekorative steht in unauflöslichem Zusammenhang mit der Natur. Jedem Gebilde der Kunst liegt ein Gebilde der Natur zugrunde, sei es unverändert in dem Zustande, in dem es die Natur geschaffen hat, sei es in einer Umbildung, die der Mensch, sich zu Nutz oder Freude, damit vorgenommen hat.

Dieser stets vorhandene Zusammenhang tritt aber an verschiedenen Kunstgebilden mit verschiedener Deutlichkeit zu Tage. Am unverkennbarsten offenbart er sich an den Werken der *Skulptur:* die Hervorbringungen der Natur erscheinen hier eben nachgeahmt mit allen ihren drei körperlichen Dimensionen. Die Versuchung zu einer stärkeren Abweichung von den Vorbildern der Natur und die Gefahr einer Verdunkelung des obwaltenden Zusammenhanges mit diesen letzteren war erst recht nahegerückt von dem Augenblick an, da man im Kunstschaffen die Tiefendimension und damit zugleich die volle körperliche Erscheinung preisgab, was bei jenen Künsten der Fall ist, die in der *Fläche* darstellen.

Verweilen wir einen Augenblick bei diesem Punkte. Wir haben eben die beiden großen Klassen festgestellt, in die sich die dekorativen Künste scheiden: die plastischen und die in der Fläche darstellenden. Es lassen sich aber aus dem Gesagten auch schon Schlüsse auf das genetische Verhältnis ziehen, das zwischen den beiden genannten Kunstgebieten obwaltet. Wenn wir vorerst die Denkmäler beiseite lassen und zunächst auf rein deduktivem Wege uns die Frage zu beantworten suchen, welcher von beiden Klassen von Künsten, den plastischen oder den flächenbildenden, der Vorantritt in der Entwicklung zuerkannt werden müsse, so werden wir schon a priori — trotz der weitverbreiteten gegenteiligen Meinung — das plastische Kunstschaffen als das ältere, primitivere, das in der Fläche bildende als das jüngere, raffiniertere bezeichnen dürfen. Etwa ein Tier in feuchtem Ton schlecht und recht nachzumodellieren, dazu bedurfte es, nachdem einmal der Nachahmungstrieb im Menschen vorhanden war, keiner höheren Betätigung des menschlichen Witzes, da das Vorbild — das lebende Tier — in der Natur fertig vorlag. Als es sich aber zum ersten Male darum handelte, dasselbe Tier auf eine gegebene Fläche zu zeichnen, zu ritzen, zu malen, bedurfte es einer geradezu schöpferischen Tat. Denn nicht der vorbildlich vorhandene Körper wurde in diesem Falle nachgebildet, sondern die Silhouette, die Umrißlinie, die in Wirklichkeit nicht existiert und vom Menschen erst frei erfunden werden mußte. (Von Hottentotten und Australnegern wissen die Reisenden vielfach zu berichten, daß sie ihr eigenes Bild in Zeichnung oder Photographie nicht erkennen: sie vermögen eben die Dinge nur körperlich, aber nicht in die Fläche gebannt, ohne Tiefendimension, aufzufassen — ein Beweis, daß für letzteres bereits eine vorgeschrittene Kulturstufe vorausgesetzt werden muß.) Von diesem Augenblick an gewann die Kunst erst recht ihre unendliche Darstellungsfähigkeit; indem man die Körperlichkeit preisgab und sich mit dem Schein begnügte, tat man den wesentlichsten Schritt, die Phantasie von dem Zwange der strengen Beobachtung der realen Naturformen zu befreien und sie zu einer freieren Behandlung und Kombinierung dieser Naturformen hinzuleiten.

Mag nun ein dekoratives Kunstgebilde von emanzipierter Formgebung noch so wunderlich erscheinen, in den einzelnen Teilen bricht doch immer das reale, aus der Natur entlehnte Vorbild hindurch. Dies gilt sowohl von den in der Fläche dargestellten, als von den plastischen Kunstformen. Die Schlangenfüße des Giganten z. B. sind nicht minder von Naturvorbildern abhängig, als sein menschlicher Oberkörper, wenngleich das Ganze, der Gigant, in der realen Welt nicht existiert. Ebenso gehen die völlig in linearem Schema gehaltenen dreispältigen Blüten, etwa auf cyprischen Vasen, ganz bestimmt auf das Naturvorbild der Lotusblüte zurück, mochte nun der Zusammenhang mit jener bestimmten Spezies der ägyptischen Flora den cyprischen Töpfern bewußt gewesen sein oder nicht.

Also die Natur blieb für die Kunstformen auch dann noch vorbildlich, als dieselben die Tiefendimension preisgegeben und die in der Wirklichkeit nicht existierende umgrenzende *Linie* zum Elemente ihrer Darstellung gemacht hatten. In Umrißlinien dargestellte Tierfiguren bleiben nichtsdestoweniger Tierfiguren, wenn ihnen auch die Plastizität der körperlichen Erscheinung fehlt. Man ging aber endlich auch daran, *aus der Linie selbst eine Kunstform zu gestalten,* ohne dabei ein unmittelbares fertiges Vorbild aus der Natur im Auge zu haben. Diese Gestaltungen geschahen unter Beobachtung der fundamentalen Kunstgesetze der Symmetrie und des Rhythmus: ein regelloses Gekritzel ist eben keine Kunstform. So bildete man Dreieck, Quadrat, Raute, Zickzack usw. aus der geraden, den Kreis, die Wellenlinie, die Spirale aus der gekrümmten Linie. Es sind dies die Figuren, die wir aus der Planimetrie kennen; in der Kunstgeschichte pflegt man sie als *geometrische* zu bezeichnen. Der Kunststil, der sich auf der ausschließlichen oder doch überwiegenden Verwendung dieser Gebilde aufbaut, heißt somit der *geometrische Stil.*

Wenn nun auch den Gebilden des geometrischen Stils anscheinend keine realen Wesenheiten zu Grunde liegen, so stellte man sich damit dennoch nicht außerhalb der Natur. Dieselben Gesetze von Symmetrie und Rhythmus sind es doch, nach denen die Natur in der Bildung ihrer Wesen verfährt (Mensch, Tier, Pflanze, Kristall), und es bedarf keineswegs tieferer Einsicht, um zu bemerken, wie die planimetrischen Grundformen und Konfigurationen den Naturwesen latent anhaften. Der eingangs aufgestellte Satz von den engen Beziehungen aller Kunstformen zu den körperlichen Naturerscheinungen besteht also auch für die Formen des geometrischen Stiles zu recht. Die geometrischen Kunstformen verhalten sich eben zu den übrigen Kunstformen genauso, wie die Gesetze der Mathematik zu den lebendigen Naturgesetzen. Ebensowenig, wie im sittlichen Verhalten der Menschen, scheint es im Gange der Naturkräfte eine absolute Vollkommenheit zu geben: Das Abweichen von den abstrakten Gesetzen schafft da und dort die Geschichte, fesselt da und dort das Interesse, unterbricht da und dort die Langeweile des ewigen Einerlei. Der nach den obersten Gesetzen der Symmetrie und des Rhythmus streng aufgebaute geometrische Stil ist, vom Standpunkte der Gesetzmäßigkeit betrachtet, der vollkommenste; in unserer Wertschätzung steht er aber am niedrigsten, und auch die Entwicklungsgeschichte der Künste, soweit wir dieselbe bisher kennen, lehrt, daß dieser Stil den Völkern in der Regel zu einer Zeit eigen gewesen ist, da sie noch auf einer verhältnismäßig niedrigen Kulturstufe verharrten.

[. . .]

Auf welche Weise sollen nun die Motive des geometrischen Stils aus den textilen Techniken hervorgegangen sein?

Halten wir uns auch hierfür an Gottfried Semper, denn die Übrigen haben doch nur im allgemeinen wiederholt, was jener noch verhältnismäßig am deutlichsten gedacht hat. Die entscheidende Stelle findet sich im I. Bande des *Stil* S. 213. Nachdem er da von dem geflochtenen Zaun als ursprünglichstem vertikalen Raumabschluß, als der ältesten Wand gesprochen hatte, fährt er fort: „Von dem Flechten der Zweige ist der Übergang zum Flechten des Bastes leicht und natürlich. Von da kam man auf die Erfindung des Webens, zuerst mit Grashalmen oder natürlichen Pflanzenfasern, hernach mit gesponnenen Fäden aus vegetabilischen oder tierischen Stoffen. Die Verschiedenheit der natürlichen Farben der Halme veranlaßte bald ihre Benutzung nach abwechselnder Ordnung, und so entstand das *Muster.*"

Der letzte Satz ist für uns der entscheidende. Semper drückt sich darin zwar nicht bestimmt aus, ob er die Entstehung des *Musters* bereits in die Flechterei, oder erst in die von ihm als eine höhere Stufe der Entwicklung aufgefaßte Weberei versetzt. Infolgedessen unterläßt er es auch, seine Vorstellung von dem fraglichen Vorgange an einem konkreten Beispiele zu erläutern. Aber so viel geht aus seinen Worten hervor, daß er selbst die Dazwischenkunft eines nichtmateriellen Faktors nicht zu leugnen vermag. „Die Verschiedenheit der natürlichen Farben der Halme *veranlaßte* bald ihre Benutzung nach *abwechselnder Ordnung.*" Also nicht der reine Zufall hat das erste *Muster* in die Welt gesetzt, sondern der Mensch nahm eine bewußte („veranlaßte") Auswahl verschiedenfarbiger Halme vor, deren Verflechtung in rhythmischer Abwechslung („abwechselnder Ordnung") sodann zum Muster geführt hat. Es wird dem Menschen damit ausdrücklich ein kunstschöpferischer Gedanke bei dem ganzen Vorgange zugebilligt. Die Stellen, in denen sich Semper zur technisch-materiellen Auffassung in direkten Widerspruch setzt, sind übrigens im *Stil* gar nicht so selten.

[. . .]

Es entspricht dies völlig dem natürlichen Prozesse, den wir uns schon am Eingange dieses Kapitels in rein spekulativer Weise konstruiert haben. Die unmittelbare Reproduktion der Naturwesen in ihrer vollen körperlichen Erscheinung, im Wege des durch einen weiter unten zu bezeichnenden psychischen Vorgang zur Betätigung angespornten Nachahmungstriebes, steht hiernach am Anfange alles Kunstschaffens: die ältesten Kunstwerke sind plastischer Natur. Da man die Naturwesen immer nur von einer Seite sieht, lernt man sich mit dem Relief begnügen, das eben nur so viel vom plastischen Scheine wiedergibt, als das menschliche Auge braucht. So gewöhnt man sich an die Darstellung in einer Fläche und gelangt zum Begriffe der Umrißlinie. Endlich verzichtet man auf den plastischen Schein vollständig und ersetzt denselben durch die Modellierung mittels der Zeichnung.

Das wichtigste Moment in diesem ganzen Prozesse ist zweifellos das Aufkommen der Umrißlinie, mittels welcher man das Bild eines Naturwesens auf eine gegebene Fläche bannte. Hiermit war die Linie als Element aller Zeichnungen, aller Malerei, überhaupt aller in der Fläche bildenden Kunst erfunden.

[...]

Das technische Moment spielt gewiß auch innerhalb des geschilderten Prozesses eine Rolle, aber bei weitem nicht jene führende Rolle, wie sie ihm die Anhänger der technisch-materiellen Entstehungstheorie vindizieren möchten. Der Anstoß ging vielmehr nicht von der Technik, sondern von dem bestimmten Kunstwollen aus. Man wollte das Abbild eines Naturwesens in totem Material schaffen und erfand sich hierzu die nötige Technik.

[...]

Die gesamte Kunstgeschichte stellt sich ja dar als ein fortgesetztes Ringen mit der Materie; nicht das Werkzeug, die Technik ist dabei das Prius, sondern der kunstschaffende Gedanke, der sein Gestaltungsgebiet erweitern, seine Bildungsfähigkeit steigern will.

[...]

Ein doppelt vorgeschrittenes Stadium der Entwicklung muß vorausgesetzt werden für den Augenblick, da man anscheinend geometrische Konfigurationen bereits zu symbolischen Zwecken verwendete. Bei dem sinnlichen Charakter aller primitiven Naturreligionen darf mit Gewißheit angenommen werden, daß mit jenen Symbolen (z. B. mit dem Hakenkreuz) ursprünglich die Vorstellung eines vorbildlichen realen Naturwesens verknüpft gewesen ist. Die Geometrisierung der in der Kunst nachgebildeten Naturformen muß daher schon zeitlich voraufgegangen sein. In diesem Lichte betrachtet, mag der Symbolismus ursprünglich nichts anderes gewesen sein als der Fetischismus: während aber die Objekte dieses letzteren entweder selbst reale Naturformen sind, oder, wenn im toten Material gebildet, den Bezug auf reale Naturformen noch deutlich erkennen lassen, erscheint an den Symbolen die letztere Bezugnahme sehr häufig durch die geometrische Stilisierung bis zur Unkenntlichkeit verwischt. Es ist deshalb eine der schwierigsten Aufgaben, die Grenzen zwischen Ornament und Symbol auseinander zu halten; nach dieser — bisher wenig und fast ausschließlich vom Dilettantismus verfolgten — Richtung steht dem menschlichen Scharfsinn noch ein überreiches Feld zur Bebauung offen, von dem es heute sehr zweifelhaft scheint, ob es jemals gelingen wird, dasselbe in halbwegs befriedigender Weise zu bestellen.

genetisch: (griech.) die Vererbung betreffend; erblich bedingt; entwicklungsgeschichtlich;
deduktiv: das Besondere und Einzelne vom Allgemeinen ableitend (Erkenntnis des Einzelfalls durch ein allgemeines Gesetz);
a priori: (s. S. 6);
Planimetrie: Geometrie der Ebene;
Konfiguration: (lat.) veraltet für: Gestaltung, Gestalt;
Semper, Gottfried, (s. S. 37);
vindizieren: zuerkennen;
Prius: (lat.) das Vordere, das Frühere;
Fetischismus: (portug.-nlat.) Verehrung eines magischen (mit göttlicher Kraft angefüllten) Gegenstandes;
Dilettantismus: Oberflächlichkeit, Spielerei, auch Pfuscherei.

1. Welche Aspekte des Kunstwerkes untersucht Riegl? Inwieweit interessieren ihn rein optische Phänomene?
2. Erläutern Sie Riegls These, die klassische Kunst könne nicht als Maß und Norm aller Kunst gelten. Welches sind für Riegl die leitenden „Normen" des Kunstschaffens?
3. Welcher wesentliche Faktor beeinflußt nach Riegl neben Material und Technik das Entstehen der Kunstform?
4. Zeigen Sie Unterschiede und Gemeinsamkeiten in den Analysenmethoden Riegls und Sempers. Vergleichen Sie dabei die jeweilige Bedeutung der Faktoren Gebrauchszweck, Rohstoff, Technik und „Kunstwollen".

Quelle:
Riegl, Alois: Stilfragen. Grundlegung zu einer Geschichte der Ornamentik. Berlin 1893, S. 1–3, S. 24, 31.

Alois Riegl, 1858–1905, österreichischer Kunsthistoriker, seit 1897 Dozent in Wien. Riegl überwand durch eine streng entwicklungsgeschichtliche Betrachtung die von ästhetischen Werturteilen ausgehende Kunstgeschichtsschreibung, kam zu einer neuen Würdigung der „Verfallszeiten" (Spätantike) und klärte die Grundfragen der Ornamententwicklung. Er förderte die Denkmalspflege in Österreich.

Literatur:
Sedlmayr, Hans: Die Quintessenz der Lehren Riegls. In: *Riegl, Alois:* Gesammelte Aufsätze, hrsg. v. *Swoboda, Karl Maria,* Augsburg–Wien 1929. Abgedr. in: *Sedlmayr, Hans:* Kunst und Wahrheit. Zur Theorie und Methode der Kunstgeschichte, Hamburg 1958.

Heinrich Wölfflin
Kunstgeschichtliche Grundbegriffe

Zur allgemeinen Orientierung diene folgendes. Die „Grundbegriffe“ sind hervorgegangen aus dem Bedürfnis, der kunsthistorischen Charakteristik eine festere Basis zu geben; nicht dem Werturteil — davon ist hier gar nicht die Rede —, sondern der Stilcharakteristik. Diese hat das größte Interesse, zunächst einmal die Form der Vorstellungsbildung zu kennen, der sie im einzelnen Fall gegenübersteht. (Man spricht besser von *Vorstellungs*formen als von *Seh*formen.) Selbstverständlich ist die Form der anschaulichen Vorstellung nicht etwas Äußerliches, sondern von bestimmender Wichtigkeit auch für den Inhalt der Vorstellung, und insofern ist die Geschichte dieser Anschauungsbegriffe bereits auch Geistesgeschichte.

Die Art des Sehens oder sagen wir also des anschaulichen Vorstellens ist nicht von Anfang an und überall dieselbe, sondern hat, wie alles Lebendige, ihre Entwicklung. Es gibt Stufen der Vorstellung, mit denen der Kunsthistoriker zu rechnen hat. Wir kennen altertümlich-„unreife“ Sehweisen, wie wir andrerseits von „hohen“ und „späten“ Kunstperioden sprechen. Die archaische griechische Kunst oder der Stil der alten Portalskulpturen von Chartres darf nicht so interpretiert werden, als ob die Dinge heute gemacht worden wären. Anstatt zu fragen: „Wie wirken diese Kunstwerke auf mich (den modernen Menschen)?“, und danach den Ausdrucksgehalt zu bestimmen, muß der Historiker sich vergegenwärtigen, welche Auswahl von Formmöglichkeiten die Zeit überhaupt hatte. Das wird dann zu einer wesentlich anderen Interpretation führen. [. . .]

Ludwig Richter erzählt in seinen Lebenserinnerungen, wie er in Tivoli einmal als junger Mensch, zusammen mit drei Kameraden, einen Ausschnitt der Landschaft zu malen unternahm, er und die andren fest entschlossen, von der Natur dabei nicht um Haaresbreite abzuweichen. Und obwohl nun das Vorbild das gleiche gewesen war und jeder mit gutem Talent an das sich gehalten hatte, was seine Augen sahen, kamen doch vier ganz verschiedene Bilder heraus, so verschieden unter sich, wie eben die Persönlichkeiten der vier Maler. Woraus dann der Berichterstatter den Schluß zog, daß es ein objektives Sehen nicht gäbe, daß Form und Farbe je nach dem Temperament immer verschieden aufgefaßt werden würden.

Für den Kunsthistoriker hat diese Beobachtung nichts Überraschendes. Man rechnet längst damit, daß jeder Maler „mit seinem Blute“ male. Alles Unterscheiden der einzelnen Meister und ihrer „Hand“ beruht im letzten Grunde darauf, daß man solche Typen individueller Formgebung anerkennt. Bei gleicher Orientierung des Geschmackes (uns würden jene vier Tivolilandschaften zunächst wahrscheinlich ziemlich gleich, nämlich nazarenisch vorkommen) wird die Linie hier mehr eckigen, dort mehr rundlichen Charakter haben, hier mehr stockend und langsam, dort mehr strömend und drängend in der Bewegung empfunden sein. Und wie die Proportionen bald mehr ins Schlanke, bald mehr ins Breite fallen, so stellt sich die körperliche Modellierung dem einen vielleicht voll und saftig dar, während dieselben Vorsprünge und Eintiefungen von anderen zurückhaltender, mit viel mehr Knappheit gesehen werden. Und so ist es mit dem Licht und mit der Farbe. Die redlichste Absicht, genau zu beobachten, kann nicht verhindern, daß eine Farbe das eine Mal mehr nach der warmen Seite hin, das andere Mal mehr nach der kalten aufgefaßt wird, daß ein Schatten bald weicher, bald härter, ein Lichtgang bald schleichend, bald mehr lebhaft und springend erscheint.

Läßt man die Verpflichtung auf ein gemeinsames Vorbild der Natur fallen, so treten diese *individuellen Stile* natürlich noch deutlicher auseinander.

[. . .]

In der Zeichnung eines bloßen Nasenflügels müßte man schon das Wesentliche des Stilcharakters erkennen.

[. . .]

Es wird hier kaum nötig sein, für die Kunsthistoriker einzustehen und ihre Arbeit vor einem zweifelnden Publikum zu verteidigen. So natürlich für den Künstler der Standpunkt ist, das allgemein Gesetzliche in den Vordergrund zu rücken, so wenig wird man dem historischen Betrachter das Interesse an der Verschiedenartigkeit der Form verargen dürfen, unter der die Kunst auftritt, und es bleibt ein unverächtliches Problem, die Bedingungen aufzudecken, die als stofflicher Einschlag — man nenne es Temperament oder Zeitgeist oder Rassencharakter — den Stil von Individuen, Epochen und Völkern formen.

Allein mit einer Analyse auf Qualität und auf Ausdruck hin ist der Tatbestand überhaupt noch nicht erschöpft. Es kommt ein drittes hinzu — und damit sind wir zu dem springenden Punkt dieser Untersuchung gelangt —: die Darstellungsart als solche. Jeder Künstler findet bestimmte „optische" Möglichkeiten vor, an die er gebunden ist. Nicht alles ist zu allen Zeiten möglich. Das Sehen an sich hat seine Geschichte, und die Aufdeckung dieser „optischen Schichten" muß als die elementarste Aufgabe der Kunstgeschichte betrachtet werden.

Irren wir uns nicht, so läßt sich die Entwicklung in provisorischer Formulierung auf folgende fünf Begriffspaare bringen.

1. Die Entwicklung vom Linearen zum Malerischen, das heißt die Ausbildung der Linie als Blickbahn und Führerin des Auges und die allmähliche Entwertung der Linie. Allgemeiner gesagt: die Begreifung der Körper nach ihrem tastbaren Charakter — in Umriß und Flächen — einerseits, und andererseits eine Auffassung, die dem bloßen optischen Schein sich zu überlassen imstande ist und auf die „greifbare" Zeichnung verzichten kann. Dort liegt der Akzent auf den Grenzen der Dinge, hier spielt die Erscheinung ins Unbegrenzte hinüber. Das plastische und konturierende Sehen isoliert die Dinge, für das malerisch sehende Auge schließen sie sich zusammen. In einem Falle liegt das Interesse mehr in der Begreifung der einzelnen Objekte als fester, faßbarer Werte, im anderen Fall mehr darin, die Sichtbarkeit in ihrer Gesamtheit als einen schwebenden Schein aufzufassen.

2. Die Entwicklung vom Flächenhaften zum Tiefenhaften. Die klassische Kunst bringt die Teile eines Formganzen zu flächiger Schichtung, die barocke betont das Hintereinander. Die Fläche ist das Element der Linie, flächenhaftes Nebeneinander die Form der größten Schaubarkeit; mit der Entwertung des Konturs kommt die Entwertung der Fläche, und das Auge bindet die Dinge wesentlich im Sinne des Vor- und Rückwärts. Das ist kein qualitativer Unterschied: mit einer höheren Fähigkeit, räumliche Tiefe darzustellen, hat diese Neuerung direkt nichts zu tun, sie bedeutet vielmehr eine grundsätzlich andere Art der Darstellung, wie denn auch der „Flächenstil" in unserem Sinne nicht der Stil der primitiven Kunst ist, sondern erst im Moment einer völligen Beherrschung der Verkürzung und des Raumeindrucks erscheint.

3. Die Entwicklung von der geschlossenen zur offenen Form. Jedes Kunstwerk muß ein geschlossenes Ganzes sein, und es ist ein Mangel, wenn man findet, es sei nicht in sich begrenzt. Allein die Interpretation dieser Forderung ist eine so verschiedene gewesen im 16. und 17. Jahrhundert, daß man gegenüber der aufgelösten Form des Barock die klassische Fügung als die Kunst der geschlossenen Form überhaupt bezeichnen kann. Die Lockerung der Regel, die Entspannung der tektonischen Strenge oder wie immer man den Vorgang bezeichnen mag, bedeutet nicht eine bloße Reizsteigerung, sondern ist ein konsequent durchgeführter, neuer Darstellungsmodus, und darum ist auch dieses Motiv unter die Grundformen der Darstellung aufzunehmen.

4. Die Entwicklung vom Vielheitlichen zum Einheitlichen. In dem System einer klassischen Fügung behaupten die einzelnen Teile, so fest sie dem Ganzen eingebunden sind, doch immer noch ein Selbständiges. Es ist nicht die herrenlose Selbständigkeit der primitiven Kunst: das Einzelne ist bedingt vom Ganzen, und doch hat es nicht aufgehört, ein Eigenes zu sein. Für den Betrachter setzt das ein Artikulieren voraus, ein Fortschreiten von Glied zu Glied, das eine sehr verschiedene Operation ist gegenüber der Auffassung im ganzen, wie sie das 17. Jahrhundert anwendet und fordert. In beiden Stilen handelt es sich um eine Einheit (im Gegensatz zu der vorklassischen Zeit, die den Begriff in seinem eigentlichen Sinn noch nicht verstand), allein das eine Mal ist die Einheit erreicht durch eine Harmonie freier Teile, das andere Mal durch ein Zusammenziehen der Glieder zu einem Motiv oder durch Unterordnung der übrigen Elemente unter ein unbedingt führendes.

5. Die absolute und die relative Klarheit des Gegenständlichen. Es ist ein Gegensatz, der sich zunächst berührt mit dem Gegensatz von linear und malerisch: die Darstellung der Dinge, wie sie sind, einzeln genommen und dem plastischen Tastgefühl zugänglich, und die Darstellung der Dinge, wie sie erscheinen, im ganzen gesehen und mehr nach ihren nichtplastischen Qualitäten. Allein es ist etwas Besonderes, daß die klassische Zeit ein Ideal vollständiger Klarheit ausbildete, das das 15. Jahrhundert nur unbestimmt geahnt hatte, das 17. aber freiwillig preisgab. Nicht daß man unklar geworden wäre, was immer ein widriger Eindruck ist, allein die Klarheit des Motivs ist nicht mehr Selbstzweck der Darstellung: Es braucht nicht mehr die Form in ihrer Vollständigkeit vor dem Auge ausgebreitet zu werden, es genügt, die wesentlichen Anhaltspunkte gegeben zu haben. Komposition, Licht und Farbe stehen nicht mehr unbedingt im Dienste der Formaufklärung, sondern führen ihr eigenes Leben. Es gibt Fälle, wo eine solche teilweise Verdunkelung der absoluten Klarheit im Sinn bloßer Reizsteigerung verwendet worden ist, allein als große, alles umfassende Darstellungsform tritt die „relative" Klarheit in dem Moment in die

Kunstgeschichte ein, wo man die Wirklichkeit auf eine generell andere Erscheinung hin ansieht. Auch hier ist es nicht ein Qualitätsunterschied, wenn der Barock von den Idealen DÜRERS und RAFFAELS abfiel, sondern eben eine andere Orientierung zur Welt.

archaisch: (griech.) altertümlich, frühzeitig, aus der Frühstufe einer Kunst, bes. der altgriechischen stammend;
Richter, Adrian Ludwig (1803 – 1884), Maler und Zeichner; seine Vorzeichnungen für Holzschnitte und Lithographien zeigen eine beschaulich-biedermeierliche Bildwelt volkstümlichen Charakters;
Tivoli: Stadt östlich von Rom, am Aniene; schon in der Antike beliebter Villenvorort vornehmer Römer; berühmt wegen seiner Baudenkmäler, Schwefelbäder und der 160 m hohen Wasserfälle;
Nazarener: Gruppe deutscher und österreichischer Maler zu Anfang des 19. Jhdt. in Rom, die die Kunst aus einem religiös-christlichen Gefühl heraus erneuern wollten;
tektonisch: die Zusammenfügung von Bauteilen betreffend;
Dürer, Albrecht (1471 – 1528), einer der vielseitigsten deutschen Künstler, Maler, Zeichner für Holzschnitte, Kupferstecher;
Raffael, (s. S. 33);
Bronzino, eigentl. *Agnolo di Cosimo* (1503 – 1572), italienischer Maler;
Velázquez, Diego Rodriguez de Silva y (1599 – 1660), spanischer Maler.

1. Untersuchen Sie den Vorstellungsinhalt des Begriffes „Stil" in der bildenden Kunst; berücksichtigen Sie dabei verschiedene Bedeutungen, u. a. auch dessen umgangssprachliche Verwendung.
2. Erläutern Sie die Interpretationsmethode Wölfflins an vorliegenden Bildbeispielen von Velázquez und Bronzino. Untersuchen Sie, inwieweit mit Hilfe seines Kategorienschemas Zeitstile charakterisiert oder inwieweit individuelle Kunstwerke berücksichtigt werden können.
3. Was sind „optische Schichten" für Wölfflin? Wäre dieser Begriff bei Winckelmann schon denkbar?
4. Untersuchen Sie, ob das Ziel der Methode Wölfflins, den Stil eines Bildes fast unabhängig vom Gegenstand der Darstellung mit Begriffen zu erklären, die nur aus der Form abgeleitet sind, eine Verwandtschaft mit den künstlerischen Prinzipien der gleichzeitigen impressionistischen Malerei des l'art pour l'art zeigt.
5. Erörtern Sie, ob Wölfflin mit seiner Konzentration auf die „Formensprache" bei der Kunstanalyse den Bereich des rein Deskriptiven zu verlassen vermag.

Quelle:
Wölfflin, Heinrich: Kunstgeschichtliche Grundbegriffe. Das Problem der Stilentwicklung in der neueren Kunst. München 1948, S. 1 – 17.

HEINRICH WÖLFFLIN, 1864 – 1945, Schweizer Kunstgelehrter, Schüler von Jakob Burckhardt und als dessen Nachfolger 1893 Dozent in Basel. Wölfflin hat als erster die formalanalytische Betrachtungsweise systematisch angewandt und damit entscheidend zur Entwicklung der neueren Kunstwissenschaft beigetragen. In seinem Hauptwerk „Kunstgeschichtliche Grundbegriffe" (1915) hat er versucht, seine Lehre von der gesetzmäßigen Periodizität zu begründen.

Literatur:
Landsberger, Franz: Heinrich Wölfflin. Berlin 1924.
Coellen, Ludwig: Der Stil in der bildenden Kunst. Allgemeine Stiltheorie und geschichtliche Studien dazu. Traisa-Darmstadt 1921.
Piel, Friedrich: Der historische Stilbegriff und die Geschichtlichkeit in der Kunst. In: Probleme der Kunstwissenschaft, Bd. 1, Kunstgeschichte und Kunsttheorie im 19. Jahrhundert. Berlin 1963.

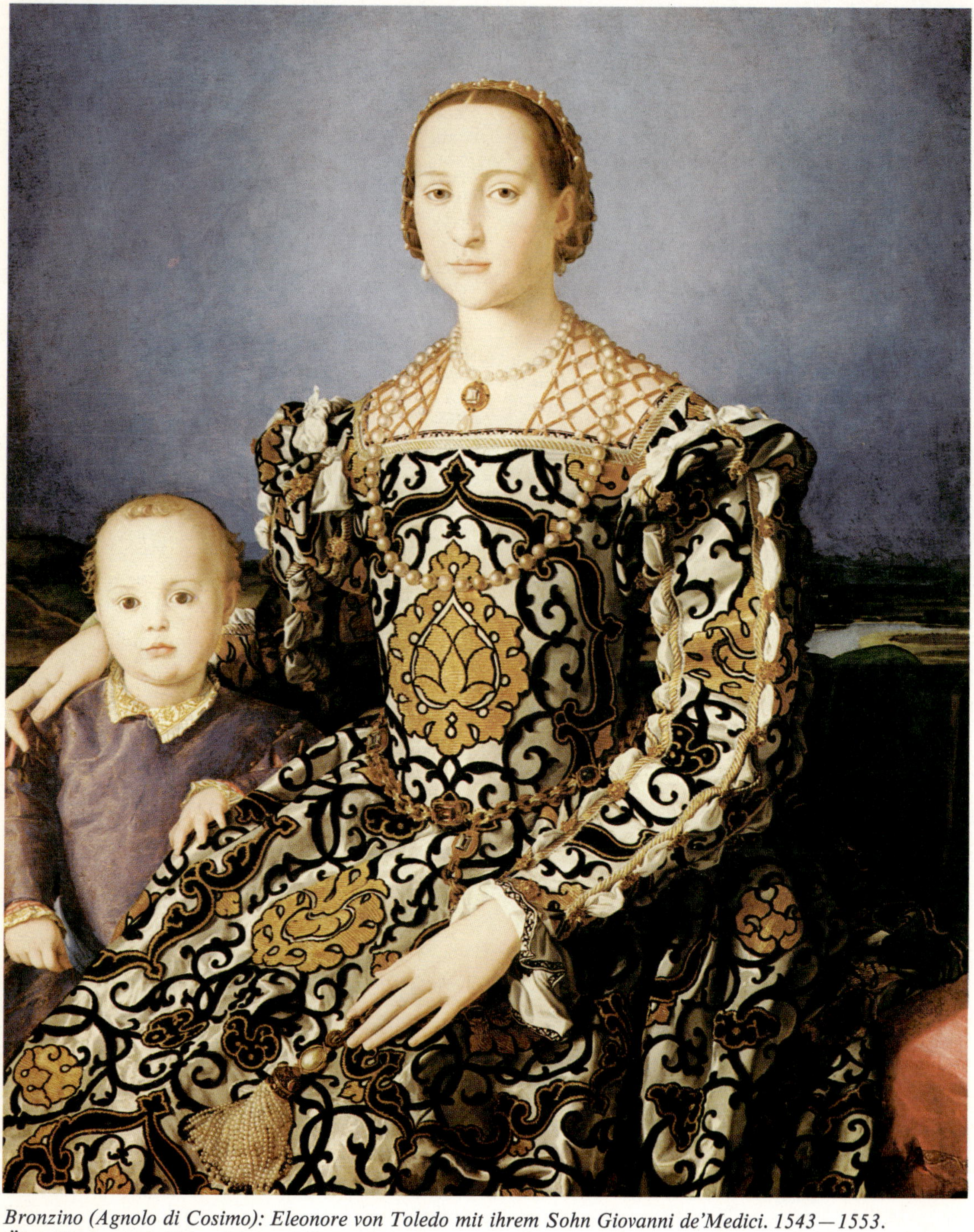

Bronzino (Agnolo di Cosimo): Eleonore von Toledo mit ihrem Sohn Giovanni de'Medici. 1543—1553.
Öl auf Leinwand. 114 × 94 cm. Uffizien, Florenz.

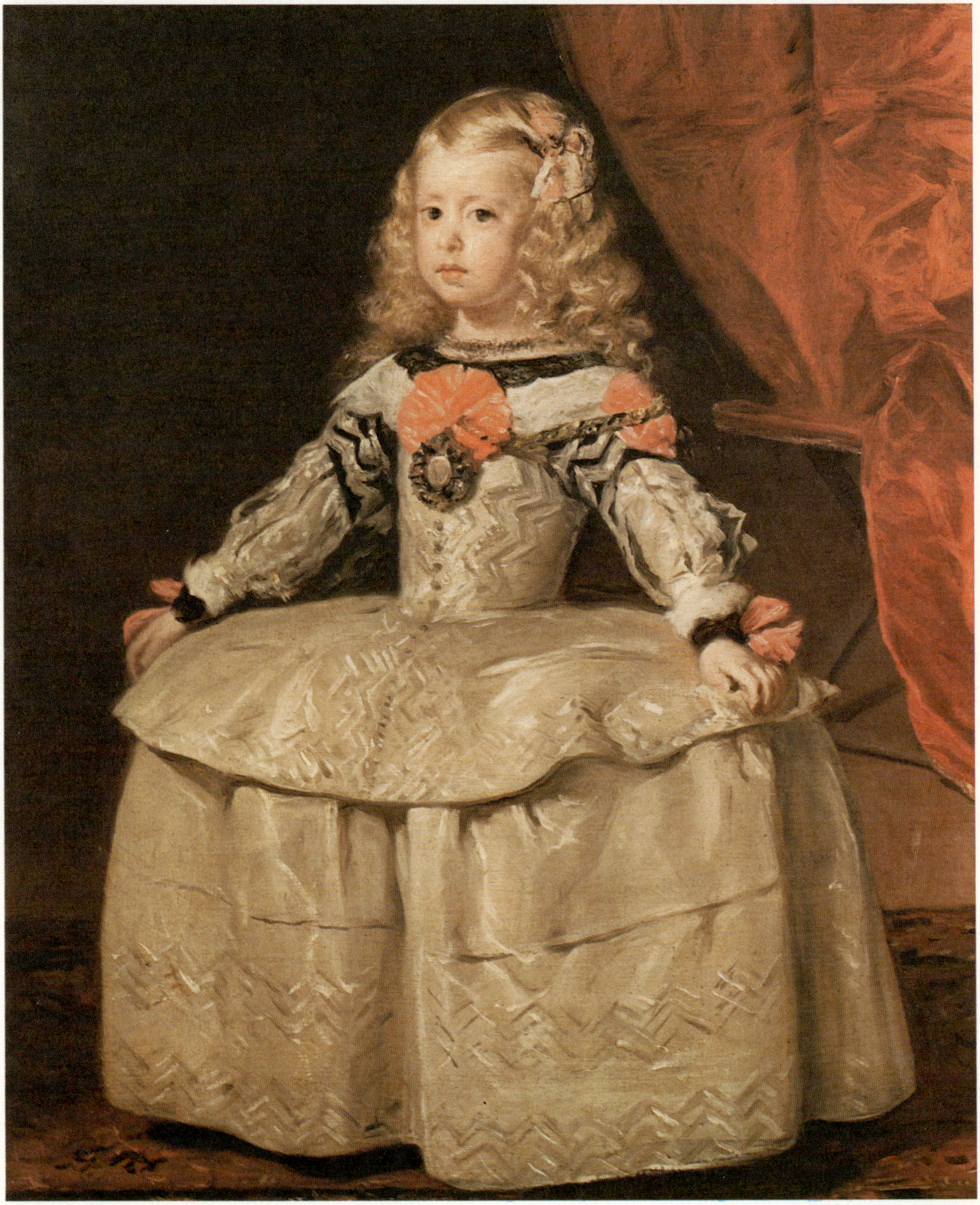

Diego Rodriguez de Silva y Velázquez: Margarita Teresa im weißen Kleid. 1656. Öl auf Leinwand. 105 × 88 cm. Kunsthistorisches Museum, Wien.

b) Ikonographie und Ikonologie

Erwin Panofsky
Sinn und Deutung in der bildenden Kunst

Die Ikonographie ist der Zweig der Kunstgeschichte, der sich mit dem Sujet (Bildgegenstand) oder der Bedeutung von Kunstwerken im Gegensatz zu ihrer Form beschäftigt. Versuchen wir also, den Unterschied zwischen Sujet oder Bedeutung einerseits und Form andererseits zu definieren.

[...]

(Man) kann in seinem Sujet oder seiner Bedeutung die gleichen drei Schichten unterscheiden:

I. *Primäres oder natürliches Sujet,* unterteilt in *tatsachenhaftes* und *ausdruckshaftes*. Man erfaßt es, indem man reine Formen identifiziert, nämlich: gewisse Konfigurationen von Linie und Farbe oder gewisse eigentümlich geformte Bronze- oder Steinstücke als Darstellungen natürlicher Gegenstände wie menschlicher Wesen, Tiere, Pflanzen, Häuser, Werkzeuge und so fort; indem man ihre gegenseitigen Beziehungen als Ereignisse identifiziert; und indem man solche ausdruckshaften Eigenschaften wie den schmerzlichen Charakter einer Pose oder einer Geste oder die heimelige und friedliche Atmosphäre eines Innenraums wahrnimmt. Die Welt reiner Formen, die dergestalt als Träger primärer oder natürlicher Bedeutungen erkannt werden, mag die Welt der künstlerischen Motive heißen. Eine Aufzählung dieser Motive wäre eine vorikonographische Beschreibung des Kunstwerkes.

2. *Sekundäres oder konventionales Sujet.* Es wird durch die Erkenntnis erfaßt, daß eine männliche Gestalt mit einem Messer den heiligen Bartholomäus repräsentiert, daß eine weibliche Gestalt mit einem Pfirsich in der Hand eine Personifikation der Wahrhaftigkeit ist, daß eine Gruppe von Personen, die in einer bestimmten Anordnung und mit bestimmten Posen um eine Speisetafel sitzen, das letzte Abendmahl darstellen oder daß zwei Gestalten, die auf bestimmte Weise gegeneinander kämpfen, für den Kampf von Laster und Tugend einstehen. Indem wir das erfassen, verknüpfen wir künstlerische Motive und Kombinationen künstlerischer Motive (Kompositionen) mit Themen oder Konzepten. Motive, die dergestalt als Träger einer sekundären oder konventionalen Bedeutung erkannt werden, mögen Bilder (images) heißen, und Kombinationen solcher Bilder sind das, was die alten Kunsttheoretiker *invenzioni* genannt haben; wir sind gewohnt, sie Anekdoten (Geschichten, Fabeln) oder Allegorien zu nennen. Die Identifizierung solcher Bilder, Anekdoten und Allegorien ist der Bereich dessen, was normalerweise mit der Bezeichnung ‚Ikonographie' gemeint ist.

[...]

Es leuchtet ein, daß eine korrekte ikonographische Analyse eine korrekte Identifizierung der Motive voraussetzt. Falls das Messer, das es uns ermöglicht, einen heiligen Bartholomäus zu identifizieren, kein Messer, sondern ein Korkenzieher wäre, handelte es sich bei der Figur nicht um einen heiligen Bartholomäus. Ferner ist es wichtig festzustellen, daß die Aussage: „Diese Figur ist ein Bild des heiligen Bartholomäus", die bewußte Absicht des Künstlers impliziert, einen heiligen Bartholomäus darzustellen, während die ausdruckshaften Eigenschaften der Gestalt sehr wohl unbeabsichtigt sein mögen.

3. *Eigentliche Bedeutung oder Gehalt.* Er wird erfaßt, indem man jene zugrunde liegenden Prinzipien ermittelt, die die Grundeinstellung einer Nation, einer Epoche, einer Klasse, einer religiösen oder philosophischen Überzeugung enthüllen, modifiziert durch eine Persönlichkeit und verdichtet in einem einzigen Werk. Selbstredend manifestieren sich diese Prinzipien sowohl durch ‚Kompositionsmethoden' wie durch ‚ikonographische Bedeutung' und werfen daher auch ein Licht auf sie.

[...]

Eine wirklich erschöpfende Interpretation der eigentlichen Bedeutung oder des Gehalts könnte sogar zeigen, daß die technischen Verfahren, die für ein bestimmtes Land, für eine bestimmte Periode oder einen bestimmten Künstler eigentümlich sind (so etwa, daß es MICHELANGELO vorzog, als Bildhauer in Stein statt in Bronze zu arbeiten, oder die eigentümliche Verwendung der Schraffur in seinen Zeichnungen), symptomatisch für dieselbe Grundhaltung sind, die sich in sämtlichen anderen spezifischen Merkmalen des betreffenden

Stils ausmachen läßt. Indem wir so reine Formen, Motive, Bilder, Anekdoten und Allegorien als Manifestationen zugrunde liegender Prinzipien auffassen, interpretieren wir alle diese Elemente als etwas, das ERNST CASSIRER ‚symbolische' Werte genannt hat. Solange wir uns auf die Aussage beschränken, LEONARDO DA VINCIS berühmtes Fresko zeige eine Gruppe von 13 Männern rings um eine Speisetafel und diese Gruppe von Männern stelle das letzte Abendmahl dar, befassen wir uns mit dem Kunstwerk als solchem, und wir interpretieren seine kompositionellen und ikonographischen Züge als seine eigenen Eigenschaften oder Merkmale. Suchen wir jedoch das Fresko als ein Dokument der Persönlichkeit LEONARDOs oder der Kultur der italienischen Hochrenaissance oder einer bestimmten religiösen Einstellung zu verstehen, beschäftigen wir uns mit dem Kunstwerk als einem Symptom von etwas anderem, das sich in einer unabsehbaren Vielfalt anderer Symptome artikuliert, und wir interpretieren seine kompositionellen und ikonographischen Züge als spezifischere Zeugnisse für dieses ‚andere'. Die Entdekkung und die Interpretation dieser ‚symbolischen' Werte (die dem Künstler selber häufig unbekannt sind und die sogar entschieden von dem abweichen können, was er bewußt auszudrücken suchte) ist der Gegenstand dessen, was wir, im Gegensatz zur ‚Ikonographie', ‚Ikonologie' nennen können.

[. . .]

Die ikonographische Analyse, die sich mit Bildern, Anekdoten und Allegorien statt mit Motiven befaßt, setzt natürlich weit mehr voraus als jene Vertrautheit mit Gegenständen und Ereignissen, wie wir sie durch praktische Erfahrung erwerben. Sie setzt eine Vertrautheit mit bestimmten Themen oder Vorstellungen voraus, wie sie durch literarische Quellen vermittelt wird, sei es durch zielbewußtes Lesen oder durch mündliche Tradition. (Ein) australischer Buschmann wäre außerstande, das Sujet des letzten Abendmahls zu erkennen; ihm würde es nur die Vorstellung einer erregten Tischgesellschaft vermitteln. Um die ikonographische Bedeutung des Bildes zu verstehen, müßte er sich mit dem Inhalt der Evangelien vertraut machen. Wenn es sich um Darstellungen anderer Themen als biblischer Geschichten oder historischer und mythologischer Szenen handelt, die dem durchschnittlichen ‚Gebildeten' zufällig bekannt sind, sind wir alle australische Buschleute. In solchen Fällen müssen auch wir versuchen, uns mit dem vertraut zu machen, was die Urheber jener Darstellungen gelesen hatten oder sonstwie wußten.

[. . .]

Die ikonologische Interpretation schließlich erfordert mehr als nur eine Vertrautheit mit bestimmten Themen und Vorstellungen, wie sie durch literarische Quellen übermittelt wurden. Wenn wir die Grundprinzipien erfassen möchten, die sowohl der Wahl und der Darstellung von Motiven wie auch der Herstellung und Interpretation von Bildern, Anekdoten und Allegorien zugrunde liegen und die sogar den angewandten formalen Anordnungen und technischen Verfahren Bedeutung verleihen, können wir nicht darauf hoffen, einen einzelnen Text zu finden, der mit jenen Grundprinzipien so übereinstimmt, wie Johannes 13, 21 ff. mit der Ikonographie des letzten Abendmahls übereinstimmt. Um diese Prinzipien zu erfassen, benötigen wir eine geistige Fähigkeit, die derjenigen eines Diagnostikers vergleichbar ist — eine Fähigkeit, die ich nicht besser beschreiben kann als durch den ziemlich in Mißkredit geratenen Ausdruck ‚synthetische Intuiton' und die in einem begabten Laien besser entwickelt sein kann als in einem belesenen Gelehrten.

[. . .]

Zum Schluß: Wenn wir uns sehr streng ausdrücken wollen (was natürlich bei unserem normalen Reden oder Schreiben, wo der allgemeine Kontext Licht auf die Bedeutung unserer Wörter wirft, nicht immer nötig ist), müssen wir zwischen drei Sujet- oder Bedeutungsschichten unterscheiden, deren unterste gewöhnlich mit Form verwechselt wird und deren zweite das spezielle Gebiet der Ikonographie im Gegensatz zur Ikonologie ist. In welcher Schicht wir uns auch bewegen: Unsere Identifizierungen und Interpretationen hängen von unserer subjektiven Ausrüstung ab, und aus diesem Grund müssen sie durch eine Einsicht in historische Prozesse ergänzt und korrigiert werden, deren Gesamtsumme man Tradition nennen könnte.

Ich habe in einer synoptischen Tabelle zusammengefaßt, was ich bis hierher deutlich zu machen versucht habe. Aber wir müssen in Erinnerung behalten, daß die säuberlich geschiedenen Kategorien, die in dieser synoptischen Tabelle drei unabhängige Bedeutungssphären anzuzeigen scheinen, sich in Wirklichkeit auf Aspekte eines Phänomens beziehen, nämlich auf das Kunstwerk als Ganzes, so daß bei der eigentlichen Arbeit die Zugangsmethoden, die hier als drei unzusammenhängende Forschungsoperationen erscheinen, miteinander zu einem einzigen organischen und unteilbaren Prozeß verschmelzen.

Konfiguration: (s. S. 40);
Bartholomäus, einer der 12 Apostel Jesu, Märtyrer, Schutzheiliger der Fischer, Fleischer und Handschuhmacher;
identifizieren: Begriffe oder Gegenstände als ein und dieselben betrachten, etwas genau wiedererkennen;
manifestieren: offenbar, sichtbar machen;
Michelangelo, eigentl. *Michelangelo di Ludovico Buonarroti Simoni* (1475—1564), italienischer Bildhauer, Maler, Baumeister und Dichter, bedeutender Künstler seines Jahrhunderts, dessen Schöpfungen die gesamte Epoche des Barocks nachhaltig beeinflußte;

Gegenstand der Interpretation	**Akt der Interpretation**	**Ausrüstung für die Interpretation**	**Korrektivprinzip der Interpretation** *(Traditionsgeschichte)*
I *Primäres,* oder *natürliches* Sujet – (A) tatsachenhaft, (B) ausdruckshaft –, das die Welt *künstlerischer Motive* bildet	*Vor-ikonographische Beschreibung* (und pseudoformale Analyse)	*Praktische Erfahrung* (Vertrautheit mit *Gegenständen* und *Ereignissen*)	*Stil*-Geschichte (Einsicht in die Art und Weise, wie unter wechselnden historischen Bedingungen *Gegenstände und Ereignisse* durch *Formen* ausgedrückt wurden)
II *Sekundäres* oder *konventionales* Sujet, das die Welt von *Bildern, Anekdoten* und *Allegorien* bildet	*Ikonographische Analyse*	*Kenntnis literarischer Quellen* (Vertrautheit mit bestimmten *Themen* und *Vorstellungen*)	*Typen*-Geschichte (Einsicht in die Art und Weise, wie unter wechselnden historischen Bedingungen bestimmte *Themen* oder *Vorstellungen* durch *Gegenstände* und *Ereignisse* ausgedrückt wurden)
III *Eigentliche Bedeutung* oder *Gehalt,* der die Welt *,symbolischer' Werte* bildet	*Ikonologische Interpretation*	*Synthetische Intuition* (Vertrautheit mit den *wesentlichen Tendenzen des menschlichen Geistes), geprägt durch persönliche Psychologie und ,Weltanschauung'*	Geschichte *kultureller Symptome* oder *,Symbole'* allgemein (Einsicht in die Art und Weise, wie unter wechselnden historischen Bedingungen *wesentliche Tendenzen des menschlichen Geistes durch bestimmte* Themen und *Vorstellungen* ausgedrückt wurden)

symptomatisch: (griech.) anzeigend; bezeichnend;
Cassirer, Ernst (1874–1945), deutscher Philosoph;
da Vinci, Leonardo, (s. S. 17);
Allegorie: (griech.) Gleichnis; bildliche Darstellung von abstrakten Begriffen;
synthetisch: (griech.) einzelne Teile zu einem Ganzen zusammensetzend;
synoptisch: (griech.) (übersichtlich) zusammengestellt, nebeneinandergereiht.

1. Wie versucht Panofsky, Beschreibung und Bedeutungsanalyse zu verbinden? Wie will er die Richtigkeit von Interpretationsergebnissen nachprüfen?
2. Versuchen Sie eine Analyse des Freskos „Das Abendmahl" von Leonardo da Vinci anhand der Kategorien: natürliches Sujet, konventionales Sujet und Gehalt; untersuchen Sie, inwieweit Ihnen dies ohne besondere Vorkenntnisse möglich ist und wie fehlende Kenntnisse erworben werden könnten. (Abb. s. S. 16.)
3. Erläutern Sie, inwiefern Panofsky nicht eine Analysen-, sondern eine Synthesenmethode anwendet, die Raum für subjektive Auslegung läßt.
4. Untersuchen Sie am Beispiel Duchamp „Fresh Widow" (Abb. s. S. 31), ob und wie sich Panofskys Methode auch auf Kunstwerke der Moderne anwenden läßt.
5. Erörtern Sie, ob Panofsky mit seiner Methode die Totalität des Kunstwerkes erfassen wollte oder ob er das Kunstwerk eher als symptomatisch für die hinter ihm stehende Geschichts- und Geisteswelt verstand und so für ihn Kunstgeschichte eine historisch-hermeneutische Wissenschaft war.

Quelle:
Panofsky, Erwin: Sinn und Deutung in der bildenden Kunst. Aus dem Englischen von *Höck, Wilhelm.* Köln 1975, S. 36–50.

Erwin Panofsky, 1892–1968, promovierte 1914 in Freiburg, wurde 1921 Privatdozent an der Universität Hamburg und war dort ab 1926 Professor für Kunstgeschichte, bis er 1933 von den Nationalsozialisten zur Aufgabe seiner Professur gezwungen wurde und in die Vereinigten Staaten emigrierte. Bis 1935 lehrte er an der New York University und folgte dann einem Ruf an das Institute for Advanced Study in Princeton. 1962 wurde er emeritiert, lehrte jedoch bis zu seinem Tode an der Universität in New York und Princeton.

Literatur:
Friedländer, Max Julius: Der Kenner. Berlin 1919.
Heidt, Renate: Erwin Panofsky – Kunsttheorie und Einzelwerk. Diss. zur Kunstgeschichte 1977. Köln/Wien 1977.
Kaemmerling, Ekkehardt (Hrsg.): Bildende Kunst als Zeichensystem. Ikonographie und Ikonologie. Köln 1979.

Manfred Lurker

Das Symbol

Die Durchdringung unseres geistigen Lebens mit Symbolen wird dem Menschen von heute gar nicht mehr richtig bewußt. Wohl sehen wir die Zeichen und Bilder, aber ihren tieferen Sinn erfassen wir oft nicht. Und es gibt viele Bilder, die sich nicht mit einem raschen Blick ihr Geheimnis entlocken lassen. Ja, letztlich ist „alles nur symbolisch zu nehmen, und überall steckt noch etwas anderes dahinter“ (GOETHE).

Alles bildlich Gestaltete ist letztlich Abbildung eines Urbildes. Das künstlerische Werden eines Bildes ist gleichsam das Hervortreten der im Unsichtbaren wirkenden Geistmacht in die Sichtbarkeit. FICHTE sagte: „Die Welt und die Dinge sind da als Gottes Sichaussprechen seiner selbst.“ Und nach dem Kunsttheoretiker JOHN RUSKIN (1819—1900) ist auch die Schönheit des Kunstwerkes eine „Manifestation des schöpferischen Weltgeistes“. Kunst ist in jedem Falle Wiedergabe eines Vorhandenen, gleich ob sichtbar oder unsichtbar. [...]

Während die Sache in sich ausgeschöpft ist, hat das Bild aus sich heraus immer noch eine Entfaltungsmöglichkeit. Die Sache ist der Kontrapunkt zum Bild, genauso wie dem sachlichen (logischen) Denken das bildhafte (symbolische) gegenübersteht. Da jedes Bild und Gebilde zuerst im Kopfe seines Schöpfers entstand, ist es eigentlich immer ein Abbild, eine Nachbildung dessen, was dem Künstler vorschwebte. Jedes Bild weist über sich hinaus und erhält von diesem höheren Bezugsort her seinen Sinn; es drückt eine geistige Einheit aus und wird damit auch zum Sinn-Bild.

Die christliche Bildtheologie des Abendlandes ist der Imago-Lehre von AUGUSTINUS verhaftet, die auch neuplatonisches Ideengut umfaßt. Das Bild des Menschen wie auch sein Werk, das Bild der Kunst, sind auf das vollkommene Ur-Bild Gottes hingeordnet, mit ihm durch die analogia entis, durch zahlreiche Stufen der Entsprechung verbunden. Die Welt der in Gott ruhenden Urbilder ist uns nicht zugänglich, aber die ganze Schöpfung weist in ihrem Aufbau und in ihrer Ordnung durch die geschaffenen Entsprechungen auf sie hin. Nur in ihrer Zuordnung auf den Urgrund, auf die Urbilder, können die vom Menschen geschaffenen Bilder und Werke zu echten Symbolen werden. Vermerkt sei, daß wir in all unseren Ausführungen Sinnbild und

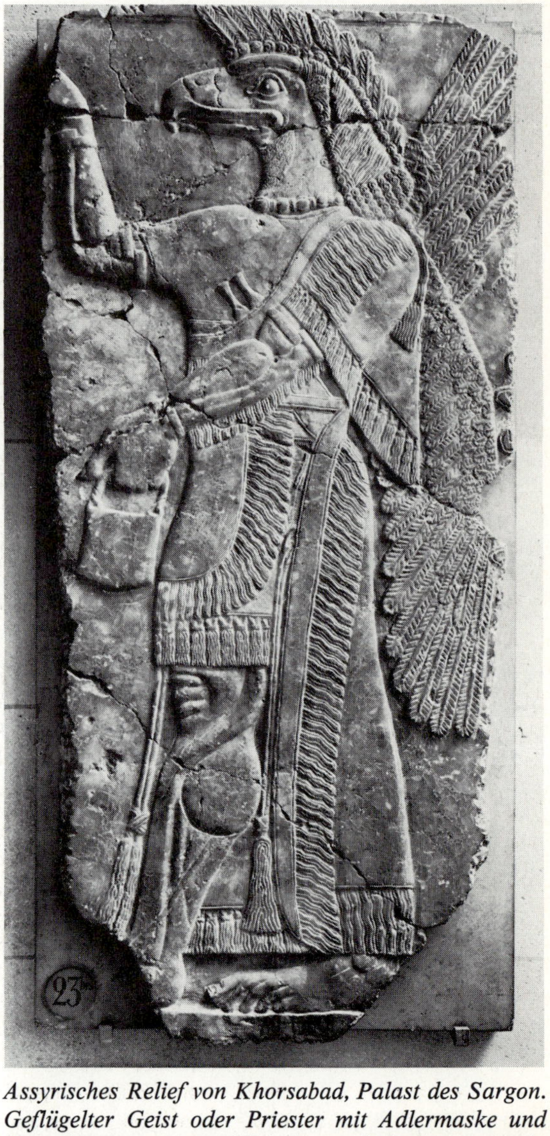

Assyrisches Relief von Khorsabad, Palast des Sargon. Geflügelter Geist oder Priester mit Adlermaske und Adlerflügeln im Augenblick der symbolischen Befruchtung von weiblichen Blumen durch einen männlichen, mit Blütenstaub gefüllten Tannenzapfen. Stein. Höhe 1,03 m. Louvre, Paris.

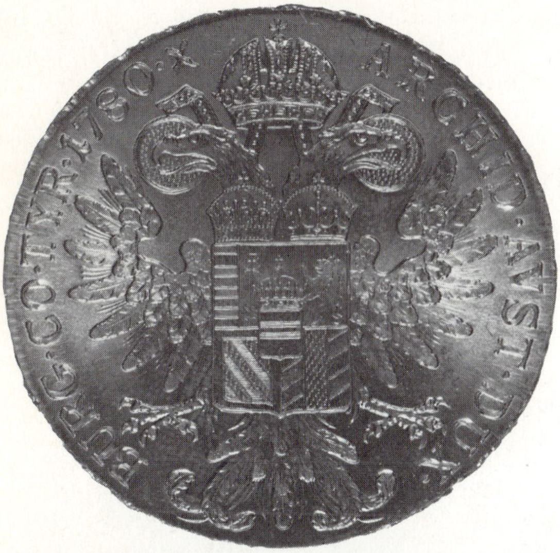

Doppeladler auf einem österreichischen Silbertaler. 1780.

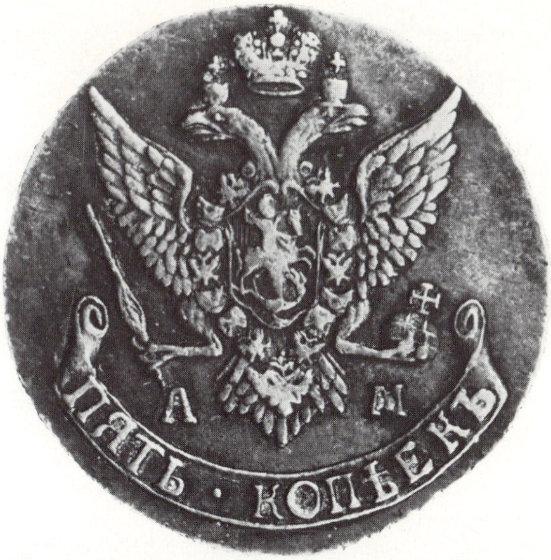

Doppeladler auf einem russischen Fünf-Kopeken-Stück. 1791.

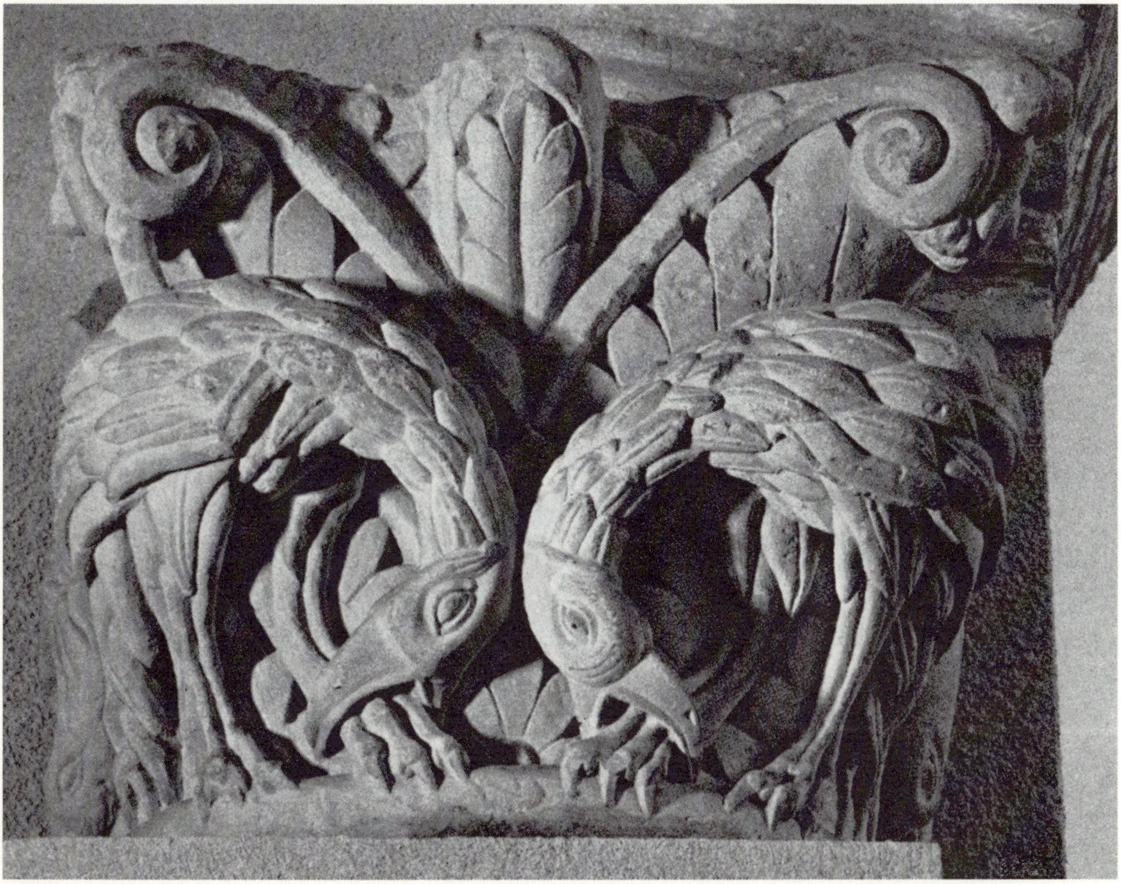

Adler an einem Kapitell der romanischen Kathedrale in Pamplona. Museum Navarra, Pamplona.

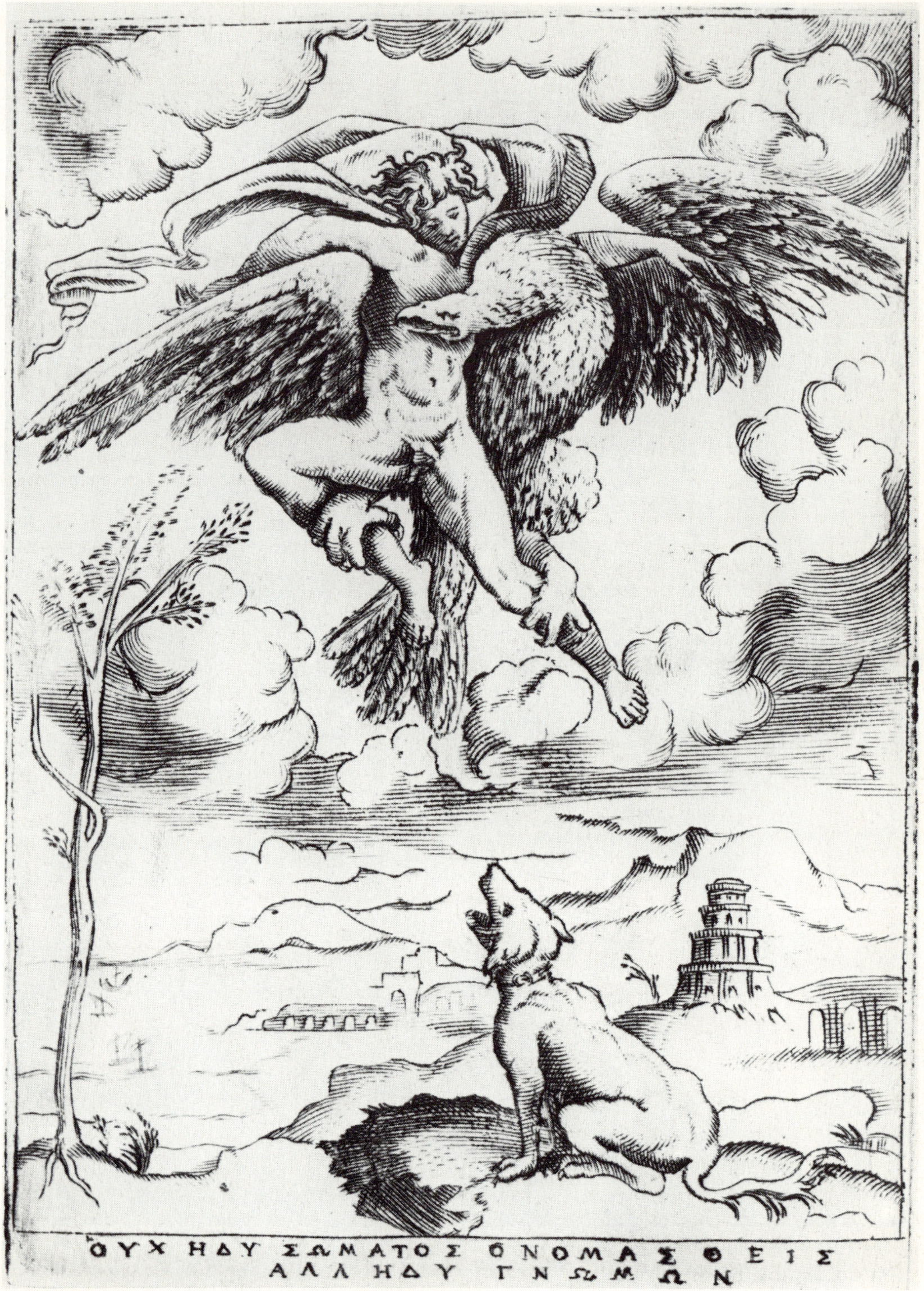

Achillis Bocchii Bonon: Ganymed (nach Michelangelo).
Aus: Symbolicarum Quaestionum de universo genere, 1555.

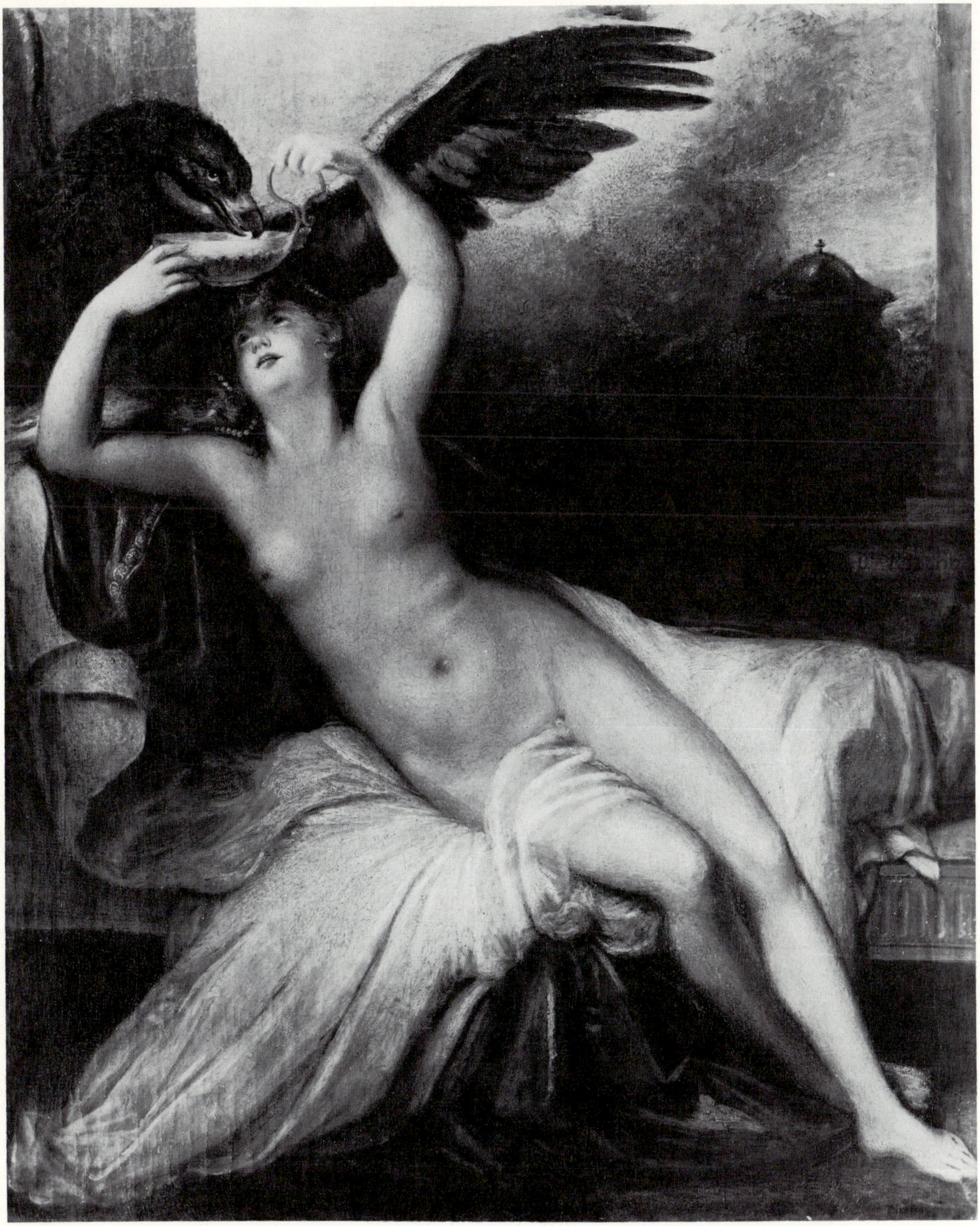

Domenico Pellegrini: Hebe, dem Adler des Jupiter den Nektar reichend. 1803. Öl auf Leinwand. Accademia di San Luca, Rom.

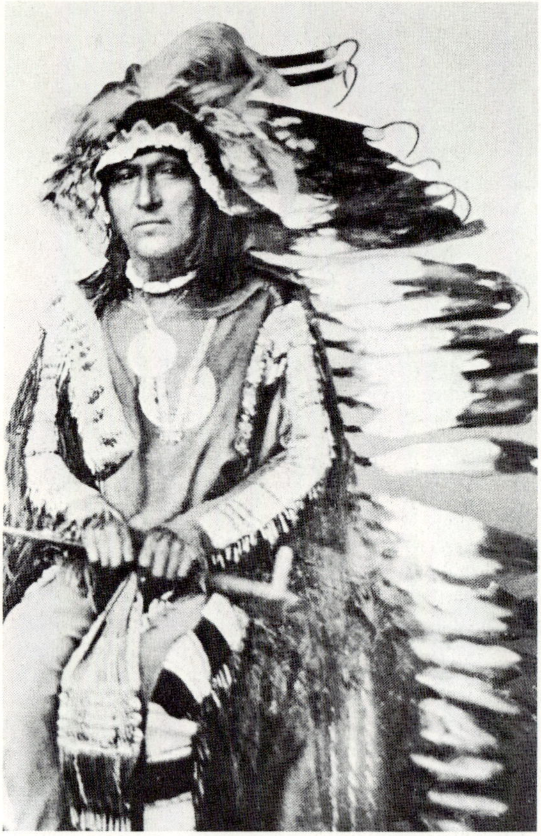

Roman Nose, Häuptling der Southern Cheyennes. 1868.

Symbol als Synonyma verwenden, damit in Übereinstimmung mit zahlreichen namhaften Autoren. Es seien aber auch nicht die Gegenstimmen verschwiegen, die zwischen beiden einen Wesensunterschied erkennen wollen. [...] Sinnbilder können durch reine Übereinkunft entstehen, Symbole aber nur aus einem voraufgegangenen Erleben des zu Symbolisierenden; Symbole können deshalb [...] nie zu Sinnbildern werden, „wohl können sie durch Degenerationserscheinungen im praktischen Gebrauch die Rolle von Sinnbildern bekommen". [...]

Auch von Theologen wurde schon wiederholt geäußert, daß die christliche Religion symbolischer Natur sei, nicht nur im Kultus, sondern auch in ihrer Lehre. Ganz allgemein läßt sich von theologischer Warte her sagen, daß die Eigenart des symbolhaft Seienden darin liegt, „daß das Wesen des eigentlich Seienden, welches selbst durch sich selbst nicht erscheinen kann, in ihm in Erscheinung tritt". [...]

Allmählich wurden viele Symbole aus ihrer religiösen Verankerung herausgelöst und erzielten auch profane Geltung. Als Beispiel wollen wir die sumerisch-babylonische Gewittergottheit anführen, die als furchterregender Adler mit Löwenhaupt dargestellt wurde. Die Hethiter bildeten daraus den Doppeladler und vererbten ihn ihrerseits — trotz des großen dazwischenliegenden Zeitraumes — den türkischen Seldschuken. Die christlichen Kreuzfahrer brachten den Doppeladler nach Europa, wo er 1345 schließlich in das deutsche Kaiserwappen aufgenommen wurde. So entstand aus dem altorientalischen Symbol göttlicher Macht das Sinnbild weltlicher Herrschaft eines abendländischen Imperiums.

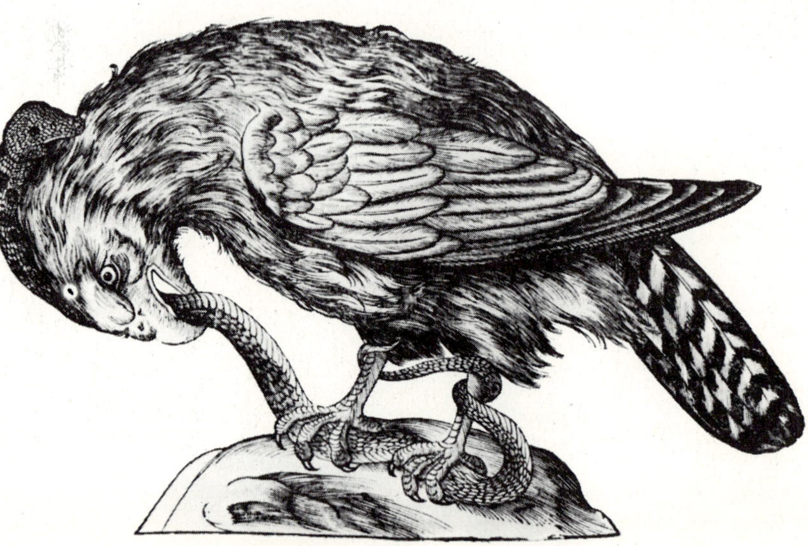

Ulisse Aldrovandi: Adler und Schlange.
Aus: Ornithologia, 1599.

Symbole: (griech.) materielle Gegenstände, Laute, Gesten, Farben und Gerüche, denen ein Sinngehalt zugeordnet wurde, der nicht aus ihren physischen Eigenschaften abgeleitet oder verstanden werden kann;
Fichte, Johann Gottlieb (1762–1814), deutscher Philosoph;
Ruskin, John (1819–1900), englischer Schriftsteller, Sozialreformer und Maler;
Manifestation: das Offenbar-, Sichtbarwerden;
Kontrapunkt: (lat.) aus der Bewegung mehrerer selbständiger Stimmen beruhender Tonsatz;
Imago-Lehre: die Gottesebenbildlichkeit des Menschen ist durch die Sünde gestört, so daß sie durch Christus erneuert werden muß;
analogia entis: (lat.) Entsprechung des Wesens;
Augustinus, Aurelius (354–430), Heiliger und bedeutender lateinischer Kirchenlehrer des christlichen Abendlandes. Die Philosophie des Augustinus ist ein christlicher Platonismus;
synonym: (griech.) sinnverwandtes Wort;
profan: (lat.) weltlich, alltäglich;
Sumerer: die ältesten Bewohner des südlichen Babyloniens;
Hethiter: ein Volk mit indogermanischer Sprache, das im 2. Jahrtausend v. Chr. im östlichen Kleinasien ein Großreich gründete;
Seldschuken: ein nach deren Anführer Seldschük in Turkestan (um 1000) benanntes türkisches Herrschergeschlecht und Volk, das zwischen 1030 und 1050 den Iran, 1055 Bagdad besetzte und damit das einflußreichste Herrschergeschlecht Vorderasiens wurde. Das großseldschukische Reich zerfiel seit 1092.
Aldrovandi, Ulisse (1522–1605), italienischer Jurist und Arzt;
Pellegrini, Domenico (1759–1840), italienischer Maler.

1. Welche unterschiedlichen Vorstellungsinhalte für den Begriff „Symbol“ kennen Sie? Welche wissenschaftlichen Disziplinen verwenden diesen Terminus?
2. Untersuchen Sie, in welchen Zusammenhängen das Adlersymbol eine Rolle spielt; deuten Sie dessen Funktion; zeigen Sie, ob sich eine durchgehende allgemeine Ikonographie für dieses Symbol erkennen läßt.
3. Diskutieren Sie Vor- und Nachteile der ikonographischen Methode.

Quelle:
Lurker, Manfred: Symbol Mythos und Legende in der Kunst. Die symbolische Aussage in Malerei, Plastik und Architektur. Baden-Baden 1974, S. 17–20.

Manfred Lurker, geb. 1928, Realoberlehrer, lebt in Oberkirch und arbeitet über Kulturgeschichte und Symbolforschung.

Literatur:
Wagner, Ingeborg: Studien zur Ikonographie des Greifen im Mittelalter. Freiburg i. Br. 1928.
Dittmann, Lorenz: Stil, Symbol, Struktur. Studien zu Kategorien der Kunstgeschichte. München 1967.
Lurker, Manfred: Der Baum in Glauben und Kunst unter besonderer Berücksichtigung der Werke des Hieronymus Bosch. Baden-Baden 1976.
Herder Lexikon Symbolik. Bearbeitet von *Oesterreicher-Mollow, Marianne.* Freiburg i. Br. 1978.
Lurker, Manfred: Wörterbuch der Symbolik. Stuttgart 1979.

Günter Bandmann
Ikonographie und Ikonologie

In der Altertumswissenschaft verstand man ursprünglich unter „Ikonographie“ die Porträtkunde, die Bestimmung der auf Münzen, Siegeln und Gemmen erscheinenden Persönlichkeiten. Dagegen bezeichnet die Kunstwissenschaft mit diesem Terminus schon seit dem 19. Jahrhundert allgemein die Kunde vom Inhalt bildlicher Darstellungen. Hier wird die Deutung christlicher, mythischer und allegorischer Handlungen und Gestalten mit unter den Begriff genommen. Die Ikonographie bezieht sich also auf die Kunde und Beschreibung von Personen und Vorgängen, auf den *Inhalt*, der bildlich dargestellt wird und, vom verwirklichten Kunstwerk her gesehen, präexistent ist. Auch die Deutung von Symbolen, d. h. Formen in dinglicher Gestalt, die auf eine übergeordnete Bedeutung hinweisen, welche nicht mit dem ursprünglichen Inhalt der Darstellung identisch ist, sondern darüber hinausgreift, gehörte im allgemeinen unter den Begriff der Ikonographie. Allerdings wurde im Zeitalter des Manierismus und des Barock für diese spezielle Symbolkunde auch der Ausdruck „Ikonologie“ üblich, und es scheint sich zu empfehlen, ihn auf dem Gebiete der Architekturbetrachtung wieder zu beleben.

In der Kunstwissenschaft sind es vornehmlich zwei Quellen, die die Probleme der Ikonographie speisen: die in den Kunstwerken weiterlebende Welt der heidnischen Antike und der Bilderkreis des christlichen Mittelalters.

Als im 19. Jahrhundert im Gefolge romantischer Bestrebungen die Kunst des Mittelalters in das Zentrum des Interesses rückte, aber die in lokaler und epochaler Vielfalt sich gebenden Inhalte nicht mehr allgemein verstanden wurden, sind die ersten Ansätze einer ikonographischen Wissenschaft im modernen Sinne zu beobachten.

[. . .]

Diese Beschränkung auf die christlichen mittelalterlichen Quellen und die Spezialisierung der Wissenschaften gaben der Ikonographie zwar ein eigenes Gesicht und eine feste methodische Basis; aber es ist auch zu beobachten, daß sie an Niveau verlor und ihre Einsichten nicht mehr weiteren Gebieten der Nachbarwissenschaften zugute kamen. Ihre Leistung als positive historische Wissenschaft war abzusehen: mit der Bestimmung aller rätselhaften und merkwürdigen Darstellungen war der Abschluß ihrer Aufgabe gegeben. Sie war zu einer – wenn auch bedeutenden – Hilfswissenschaft der nun selbständigen Kunstgeschichte geworden. Ihre Probleme wurden nun – was die christliche Kunst anbetrifft – vornehmlich von Vertretern der verschiedenen Zweige der Kirchengeschichte aufgegriffen, denen von Haus aus eine Aufklärung der Sachen angelegen war. Von ihnen stammen auch die Kompendien, die die Ergebnisse zusammenfassen.

Bei dem im 18. und 19. Jahrhundert immer mehr zunehmenden Verständnis für das Schöpferische im Kunstwerk, den Stil, überhaupt das Kunstwerk als Organismus, dessen Kern die „innere Form“ [. . .] ist, für das Einmalige, Unverwechselbare, in verschiedenen Gegenständen in gleicher Weise wirkende, sank die Ikonographie immer mehr zu einem Anhängsel ab. Man konnte das Werk eines anonymen Künstlers auch ohne Berücksichtigung seiner gewählten Bildinhalte zusammenstellen, den Charakter der deutschen, französischen und italienischen Kunst auch ohne Kenntnis der Themen umschreiben. Die Inhalte waren sozusagen nur Vokabeln des individuellen künstlerischen Genius, des Volks- oder Zeitgeistes. Nur wo auf besondere Weise diese imaginierten Geister an den Themen teilzuhaben schienen, galt das Sujet als untersuchenswert. Im allgemeinen waren die Sachen in der stilkritisch orientierten autonomen Kunstgeschichte ohne wissenschaftliche Anziehungskraft. Exemplarisch erscheint in der zeitgenössischen Kunst für diese Gesinnung ein Ausspruch LIEBERMANNS: „Es ist gleichgültig, ob man den toten Wallenstein oder einen Apfel malt.“

Es ist hier nicht der Ort, die Bedingtheit dieser Anschauung, ihre Leistung und auch ihre Blindheit aufzuweisen, noch weniger, ihre Herkunft und Vertreter zu benennen; es sei nur für unseren kurzen wissenschaftsgeschichtlichen Überblick festgestellt, daß diese Tendenz die Kunstgeschichte zu einer autonomen Wissenschaft und die Ikonographie zu einer entbehrlichen Hilfswissenschaft gemacht hat. Die zeitgenössische Beurteilung von Form und Inhalt bestimmte auch die Hierarchie der Wissenschaften.

[. . .]

Die Ikonographie alten Stiles beschränkte sich auf die Bestimmung der präexistenten, durch das Kunstwerk abgebildeten Inhalte. Aber schon die humanistische Ikonographie und auch die christliche Archäologie mußten das Problem der Bedeutung, d. h. der Beziehung eines in der Darstellung eingeschlossenen Sinnes auf einen übergeordneten Zusammenhang berücksichtigen. Die Ikonographie als Kunde von den abgebildeten Inhalten wurde damit zu einer Kunde von der Bedeutung der Inhalte erweitert, sie wurde Symbolkunde, Ikonologie. Wenn Christus z. B. als hellenistischer Herrscher dargestellt wurde, so sollte er zweifellos nicht das Abbild eines hellenistischen Herrschers sein, sondern man wollte mit der Fixierung der antiken Attribute einen übergeordneten Rang und Anspruch andeuten, der durch die geschichtliche Verwendung den Zeichen zugewachsen war und den sie anschaulich machten, ja, im mittelalterlichen Sinne sogar mit sich trugen. Oder: Wenn im Barock auf einer bildlichen Darstellung ein Herrscher in figura der antiken Apotheose zum Himmel erhoben wurde, so sollte damit keine reale oder geglaubte Himmelfahrt illustriert, sondern symbolisch der sakrale Rang des Herrschertums kundgetan werden. [. . .]
In der Kunst der Frühzeiten ist häufig der Übergang von inhaltlicher Schilderung zur symbolischen Abkürzung, die ein Allgemeines vertritt, und damit zur Bedeutung zu beobachten. Zum Beispiel wird in Babylon die Darstellung des Tierkampfes zum heraldischen Wappen oder in Ägypten das Bild zur Hieroglyphe. In der altchristlichen Kunst, etwa bei Paulinus von Nola, erscheint nicht, wie noch in der Katakombenmalerei, der gegenständliche Bericht in den Bildern wichtig, sondern die übergeordnete symbolische Bedeutung in bezug auf den Heilsplan. Nur wer diesen kennt, dem leuchtet der Sinn des Ganzen auf. Überall, wo wie in der platonischen Philosophie die Vorstellung lebendig ist, daß das Dingliche nur ein Abglanz und Gleichnis der übergeordneten, gestaltlosen und stofflosen Idee sei, tritt der symbolische Überbau hervor. In allen diesen Fällen löst die Ikonologie (Bedeutungskunde) die Ikonographie (Inhaltskunde) ab. „Denn bei der ikonographischen“ (ikonologischen) „Interpretation handelt es sich nicht nur um die Erkenntnis des im einzelnen“ Kunstwerk Dargestellten, sondern in noch viel höherem Grade um das Verständnis der ganzen Summe von Gedanken- und Gefühlsverbindungen, in deren Mitte es stand; das bloße Erkennen der Szene würde die Menge des Auszudrückenden nicht erschöpfen, daher auch Bedingungen verkennen, die für die Gestaltung — im weitesten Sinne — bestimmend sein mußten oder konnten. Wenn etwa im typologischen System, einem der grundlegenden Elemente der mittelalterlichen Ikonographie, alttestamentliche Szenen nur im Hinblick auf den neutestamentlichen Antitypus dargestellt werden, so liegt für uns eine völlige Isolierung der betreffenden Darstellung vor, die nur auf intellektuellem Wege an jene Gegenszene erinnert, gewissermaßen literarische Reminiszenzen auslöst. Für moderne Betrachter ist die typologische Zusammenstellung kein Element der Gestaltung, während die starke Durchtränkung der mittelalterlichen Bilderwelt mit diesem mystischen Rationalismus kaum daran zweifeln läßt, daß ursprünglich bei der Betrachtung der alttestamentlichen Szene der tiefere Nebensinn mitschwang, in einer Weise, die wir selbst bei theoretischer Erkenntnis dieses Sachverhaltes nicht präzisieren können, das Gefühlserlebnis mitbestimmte und daher für die Gestaltung als mitwirkender Faktor in Betracht kommen mußte, zumindest konnte . . . Demnach ist der ikonographischen Interpretation die Aufgabe gestellt, nicht nur das Dunkel zu erhellen, das den Gegenstand des Denkmals unverständlich macht, sondern noch mehr die Intention, also den geistigen Zusammenhang, herzustellen.“ (Tietze)
[. . .]

Welche Quellen und Methoden stehen nun in der Kunstgeschichte für eine Ikonologie der Architektur zur Verfügung?

1. Die literarischen Quellen können die allegorischen Bezüge mitteilen, über Kopieabsichten und vor allem über den Bauherrn aussagen. Die bildlichen Quellen (Buchmalerei, Münzen, Siegel, Elfenbeine) können über die Verwendung von Architekturformen in szenischem Zusammenhang berichten.

2. Die Wahl oder Ablehnung bestimmter Formen durch die Auftraggeber oder Bauherren kann etwas über die geschichtliche Bedeutung der Formen aussagen.

3. Eine dritte Quelle für die Erfassung der Bedeutung, die bestimmten Baugliedern innewohnt, sind die Beobachtungen in bezug auf den Platz, an dem sie am Bauwerk erscheinen. Diese Quelle ist wichtig für die Erforschung der Einzelglieder. Dabei ist das besondere Augenmerk auf den Ost- und Westbau zu richten. Wir wissen, daß der Osten der Ort des Heiligsten ist, des Chores, der den Altar birgt, und daß sich hier ganz bestimmte Vorstellungen sammeln. Ebenso wissen wir, daß dem Westteil des Bauwerks ganz bestimmte symbolische Bedeutungen verbunden sind. Schon diese Tatsache ist bemerkenswert und nicht ohne weiteres als gegeben hinzunehmen. Auch hier liegt eine Rezeption bestimmten Gedankengutes vor, das eine ganze Anzahl von Formen im Gefolge hat.

4. Die zeitliche und geographische Verbreitung der Formen kann etwas über ihre Bedeutung aussagen, wenn die Verbindung mit geschichtlichen Mächten, die in dieser Zeit und in diesem Raum herrschend waren, nachweisbar ist. Wenn Quellen dieser Art nicht ausreichend zur Verfügung stehen, können zwei kunsthistorische Methoden angewendet werden: die morphologische und die strukturanalytische.

Die Morphologie verfolgt eine bestimmte Form in ihren verschiedenen Abwandlungen durch die Geschichtsepochen hindurch. Sie stellt die Veränderungen durch vergleichendes Sehen fest. Sie führt auf das Ding zurück, das die Form ursprünglich darstellte, vertrat und abbildete. Sie spürt die vorgeschichtliche Realität auf, die als immanente Bedeutung weiterwirkt. Sie ist angemessen für Probleme, wie sie etwa SEMPER und RIEGL behandelt haben, versagt aber bei allen allegorisch-metaphorischen Bedeutungen, die bei ein und derselben Form oft wechseln. Weiter kann die morphologische Methode den Ort aufspüren, wo sich die Formen aus ihrer Zweckgebundenheit lösen und zu Typen werden, indem sie einige unverlierbare Züge ausprägen, welche die ursprüngliche Bedeutung assoziieren. Wenn sie die Ausgangsform festgestellt hat, die im Zweck verwurzelt war, so kann sie verfolgen, ob mit dem Nachlassen oder der Änderung der technischen Notwendigkeit die Form verschwindet oder sich abwandelt. Bleibt die Form losgelöst vom Zweck bestehen, lebt sie verselbständigt und monumentalisiert weiter und wird sie gar in einen anderen Kulturzusammenhang über eine größere Epoche hinweg rezipiert, dann kann angenommen werden, daß sie nun gleichnishaft etwas vertritt und eine Bedeutung angenommen hat. Natürlich bleibt bei der Beurteilung eines Einzeldenkmals immer wieder die Aufgabe, die Formen auf ihre individuelle Bedeutung für das Bauwerk zu reduzieren, ihren Beitrag zum künstlerischen Gehalt zu bestimmen und die dauernde Wirklichkeit des Kunstwerks zu sichern.

Während die morphologische Betrachtungsweise die Formen in ihren wechselnden Erscheinungsweisen nebeneinanderstellt, gewissermaßen den typischen Charakter voraussetzt, um ihn dann näher zu bestimmen, geht die Strukturanalyse von der individuellen Erscheinung des Einzeldenkmals aus, dessen Struktur festgestellt und erst in einem zweiten Prozeß mit anderen verglichen wird. Auch die Strukturanalyse kann nicht die allegorische Bedeutung, den speziellen metaphorischen Sinn einer Form aufspüren, wenn sie nicht durch literarische Quellen unterstützt wird; sie kann noch nicht einmal wie die Morphologie die symbolisch-mythische Bedeutung, den ersten Inhalt der Form aufdecken, aber sie kann die hinweisende assoziative Leistung der Form im Zusammenhang des Gesamtkunstwerks klarmachen. Sie kann durch die Erfassung des ästhetischen Sinns die Brücken zum religiösen Sein des Kunstwerks schlagen.

[. . .]

Gemme: besonders wertvoller Edelstein mit tief oder erhaben eingeschnittenen Figuren, im Altertum sehr beliebt;
Terminus: (lat.) Begriff, Fachausdruck;
allegorisch: (griech.) sinnbildlich, gleichnishaft;
präexistent: (lat.) vorher bestehend;
Manierismus: (lat.) Stilrichtung von 1530 bis Anfang 17. Jahrhundert; kennzeichnende Merkmale sind u. a. gleichsam entmaterialisierte Farben, übermäßig gestreckte Körperformen und ein übersteigerter seelischer Ausdruck;
Barock: europäischer Kunststil, der den Manierismus nach 1580/1590 ablöste und mit dem Einsetzen des Rokoko sein Ende fand. Seine Hauptmerkmale sind u. a. kraftvoll bewegte Formen und kreisende oder kurvige Linienführung;
Kompendium (plural: . . . ien): Abriß, kurzes, zusammengefaßtes Lehrbuch;
Sujet: (lat.-franz.) Gegenstand, Stoff;
Liebermann, Max (1847 – 1935), deutscher Maler und Graphiker;
Wallenstein, Albrecht von (1583 – 1634), Herzog von Friedland; berühmter Feldherr des Dreißigjährigen Krieges; wurde von Ferdinand II. des Hochverrats bezichtigt und in Eger ermordet; Drama von Schiller;
Hierarchie: (griech.) Rangordnung;
Archäologie: (griech.) Altertumskunde;
hellenistisch: Kulturepoche von Alexander dem Großen bis Augustus (Verschmelzung des griechischen mit dem orientalischen Wesen);
Attribut: (lat.) „Beifügung", der zur näheren Kennzeichnung einer Person beigegebene Gegenstand;
in figura: (lat.) in Gestalt;
Apotheose: (griech.) Erhebung eines Menschen zum Gott, Verklärung, Verherrlichung;
sakral: (lat.) heilig, den Gottesdienst betreffend;
Babylon, (s. S. 23);
heraldisch: von den Herolden (im Mittelalter Ausrufer, Verkünder) entwickelt;
Hieroglyphe: (griech.) Zeichen, besonders der altägyptischen, altkretischen und hethitischen Bilderschrift;
Paulinus von Nola (353-431), stammte aus senatorischer Familie. Er lebte mit seiner Frau asketisch in Nola (Italien) und wurde 409 zum Bischof geweiht;
Katakombe: (griech.) altchristliche unterirdische Begräbnisstätte, besonders in Rom;
platonisch, Platon (427 v. Chr. – 347), Philosoph in Athen, Schöpfer des metaphysischen und ethischen Idealismus;
Reminiszenz: (lat.) Erinnerung, Anklang;
Tietze, Hans, (1880 – 1954), deutscher Kunsthistoriker;
Rezeption: (lat.) Übernahme; allgemeine Bezeichnung für jede Art der kommunikativen Aneignung von Literatur, Kunst, Musik;
morphologisch: (griech.) die äußere Gestalt betreffend, der Form nach;

Semper, Gottfried, (s. S. 37);
Riegl, Alois, (s. S. 40);
metaphorisch: (griech.) bildlich, im übertragenen Sinne [gebraucht];
assoziativ: (neulat.) durch Vorstellungsverknüpfung bewirkt.

1. Erläutern und unterscheiden Sie die Begriffe Ikonologie und Ikonographie nach Bandmann.
2. Wie versucht Bandmann nachzuweisen, daß Wissenschaft und wissenschaftliche Methoden von sich wandelnden Werturteilen abhängig sind?
3. Inwiefern verlor die ikonographische Methode an Bedeutung für die Betrachtung von Kunstwerken?
4. Nennen Sie die wesentlichen Unterschiede zwischen Ikonologie und Stilanalyse.
5. Wie unterscheiden sich nach Bandmann die morphologische und strukturanalytische Methode?

Quelle:
Bandmann, Günter: Ikonologie der Architektur. Darmstadt 1969. S. 1–8, S. 42 f.

GÜNTER BANDMANN, 1917–1975, deutscher Kunsthistoriker; seit 1955 Professor in Bonn und Tübingen.

Literatur:
Cassirer, Ernst: Philosophie der symbolischen Formen. Berlin 1923–29.
Andrae, Walter: Das Gotteshaus und die Urformen des Bauens im alten Orient. Berlin 1930.
Schiller, Gertrud: Ikonographie der christlichen Kunst. Gütersloh 1966–71.
Heinz-Mohr, Gerd: Lexikon der Symbole. Bilder und Zeichen der christlichen Kunst. Düsseldorf 1971.

Uve Fischer

Ikonographische Gruppen und Attribute bei Eugène Delacroix

Neben der vertikalen Betrachtungsweise in Form von monographischen Kapiteln ist auch eine horizontale möglich, die die bisher notwendigerweise getrennt erscheinenden Themen zu *ikonographischen Gruppen* zusammenfaßt.

[...]

Ein häufig anzutreffendes Motiv ist das *eines oder mehrerer Gefangener*. Die romantische Literatur ist reich an Gefangenenszenen. In Frankreich und Deutschland lassen sich dafür etwa in STENDHALS „Le Rouge et le Noir", der „Chartreuse de Parme", V. HUGOS „Notre Dame de Paris", SCHILLERS „Maria Stuart", der „Jungfrau von Orléans" und „Don Carlos" sowie in GERSTENBERGS „Ugolino" Beispiele finden. DELACROIX inspiriert sich an diesem geläufigen Thema in einer frühen Phase seiner Entwicklung. Seine Anreger sind BYRON, SCOTT, DANTE und GOETHE. Ihnen entnimmt er einzelne, ausgeprägte Formulierungen des Themas „Gefangenschaft".

Die Bildtitel der dargestellten Vorwürfe lauten: „Der Gefangene von Chillon", „Tasso im Gefängnis", „Front de Boeuf und der Jude", „Ivanhoe und Rebecca", „Ugolino", „Weislingen gefangen", „Gretchen im Kerker".

Wendet man sich den einzelnen Darstellungen zu, so fällt auf, daß es sich um Vorgänge handelt, die auch ohne die literarische Quelle verstanden werden können. Die Bilder zeigen Handlungen, die einen in sich verständlichen äußeren oder einen seelischen Vorgang, in welchen die Protagonisten verwickelt sind, zum Ausdruck bringen. Dabei ist es gleichgültig, ob es ein ruhig Sitzender („Ugolino") oder aber ein Gefangener ist, der gerade seine Fesseln sprengen will („Gefangene von Chillon"). Eben dieser Gegensatz von wildem Aufbegehren und melancholischer Meditation ist für die Art, wie Delacroix das Schicksal der Gefangenen darstellt, bezeichnend.

[...]

Das Thema des *„Schiffbruchs"*, wie es die von BYRON angeregte „Barke des Don Juan" zeigt, steht gleichfalls in einer Bildtradition. [...]

Eine allegorische Übersteigung des reinen, pathetischen Naturvorgangs wie auf GREUZES „Barque du malheur" ist für die Vorromantik eine Ausnahme. Das Überwechseln des Interesses von der Katastrophe auf das Schicksal der Schiffbrüchigen wird sodann auf GÉRICAULTS „Floß der Medusa" (Salon 1819, Louvre), sowie von DELACROIX u. a. aufgenommen. Für die Anregung ist dabei von Bedeutung, daß als Quelle neben das Neue Testament und die Literatur auch Zeitungsmeldungen treten; das Medusenfloß ist auf Grund einer solchen Meldung entstanden.

Zur Interpretation ist zu sagen, daß das Thema in der Literatur durch HUGO in einen symbolhaften Zusammenhang gebracht wird. In der 1823 geschriebenen Ode „L'Histoire" (2. Buch der ‚Odes et Ballades') nennt er das Schicksal der Völker eine ‚mer profonde'. In der letzten Strophe des zweiten Abschnitts spricht er sodann von den ‚Schiffbrüchen der Welt'; dort heißt es:

Recueillant les débris du monde en ses naufrages,
son œil de mers en mers suit le vaste vaisseau,
et sait tout voir ensemble, aux deux bornes des ages,
et la première tombe et le dernier tombeau.

Während er die Trümmer der Weltkatastrophen aufliest,
folgt sein Auge dem großen Schiff von Meer zu Meer,
und da kann er — von zwei Wegmarken des Lebens aus — alles zugleich sehen,
und er sieht auch den ersten Grabstein und das letzte Grabmal.

Eine solche Sicht mag auch für DELACROIX bei seiner Konzeption der „Barke des Don Juan", mit dem Tod am Steuer, von Bedeutung gewesen sein.

[...]

Mit der Aufstellung der genannten Themengruppen ist bereits ein wesentlicher Schritt auf ihre *Bewertung* zu getan. An ihnen läßt sich deutlicher als ohne eine solche Aufteilung erkennen, wie DELACROIX die Dichtung benutzt. Darauf werden wir weiter unten zurückkommen.

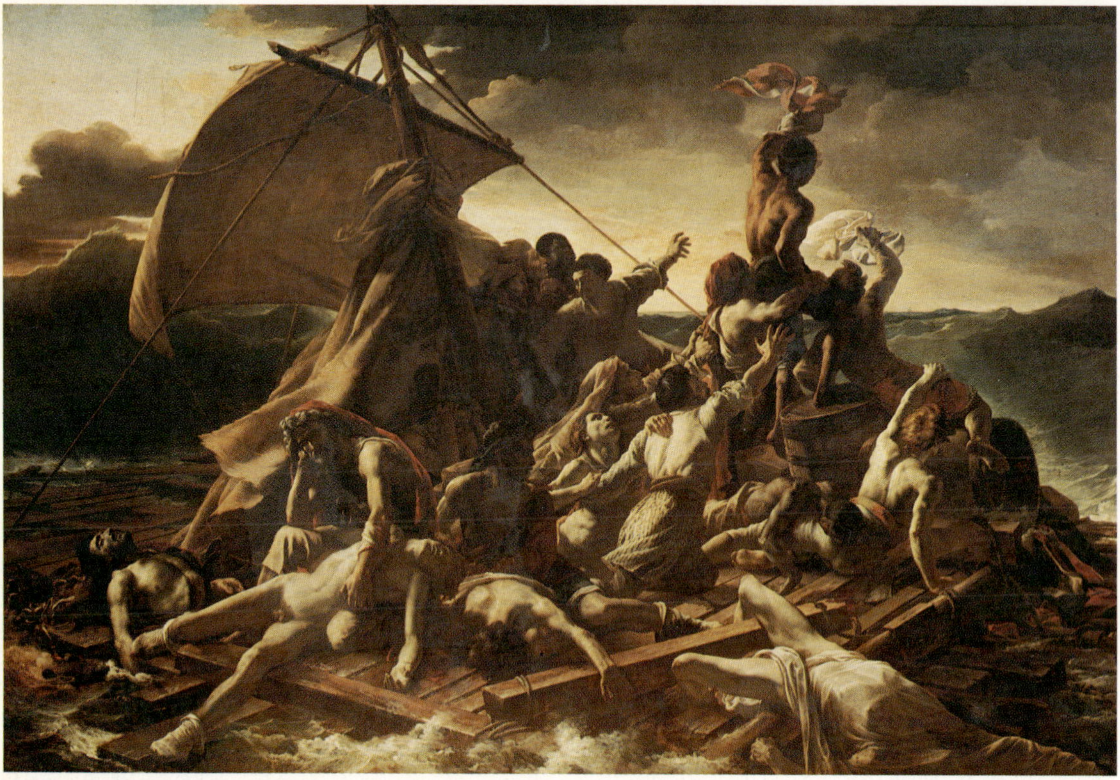

Théodore Géricault: Das Floß der Medusa. 1818/19. Öl auf Leinwand. 491 × 716 cm. Louvre, Paris.

In der bildenden Kunst, besonders in der Malerei, ist eine Übernahme von Themen aus der Literatur ständig zu beobachten. Gerade das französische 17. Jahrhundert, dem sich DELACROIX verbunden fühlt, das für ihn andrerseits aber ein die Auseinandersetzung mit DAVID und INGRES an Stärke übertreffender Gegenpol ist, hatte mit der Gestaltung von Anregungen aus dem alten und neuen Testament, aus HOMER und den neueren Dichtern Bildformen gefunden, welche wohl den einzelnen Künstler erkennen ließen, aber doch nicht in einem ausschließlich subjektiven Sinn von ihm allein bestimmt wurden. Die Überzeugung – in der zweiten Hälfte des Jahrhunderts durch die Akademie kodifiziert und in ihren Sitzungen praktiziert –, daß ein Bild seinem Gegenstand entsprechend auf eine bestimmte Weise anzulegen und zu kolorieren sei, gab – darin mutatis mutandis der Ikonenmalerei vergleichbar – der Praxis trotz aller Schulmeisterlichkeit, die dabei auftreten mochte, ihre eigne, vom Maler und seinem ‚Genie' unabhängige Würde.

Diese Eigentümlichkeit findet sich bei DELACROIX nicht mehr; das fällt besonders dort auf, wo er auf analoge Formen zurückgreift. Dabei muß zwischen zweierlei Arten solcher Übernahmen unterschieden werden, nämlich der, die den Vorwurf im gesamten übernimmt, und der, wo nur ein Ausschnitt oder Bewegungsgestus rezipiert wird; beide Formen sind im Vorstehenden bei der Analyse der einzelnen Bilder und bei der Charakterisierung der Bildgruppen in zahlreichen Beispielen bereits festgestellt worden, so daß es hier nun gilt zu verdeutlichen, auf welche Weise DELACROIX übernimmt, und was das für sein Bild mit literarischen Themen bedeutet.

Das Zitieren fremder Bildinhalte oder Teile von ihnen ist bei DELACROIX dadurch gekennzeichnet, daß das Zitat nicht mehr in einen ähnlichen, von der Bildüberlieferung gleichsam vorgeschriebenen Bedeutungszusammenhang eingebaut wird; vielmehr sucht es dem Bild eine bestimmte Wirkung zu verschaffen, die seiner ursprünglichen Anlage fern steht. Dieser ‚effet', den DELACROIX bewußt sucht, hat aber, historisch betrachtet, nichts andres als eine ‚Säkularisierung' der traditionellen Bildformen zur Folge. Künstlerisch ist der Vorgang die Isolierung von Ausdrucksformen und ihre

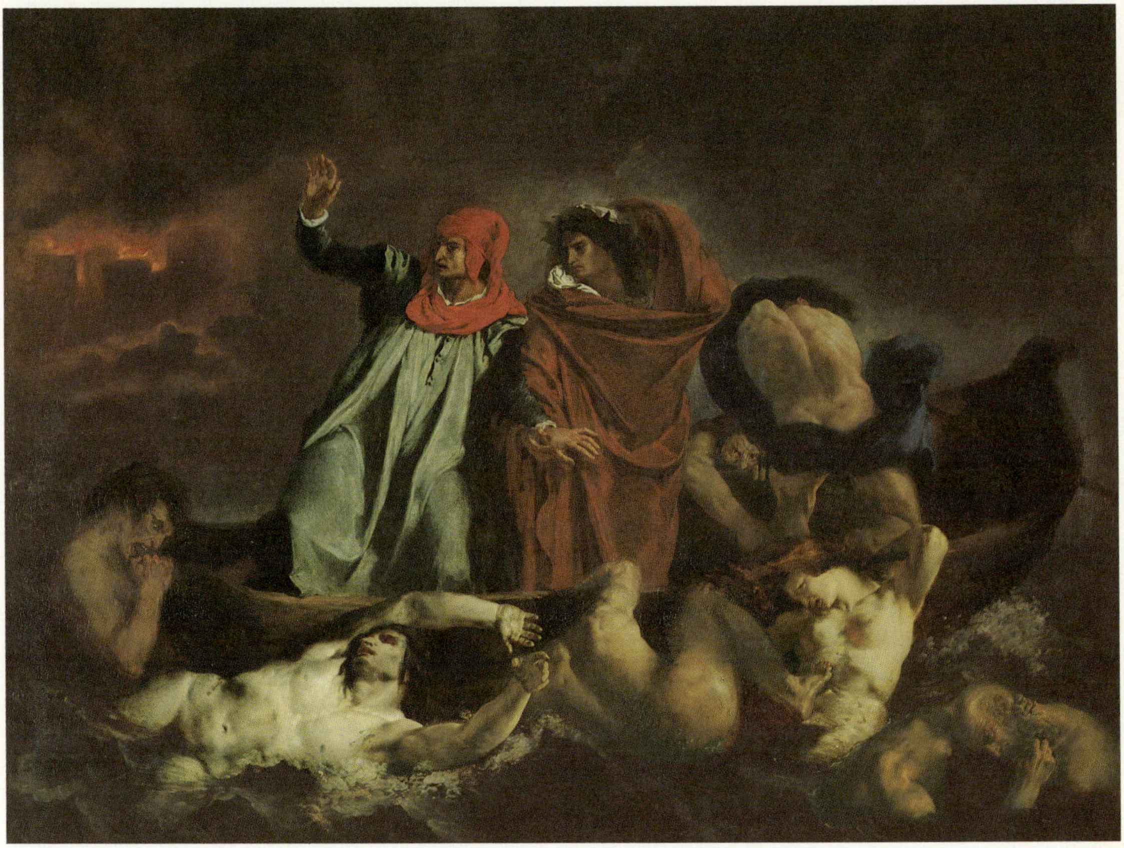

Eugène Delacroix: Dante und Vergil. 1822. Öl auf Leinwand: 189 × 246 cm. Louvre, Paris.

Überführung in neue, der christlichen und mythologischen Ikonographie fremde Themenkreise. Dabei entspricht der Profanisierung der alten Bildform eine ‚Sakralisierung' des neuen, noch nicht erprobten Bildinhalts.

Neben der Suche nach dem ‚effet' und dem Wertvollmachen der neuen Themen durch Zitate steht die Suche nach einem neuen Mythos vom Menschen. Sie bestimmt letztlich die, wie sich am Tagebuch verfolgen läßt, teils intuitiv-spontane, teils bewußte Auswahl von Anregungen aus der Literatur. „L'intérêt" soll für den Betrachter nicht dadurch entstehen, daß ihm eine Aktion als solche oder das literarisch Interessante vermittelt wird; wichtig ist vielmehr ein eigentlich unkünstlerisches Ziel, nämlich die Erweckung eines menschlichen Interesses.

Gerade in diesem Punkt der Kommunikation mit dem Bildbetrachter liegt das Neue der an der Literatur angelehnten Ikonographie DELACROIX'. Das Lesen des Bildes, um einen Vorgang und bestimmte Figuren wiederzuerkennen, oder um eine mit dem Bildgegenstand verbundene Moral oder Anspielung als Lehre aufzunehmen, gilt für sein Bild nicht. Auch kommt es ihm nicht in erster Linie darauf an, einen bestimmten Menschen in dem ihm von der jeweiligen Dichtung vorgeschriebenen Rahmen wiederzugeben. In den Lithographien steht er selten, in den Gemälden nie der Illustration nahe. Der Mensch, den der literarische Bildgegenstand zeigt, ist ein einzelner und wird entweder als solcher oder in der Auseinandersetzung mit seinesgleichen gezeigt. Er ist nicht nur Gretchen, Ophelia, Desdemona, Faust, Hamlet, Othello, der Gefangene von Chillon, Tasso, Weislingen, der Giaour oder Götz, sondern steht zugleich für den Menschen überhaupt in seinen verschiedenen Verhaltensweisen. Die Figuren werden zu Repräsentanten eines allgemeinen Menschheitsschicksals.

In diesem, der Illustration nicht nahestehenden Sinne, die mehr die Auffassung und künstlerische Behandlung als die Identifizierung des Sujets mit einem bestimmten

Thema in der Literatur angeht, ist der der Literatur entnommene Bildgegenstand neuartig. Daneben ist, wie bereits ausgeführt, von Bedeutung, daß Delacroix' Analogien, die sich zumeist auf die christliche Ikonographie beziehen, eben nicht nur formale Abhängigkeiten und Übernahmen sind, sondern dazu dienen, der Darstellung vor allem des kämpfenden und leidenden, durch die Literatur als bedeutungsvoll ausgewiesenen Menschen eine fast religiöse Weihe zu geben: die Hilfe des Samariters, St. Georg mit dem Drachen, Paulus im Gefängnis, Sposalizio, Heimsuchung, Christus auf dem See Genezareth, Auferweckung des Lazarus, Abendmahl, Grablegung und Beweinung bekommen in den der Literatur entlehnten Themen eine neue Funktion, die nicht mehr im christlichen Bereich zu suchen ist. Bedenkt man andrerseits, daß zur gleichen Zeit, zu der Delacroix seine Bilder schuf, die Maler etwa die Welt der Eisenbahn entdeckten, so kann ermessen werden, wie weit die Ikonographie eines der Literatur entnommenen und ins Profan-Mythische überhöhten Menschen ein Versuch bleiben mußte.

Wir kommen zu den *ikonographischen Attributen.* L. Eitner hat in seinem Aufsatz „The open window and the stormtossed boat" auf zwei ikonographische Eigentümlichkeiten der Romantik aufmerksam gemacht. Vergleichbare, wenn auch nicht in derselben Größenordnung und Universalität zur Anwendung gelangende Bildzeichen lassen sich auch auf den literarischen Bildern Delacroix' feststellen. Sie kommen sowohl bei den Themen epischer wie bei solchen dramatischer Herkunft vor und haben den Zweck, die seelische Anmutungsqualität des in Drama, Roman oder Versepos Geschilderten an den Betrachter heranzutragen. Es sind: die Säule, das Gitterfenster, der Baum, das Felsentor, die Höhle und die Ruine. (*Säule:* „Ugolino"; „Der Gefangene von Chillon"; „Gretchen in der Kirche"; „Hamlet und der König"; „Ophelias Wahnsinn"; „Lady Macbeth", *Gitterfenster:* „Desdemona vom Vater verflucht", „Gretchen im Kerker"; „Ugolino"; „Tasso"; „Front de Bœuf und der Jude"; *Baum:* „Ophelias Tod"; „Weislingens Gefangennahme"; „Faust und Mephisto im Gebirge"; „Laras Tod"; *Felsentor:* „Der Giaour auf der Verfolgung"; „Roger befreit Angelika"; *Höhle:* „Die Braut von Abydos"; „Lelia"; *Ruine:* „Lucia di Lammermoor"; „Hamlet folgt dem Geist seines Vaters".)

Wir müssen nach dem Sinn dieser Zeichen Säule, Fenster, Baum, Felsentor, Höhle und Ruine im Bild fragen. Delacroix verwendet sie, um den Betrachter bestimmte Gefühle, die der Text enthält — etwa Bedrohung, Trauer, Einsamkeit — auch im Bild finden zu lassen. Er ermöglicht damit eine neue Aussageweise in der Malerei, die das Seelische in den Vordergrund stellt. Inhaltlich sind die Attribute nicht fest umrissen, sondern haben verschwimmende Bedeutungsgrenzen. Außerdem wird, im Gegensatz zu früheren Gewohnheiten, der feste Platz der ikonographischen Zeichen aufgegeben. Wir haben es also mit wandernden Attributen zu tun: Die Säule sagt sowohl bei Gretchens Seelenqual als auch bei Ophelias Wahnsinn etwas aus; das Fenster ist für Ugolinos Verzweiflung wie für Hamlets Abschied bedeutungsvoll; Höhle, Felsentor und Ruine reden im Bild bei vorwiegend bedrohlichen Vorfällen mit; am allgemeinsten ist der Kommentar des Baums, der die seelische Aussage zu solchen Vorgängen wie dem Tod Ophelias, der Gefangennahme Weislingens, Laras Tod und dem Empfang Götzens durch die Zigeuner in die Natur selbst zurückverlegt.

[. . .]

Fragen wir noch einmal danach, was die ikonographischen Attribute für das Verhältnis von Bild und poetischer Vorlage bedeuten, so müssen wir über die Feststellung hinaus, daß sie seelische Vorgänge ins Bild zu bringen suchen, noch Folgendes sagen: die Verwendung dieser Bildzeichen deutet an, daß die Vorlage *nicht in ihrer Eigenschaft als Fabel zum Bildvermittler wird. Der Text dient dem Maler lediglich dazu, emotionsgeladene Stellen auszusuchen. Das Verhältnis zur poetischen Vorlage wird damit* — immer die Billigung des Umsetzens von Dichtung ins Bild überhaupt vorausgesetzt — *auf der Mehrzahl der Bilder im Sinn des Textes unhistorisch.* So kommt es, daß mit Hilfe der Bildzeichen etwas Doppeltes erreicht wird, nämlich die Verstärkung des seelischen Ausdrucks ins Symbolische, während die Fabel als äußerer Vorgang mehr in den Hintergrund tritt. Beides trägt dazu bei, das literarische Bild Delacroix' von seinem Gegenstand her zu etwas zu machen, das über sich hinausweist und damit der Dichtung nur insoweit verpflichtet ist, als der Text auf Momente hin gelesen wird, die sowohl im Bereich der Natur als auch in dem des Menschen eine seelisch-expressive Gestaltung zulassen. Gerade in diesem Punkt läßt sich der Abstand zur Art der Textinterpretation auf Historienbildern des XVII. Jahrhunderts erkennen. Wir haben es mehr mit einem Erlebnis- als einem Ereignisbild zu tun.

Fassen wir nunmehr zusammen. Es lassen sich mehrere ikonographische Gruppen aufstellen, die einen großen Teil der literarischen Bilder Delacroix' umschließen. Ihr Thema ist der meist in bedrohlichen Situationen dargestellte Mensch. Die bildliche Wiedergabe bekommt dabei nicht nur eine völlig freie, der Neuheit des Vorwurfs entsprechende Bildform, sondern ist häufig auch Ikonographie aus Analogie. Diese ist nicht wörtlich, sondern wird den neuen Bedürfnissen entsprechend umgeformt. Neben solcher Beziehung zur Bildtradition hat die jeweilige Gruppe ferner ihre literarischen Voraussetzungen, die hier nur angedeutet werden konnten. Außerdem ließen sich bestimmte ikonographische Attribute, nämlich Säule, Gitterfenster, Baum, Felsentor, Höhle und Ruine nachweisen. Mit ihnen gelingt es DELACROIX, die seelische Qualität einer Textstelle auf das Bild zu übertragen. Dabei ist merkwürdig, daß die Bildzeichen nicht mehr ihren festen Platz haben, sondern wandern.

Delacroix, Eugène (1798–1863), französischer Maler der Romantik. Er bevorzugte aktuelle, religiöse und literarische Themen und entdeckte die Veränderung der Farben durch das Licht;
Attribut: (lat.) (s. S. 57);
monographisch: den einzelnen Gegenstand, die einzelne Erscheinung darstellend;
Stendhal, eigentl. *Marie Henri Beyle* (1783–1842), französischer Dichter;
Hugo, Victor (1802–1885), französischer Dichter;
Gerstenberg, Heinrich Wilhelm von (1737–1823), deutscher Dichter und Kritiker;
Byron, George Gordon Noel Lord (1788–1824), englischer Dichter;
Scott, Sir Walter (1771–1832), schottischer Dichter, schrieb insbesondere geschichtliche Romane;
Dante Alighieri (1265–1321), italienischer Dichter;
Protagonist: (griech.) Hauptdarsteller;
Greuze, Jean Baptist (1725–1805), französischer Maler;
Géricault, Théodore (1791–1824), französischer Maler;
Ode: (griech.) erhabene, gedanken- oder gefühlvolle, meist reimlose lyrische Dichtung in kunstvollem Stil;
mer profonde: (franz.) die tiefe See;
David, Jacques Louis (1748–1825), französischer Maler des Klassizismus;
Ingres, Jean Auguste Dominique (1780–1867), französischer Maler;
Homer, (s. S. 9);
mutatis mutandis: (lat.) mit den nötigen Abänderungen;
Ikone: (griech.) im griechisch-orthodoxen Bereich das Tafelbild. Ikonen sind Kultbilder. Sie bewahrten vom 6. Jahrhundert bis zur Gegenwart weithin ihre traditionelle, byzantinische Gestaltungsform;
effet: (franz.) Wirkung, Ergebnis, Leistung;
Säkularisierung: Verweltlichung;
l'intérêt: (franz.) Interesse;
Lithographie: (griech.) Steindruck im Flachdruckverfahren;
Analogie: (griech.) Entsprechung, Ähnlichkeit, Gleichheit der Verhältnisse;
Eitner, Lorenz (geb. 1919), tschechischer Kunsthistoriker, Prof. an der Universität Stanford, Calif., USA.

1. Erläutern Sie die Methode Fischers bei der Analyse der Bildwerke von Delacroix.
2. Was ist ein ikonographisches Zeichen? Geben Sie Beispiele aus verschiedenen kulturellen Bereichen.
3. Welches sind die besonderen Schwierigkeiten der ikonographischen Methode?
4. Erörtern Sie die Folgen einer genau kodifizierten Ikonologie für die Arbeit des Künstlers und für Verständlichkeit und Qualität eines Kunstwerks (eventuell an einem Bildbeispiel der Nazarener).
5. Ist es Ihrer Meinung nach möglich, das Wesentliche eines Kunstwerkes durch möglichst präzise Beschreibung des materiellen Gegenstandes, des Motivs, zu erschließen?
6. Erläutern Sie die Ikonographie des abgebildeten Werkes von Th. Géricault „Das Floß der Medusa“; versuchen Sie, anhand dieses Beispiels eine allgemein gültige „Schiffbruch-Ikonologie“ zu erstellen. Welche Schwierigkeiten ergeben sich dabei?
7. Diskutieren Sie an vorliegendem Bildbeispiel „Dante und Vergil“, welche Bedeutung der literarischen Quelle für das Verstehen der Bildaussage zukommt. Delacroix verwendet hier ein Thema aus Dantes Dichtung. In seinem Lehrgedicht „Epos der Erlösung“ schildert Dante eine visionäre Wanderung des Dichters durch drei Reiche des Jenseits: Hölle, Fegefeuer und Himmel. Auf seiner Reise durch die Unterwelt wird der Dichter von Vergil als dem Vertreter der Vernunft und der Philosophie begleitet. Das Bild zeigt, wie sie – geführt von Phlegias – den See überqueren, der die Mauern der Höllenstadt Dis umschließt.

Quelle:
Fischer, Uve: Das Literarische Bild im Werk Eugene Delacroix' – Ein Beitrag zur Ikonographie des XIX. Jahrhunderts. Diss. Bonn 1963, S. 187–199.

UVE FISCHER, geb. 1924 in Weimar, Schüler von H. Lützeler, Bonn.

Literatur:
Schlesinger, Max: Geschichte des Symbols – Ein Versuch. Berlin 1912.
Bialstocki, Jan: Stil und Ikonographie – Studien zur Kunstwissenschaft. Dresden 1966.

c) Strukturanalyse

Guido Freiherr von Kaschnitz-Weinberg
Struktur

Der Begriff der *Struktur,* so wie er in der modernen Kunstwissenschaft verwendet wird, ist bisher nur in seinen allgemeinen Zügen geklärt. Im einzelnen ist die Anwendung bei den Forschern, die ihn methodisch verwenden, noch weitgehend verschieden. Diese Verschiedenheit hängt vor allem davon ab, inwieweit man diesen Begriff mit allen seinen Konsequenzen zur absoluten Basis und Richtlinie der Forschung wählt oder ihn mit bereits traditionell gewordenen Methoden und Betrachtungsgründen vermengt und dadurch im gleichen Maß verunklärt. Unternimmt man es, den Begriff der „Struktur" eines Kunstwerkes möglichst umfassend zu definieren, dann wird man ihn am besten als das *Prinzip der inneren Organisation der Form* erklären können. Akzeptiert man diese Definition als Grundlage einer bis ins Einzelne gehenden Formanalyse, dann entstehen daraus für die Forschung sehr wesentliche Folgerungen, die auf eine weitgehende Abkehr von den in der Kunstwissenschaft bis zum Beginn unseres Jahrhunderts vorherrschenden Methoden der phänomenologisch und historisch eingestellten Stilkritik hinauslaufen. Als wichtigsten Aspekt dieser Orientierung wird man die Beschränkung auf den objektiven Charakter des Kunstwerkes betrachten dürfen, womit ausgedrückt werden soll, daß man sich: erstens auf die bloße Beschreibung und formwissenschaftliche Deutung des *Existentiellen* sowie auf die Feststellung der symbolischen Werte jener auf diese Weise ermittelten Grundstrukturen beschränkt und: zweitens auch die Wirkung auf den Beschauer, soweit eine solche angestrebt wurde, der gleichen analysierenden Betrachtungsweise unterwirft. Diese auf den ersten Blick radikal und einseitig erscheinende Beschränkung auf das objektiv Beurteilbare des im geschichtlich geordneten Denkmälerbestand vorliegenden Materials ist notwendig, um die Beeinflussung durch außerformale Elemente, die bereits festliegende Urteile darstellen, möglichst auszuschalten. Damit ist gesagt, daß eine kunstgeschichtliche Aufarbeitung des Denkmälerbestands, die nach stilistischen Merkmalen, Fundberichten, historischen Quellen usw. nach der bisher üblichen Art durchgeführt ist, der Strukturforschung vorausgehen muß. Sie bildet nach wie vor die Grundlage des Forschens, die das Material der Strukturwissenschaft in geordneter Weise zur Verfügung stellt. In der Praxis werden sich diese beiden Forschungszonen natürlich nicht streng auseinanderhalten lassen. Die Strukturwissenschaft dient daher nicht der stilistischen Bestimmung, ihre Aufgabe ist es vielmehr, die *Grundlagen und die treibenden Kräfte jener Organisation allgemeiner Art festzustellen, auf denen sich der jeweilige Stil aufbaut,* mit anderen Worten, es sind die Voraussetzungen struktureller Natur aufzuklären, wie sie dem Künstler als zeitgebundenem Menschen zur Verfügung stehen und zugleich die Grenzen seiner bildnerischen Willkür bedeuten. Solche Grenzen, die auch dem größten Genius unüberschreitbar bleiben, besitzt jede *Strukturtotalität.* Sie ergeben sich aus dem Sinngehalt der *Strukturkonstanten,* der sich im geschichtlichen Ablauf in einzelnen entwicklungsgeschichtlichen Teilerfüllungen manifestiert, die in der kunstgeschichtlichen Forschung in grober Vereinfachung als Stilepochen in Erscheinung treten. *Beispiel: Strukturpobleme der griechischen Architektur und Plastik.* Als Hauptkonstante tritt in der griechischen Architektur bekanntlich das Tektonische oder besser, der *tektonische Konflikt* als eigentlicher Träger des symbolischen Sinngehalts der griechischen Kunst hervor. Der Gegensatz von tragenden und lastenden Gliedern beim dorischen Tempel produziert in der Kapitellzone eine Spannung, die zunächst einen konzentrischen Charakter besitzt, darüber hinaus aber wieder in die tragenden Glieder (Säulenschaft, Entasis) gleichfalls als Spannungserscheinung zurückwirkt. Dem rationalen Ausgleich dieser vom Anfang an angelegten Konstanten strebt die archaische Entwicklung zu. Die nachklassische Zeit zeigt einerseits das Bestreben, diese im Klassischen erreichte Strukturformel oder Strukturkonvention zu konservieren und mit ihr die verschiedensten Aufgaben zu lösen, die als historische Stilvarianten zum Ausdruck kommen, andererseits fördert

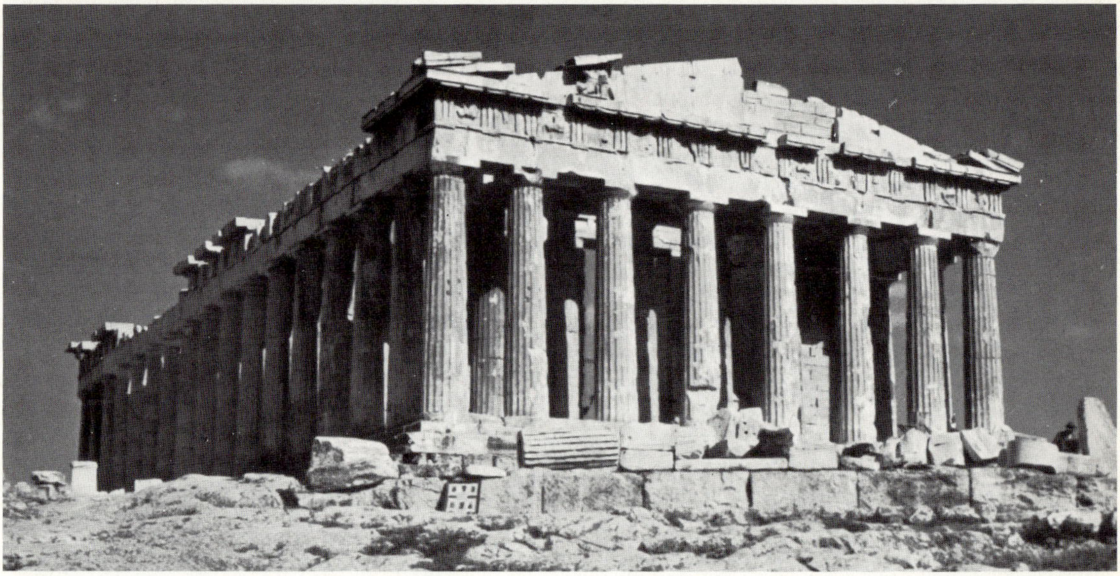

Parthenon, Athen. 447—432 v. Chr. Marmor.

sie im wachsenden Maße Tendenzen, die der Auflösung der tektonischen Konvention zustreben und auf die Bildung einer neuen Totalität gerichtet sind. Aus diesen gegensätzlich gerichteten Bestrebungen ergibt sich eine neue Spannung zwischen der im klassischen Sinn geschlossenen Struktur des Tektonischen und den neuen Ausweitungsbestrebungen in den unendlichen Raum, die keine Lösung findet und finden kann, ohne die Vernichtung der tektonischen Totalität herbeizuführen. Man wird diesen Widerspruch als das tragische Moment der tektonischen Konstante bezeichnen dürfen, dem der Hellenismus mit seinem Pathos und seinem Streben nach Übersteigerung sein Wesen verdankt. Beim klassischen Tempelbau ist das besondere Thema der Struktur der Konflikt zwischen den tragenden Säulen und dem lastenden Gebälk. Vom Statischen aus gesehen, würde dieser Konflikt allein darin zum Ausdruck kommen, daß das Gebälk, getragen durch die Stützen, sich schwebend erhält. In der architektonisch-monumentalen Ausführung wird dieser statische Vorgang im Schwellen der Säulen und des Echinus sowie in der Kannelur der Schäfte durch eine formale Fiktion bereichert, die der technischen Situation nicht entspricht. Der statische Vorgang wird hier künstlerisch-fiktiv interpretiert als Kampf einer die Materie der Schäfte und der Echinoi durchdringenden Kraft, die dem Druck des starren Gebälks erfolgreich widerstrebt und zugleich das Maß ihrer Leistung im elastischen Ausweichen der Säulenmasse in den Raum dokumentiert. Von dieser in allen Handbüchern angeführten künstlerischen Fiktion muß auch die Strukturforschung ausgehen, denn sie stellt die Begründung jener gleichnishaften Belebung der Form dar, durch die sich die griechische Kunst von allen übrigen künstlerischen Strukturen der mittelmeerischen Welt unterscheidet. Logischerweise kann diese fiktive Kraft, die in den tragenden Baugliedern wirkt und ihre Formen erzeugt, nur ein Symbol der menschlichen sein. Auf diese Weise wird auch der symbolische Gehalt der tektonischen Grundstruktur offenbar. Rein gestalthaft kommt er im Tragen des Gebälks durch die Säulen zum Ausdruck, struktiv aber in der Belebung der trägen Masse bei den tragenden Gliedern, während das lastende Gebälk, von dieser Belebung unberührt, als bloße Schwere wirkt. Sowohl in der statisch bedingten Gestalt wie in der künstlerisch-fiktiven Struktur kommt demnach beim griechischen Tempel der gleichnishafte Gegensatz von Mensch und Kosmos (Schwere, Masse) zum Ausdruck. Die im Widerspiel zu den ewigen Gesetzen (Schwerkraft) sich erhaltende und dokumentierende Freiheit der Persönlichkeit wird so zum symbolischen Sinngehalt der tektonischen Grundstruktur, die innerhalb ihres festgelegten Themas der schöpferischen Abwandlung offensteht.

[. . .]

Die Strukturforschung wurzelt in der Theorie vom überindividuellen „Kunstwollen", die den Kern der kunstwissenschaftlichen Betrachtungsweise des Wiener Kunsthistorikers Alois Riegl ausmacht. Mit dieser Theorie wird die bloße Stilforschung, die das gesamte 19. Jahrhundert beherrscht, zur Frage nach den „zentralen Strukturprinzipien" (Sedlmayr), was Riegl selbst schon andeutet, wenn er zwischen „äußerem Stilcharakter“ und „Stilprinzip“ unterscheidet. In diesem Sinn ist die Strukturforschung der Wiener kunsthistorischen Schule unter der Führung von SEDLMAYR weiter fortgeschritten und hat die Ideen RIEGLS, die in seinem Werk das positivistische Gewand des 19. Jahrhunderts noch nicht ganz abgeworfen haben, konsequent zur Grundlage einer neuen objektiven Betrachtungsweise ausgestaltet, die die kunstwissenschaftliche Forschung in Deutschland und Österreich weitgehend beeinflußt. Gleichzeitig und unabhängig davon, aber gleichfalls unter der Nachwirkung der Lehren RIEGLS, hat auch die deutsche Archäologie sich den Problemen der strukturwissenschaftlichen Forschung zugewandt. Gerade die vorrömische Kunst des Mittelmeerraumes bietet dieser Methode dank der hier noch herrschenden verhältnismäßig unkomplizierten Verhältnisse ein geeignetes Feld, und diesem Umstand entspricht auch die Notwendigkeit, zunächst die historischen Grundlagen der späteren abendländischen Entwicklungen im stukturgeschichtlichen Sinn zu klären. Einen wesentlichen Schritt über die noch stark in der phänomenologisch-naturwissenschaftlichen Analyse befangene Methode RIEGLS bedeutet hier die Erkenntnis von dem *symbolischen* Gehalt der einzelnen Strukturen, in dem sich die jeweilige weltanschaulich gebundene Lebensform eines Kulturkreises ausspricht, dem auch alle anderen schöpferischen Gestaltungsprinzipien dieses Kulturkreises in gleicher Weise zugeordnet sind. Die Erforschung und Definition dieser *Symbolik* ist kaum erst begonnen, trotzdem ist es längst klar, *daß die den künstlerischen Formen zugrundeliegende Organisation von Raum, Körper und Zeit in jedem geschichtlichen Moment nichts anderes ist als die symbolische Gestalt der Veranlagung und Funktion aller im Verband einer bestimmten Kultur auftretenden schöpferischen Kräfte*. Im Wirken der einzelnen Künstlerpersönlichkeiten werden diese Kräfte sichtbar. Es sind die Künstler, die, gebunden an die schöpferische Situation, in der sie aufwachsen und sich entwickeln, durch diese selbe Entwicklung zugleich auch die Struktur, von der sie ausgehen, verändern und überwinden und so jene Situation vorbereiten, in die die nächste Generation ihrer Schüler eintritt. Aus dieser Bindung an die symbolischen Grundformen seiner Zeit kann sich selbst der größte Genius nicht befreien, so wenig wie er in seinem Werk der einmal festgelegten Konstanten zuwiderzuhandeln vermag.

[. . .]

Rückblickend wird für den Historiker das sich ablösende Wirken der einzelnen Generationen, denen im Geltungsbereich dieser Konstanten völlige schöpferische Freiheit gegeben ist, zur logisch gebundenen Entwicklung einer bestimmten Idee, deren Kraft jedes einzelne Werk durchdringt und es als persönliche Äußerung eines totalen Zusammenhanges erscheinen läßt, der sich im Griechischen in der Symbolik des Tektonischen offenbart.

[. . .]

phänomenologisch: (griech.) das Gegebene streng objektiv aufzeigend und beschreibend;
dorische Säulenordnung: Die dorische Säule hat sich aus ägyptischen Vorbildern entwickelt. Sie steht ohne eigene Basis unmittelbar auf dem Grund, ihr Kapitell wird aus einem unteren wulstigen Glied (Echinus, Plural: Echinoi) und einer darüberliegenden meist quadratischen Platte gebildet. Die dorische Säulenordnung wird vor allem im griechischen Mutterland verwandt, wo sie seit dem 7. Jahrhundert v. Chr. nachweisbar ist;
Entase, Entasis: (griech.) Schwellung des Säulenschaftes;
archaisch: (griech.) aus der Frühstufe der griechischen Kunst stammend;
Hellenismus: (s. S. 57);
Kannelur: (griech.-lat.) senkrechte Rille am Säulenschaft;
Riegl, Alois, (s. S. 40);
Sedlmayr, Hans (geb. 1896), österreichischer Kunsthistoriker, war Dozent in Wien und München, lebt in Salzburg.

1. Erläutern Sie die Begriffe „Stil“ und „Struktur“; zeigen Sie deren Unterschiede und Gemeinsamkeiten; untersuchen Sie, ob und in welchem Zusammenhang der Begriff „Stil“ implizit eine Wertung zum Inhalt hat.
2. Welche Grundannahmen von kultureller Entwicklung und individueller Fähigkeit zu schöpferischer Gestaltung sind Voraussetzung der strukturellen Analysemethode?
3. Bestimmen Sie die Bedeutung der strukturalen Konstanten in der Theorie von Kaschnitz-Weinberg; vergleichen Sie diese mit Wölfflins „Sehformen“ (s. S. 41) und Riegels „Kunstwollen“ (s. S. 38).
4. Warum konnten die Maler des Expressionismus sich dem Strukturalismus nahe fühlen?

Quelle:
Kaschnitz-Weinberg, Guido Freiherr von: Kleine Schriften zur Struktur. In: *von Heintze, Helga* (Hrsg.), G. von Kaschnitz-Weinberg, Ausgewählte Schriften, Band I. Berlin 1965, S. 198–202.

GUIDO FREIHERR VON KASCHNITZ-WEINBERG, 1890–1958, österreichischer Archäologe; Professor in Königsberg, Marburg, Frankfurt und ab 1952 Direktor des Deutschen Archäologischen Institutes in Rom.

Literatur:
Matz, Friedrich: Geschichte der griechischen Kunst Bd. I. Die geometrische und die früharchaische Form. Frankfurt a. M. 1950.

Jack Burnham
Die Suche nach einer Struktur

Ästhetische Lehren verkündeten einst, Kunst sei „Schönheit“, die „Suche nach Wahrheit“ oder „bedeutungsvolle Form“; was heute als Ästhetik auftritt — jenes zähe Element, das Kunst zu *Kunst* macht — ist von keinem Nutzen mehr. Wie der Patient, der wiederholt die Ursachen seiner Neurose anderswohin verlagert, während er sorgfältig darauf bedacht ist, nie ihre eigentlichen Ursprünge aufzudecken, lenkt uns eine Umdefinition von der Struktur von Kunst ab. Und wenn wir, wie Lévi-Strauss behauptet, eine Tätigkeit für unsere Kultur oder für andere — struktural ableiten, sind wir schon beträchtlich nahe daran, sie auszumerzen. Der Mythos als Grundlage abendländischer Kunst macht sich nicht unähnlich der Neurose geltend: keines von beiden hängt von einer materiellen Form ab, doch solange man an eines davon glaubt, besteht es weiter.

[. . .]

Barthes (beharrt) darauf, die Sprache müsse der Analysebezugspunkt aller gesellschaftlichen Codes bleiben; daher haben alle ikonischen Botschaften ihre sozialen Äquivalente in Verbalformen (offensichtliche Beispiele für uns sind Kunstkritik, wissenschaftliche Analyse und Kunstgeschichte). Barthes gibt zu verstehen, die dem signifikatorischen System selber entstammende interpretatorische Sprache liefere ausreichende Schlüssel für die verborgenen gesellschaftlichen Bedeutungen und Werte hinter allen derartigen Kommunikationsformen. Daher ist die Semiologie ein Segment der Linguistik. [. . .] Außerdem wird die dichotomische Form übernommen, die für die Bemühungen Lévi-Strauss' und Saussures typisch ist. Einige der fundamentalen Termini sind folgendermaßen aufeinander bezogen (man beachte, daß ein Zeichen der *Äquivalenz*, nicht eines der *Gleichheit* die Termini sämtlicher strukturellen Gleichungen in diesem Buch verbindet; ein Äquivalenzzeichen gibt zu verstehen, daß die verbundenen Termini nicht mathematisch gleich sind, daß sie einander vielmehr begrifflich entsprechen):

$$\frac{\text{Signifikant}}{\text{Signifikat}} \;≙\; \frac{\text{Rede}}{\text{Sprache}} \;≙\; \frac{\text{Bild}}{\text{Begriff}} \;≙\; \frac{\text{Form}}{\text{Inhalt}}$$

[. . .]

Das *Wahrgenommene* ist in der angeführten Termini-Gruppe der Signifikant, während sein vorstellungsbildendes, sprachliches Gegenstück das Signifikat ist. Damit nimmt das ‚Zeichen‘ oder der Komplex aus *Bild* und *Begriff* eine Doppelform an:

$$\frac{\text{Bild}}{\text{Begriff}} \;≙\; \frac{\text{eine geistige Abbildung des Objekts}}{\text{eine geistige Aufstellung der formalen Eigenschaften des Objekts}}$$

Die Natur-Kultur-Dichotomie läßt sich auf Termini zurückführen, die soziale Äquivalente bezeichnen:

$$\frac{\text{natürlich}}{\text{kulturell}} \;≙\; \frac{\text{Individuum}}{\text{Gesellschaft}} \;≙\; \frac{\text{Selektion}}{\text{Werte}} \;≙\; \frac{\text{Gebrauch}}{\text{System}}$$

[. . .]

Barthes trifft gewisse semiologische Unterscheidungen zwischen dem *Signifikat* und dem *Signifikanten.* Das Signifikat ist ein Begriff oder eine geistige Repräsentation des ‚Dings‘. Signifikanten sind bei der Zeichenbildung unablösbare Gegenstücke zu Signifikaten; Töne, Gegenstände, Bilder, Farben, Gesten und andere rein sensorische Phänomene sind signifizierende lexikalische Elemente. Signifikanten sind innerhalb eines semiologischen Systems entsprechend der Rolle voneinander geschieden, die sie auf einer bestimmten Ebene spielen.

Signifikant und Signifikat bilden ein einziges Zeichen und erlangen daher Bedeutung aus der Zusammenstellung mit anderen Zeichen. Barthes stellt die wichtige Frage nach *motivierten* und *unmotivierten* Zeichen. Innerhalb der Sprache führt er das Auftreten der Lautmalerei als eine natürliche, doch noch unklare Motivationsform an. Über die Rolle der Motivation in außersprachlichen semiologischen Systemen äußert er sich nicht so eindeutig. Motivierte Zeichen bestehen aus Analogien zwischen Signifikant und Signifikat, wobei Teile eines Zeichens offenbar eine unwissentliche oder binnenlogische Beziehung zueinander haben. Barthes ist irgendwie unsicher, was die Motivation in der Sprache bewirkt, wenn sie auf der einen semantischen Ebene auftreten kann, auf anderen dagegen nicht. Offensichtlich gibt es zahlreiche Zeichen, die nur ‚relativ‘ motiviert sind, und BARTHES ist ganz im Recht, wenn er zu verstehen gibt, man finde derartige unreine Systeme wahrscheinlich in der Kunst und anderen ikonografischen Systemen.

Die Bedeutung eines Zeichens mit vielfachen Signifikaten für die Kunst ist beträchtlich. Beispielsweise kann die Farbe Gelb in einem Gemälde VAN GOGHS auf der einen Ebene völlig kontextuell (kompositionell und daher unmotiviert) sein, sich auf einer anderen Ebene aber auf die Vorstellung einer Sonnenblume beziehen und außerdem durch die Kenntnis von VAN GOGHS leidenschaftlicher Veranlagung relativ motiviert sein. Dies ist in der Tat ein modernes Beispiel für Totemismus. Hierzu kann eine Gruppe von Leuten vermittels einer metaphorischen ‚Einstellschraube‘ den Blick auf eine Anzahl von Assoziationsebenen richten, „von der abstraktesten zur konkretesten und der kulturellsten zur natürlichsten ... ohne das intellektuelle Instrument zu wechseln“ (LÉVI-STRAUSS, *Das wilde Denken*, S. 160). Daher zwingt VAN GOGH motivierte und unmotivierte Aspekte eines einzigen Signifikanten, als eine Mehrzahl von Zeichen zu fungieren. Kognitive Spannung tritt auf, wenn VAN GOGH die unmotivierten Ebenen solcher Signifikanten dadurch betont, daß er den rein formalen Charakter von Gelb im Nebeneinander mit Violett oder Braun deutlich herausstellt.

[...]

BARTHES trifft die Feststellung, innerhalb sämtlicher semiotischer Systeme herrscht die Tendenz, „das Unmotivierte zu naturalisieren und das Motivierte zu intellektualisieren“ (es also zu kulturisieren) (*Elements of Semiology*, S. 54). SAUSSURE verstand alle sprachlichen Zeichen dank ihrer wesentlich willkürlichen Natur als unmotiviert; und im Bereich der Sprache besteht kein Grund, von dieser Regel eine Ausnahme zu machen. Das Problem motivierter Zeichen ist jedoch höchst bedeutsam für die Kunst. *Alle* mimetischen Konventionen sind motiviert, da es isomorphe Übereinstimmungen zwischen darstellenden Linien, Farben und Formen und ihren Modellen in der wirklichen Welt gibt. BARTHES’ Feststellung spielt auf die Zwänge an, die in historischen semiotischen Systemen Verzerrungen bewirken.

Die *Naturalisierung des Unmotivierten* bedeutet eine immer größere Abhängigkeit von den in den bildhaften Elementen auffindbaren Gestaltbeziehungen: ein Abrücken von ihrem Inhalt, falls einer vorhanden ist. Die Bedeutung des anderen Terminus: *Intellektualisierung des Motivierten*, mag auf den ersten Blick weniger offenkundig sein. Bis vor achtzig Jahren bedurfte der Inhalt von Kunst selten einer zusätzlichen Erklärung, da im Grunde die Kunst den Inhalt erklärte. Doch im Fortgang der Kunst wurde der Inhalt zum Vehikel, mittels dessen der Künstler seine Techniken und formalen Kunstmittel erarbeitet. So sind in der Regel motivierte Zeichen kulturell vorgeformt, während unmotivierte Zeichen aus ästhetischen Gründen erforderlich sind, und dabei trachtet das zweite System stets die Legitimität des ersten zu erlangen. Diese Intellektualisierung motivierter Zeichen endet letztlich in metasprachlichen Feststellungen, die einer auf unmotivierte Zeichen beschränkten Kunst die Illusion von Inhalt verschaffen, d. h. letztlich in nicht-objektiver Kunst.

[...]

Vor der Durchführung einer Strukturanalyse ist zu betonen, daß gelungene Kunst die gleiche Vermittlungsfunktion ausübt wie der Mythos. Infolgedessen sind die einfachen Gruppentransformationen, die LÉVI-STRAUSS zur Entschlüsselung mythischer Formen einsetzt, auch auf Kunst anwendbar. Indem wir die Signifikanten und die Signifikate einer Arbeit in ihrer richtigen Ordnung definieren, vollziehen wir den ersten Schritt in Richtung auf eine Versöhnung des Gegensatzes zwischen der materiellen Wirklichkeit und den von einem Kunstwerk benutzten ästhetischen Idealen.

Wie LÉVI-STRAUSS behauptet, sind Religion und Magie nicht voneinander zu trennen; die eine kann nicht ohne die andere überleben: „Denn wenn man auch in gewissem Sinn sagen kann, die Religion bestehe in einer *Humanisierung der Naturgesetze* und die Magie in einer *Naturalisierung des menschlichen Tuns* — Behandlung eines bestimmten menschlichen Tuns, als ob es ein integrierender Teil des physischen Determinismus wäre —, so handelt es sich dabei nicht um Termini einer Alternative oder um Etappen seiner Entwicklung. Der Anthropomorphismus der Natur (mit dem wir die Magie definieren) sind zwei immer gegebene Komponenten, bei denen einzig die Dosierung variiert.“ (*Das wilde Denken*, S. 256.) Kunst ist einfach ein anderer Fall der Vereinigung von Religion und Magie, eine Sprache, die durch ihre eigene innere Logik die Resultate beider ausspricht. Nach LÉVI-STRAUSS’ Definition von Magie ließe sich die *Naturalisierung menschlicher Tätigkeiten* als „Naturalisierung des Kulturellen“ ausdrücken; die *Humanisierung von Naturgesetzen* ist die „Kulturisierung des Natürlichen“. Im Verlauf der folgenden Analysen wird evident werden, daß jede erfolgreiche Kunst beide Vorgänge so gleichartig und vollständig wie möglich integriert. Der Sinn solcher Analysen besteht folglich darin, zu entscheiden, wo und wie das in jedem einzelnen Fall geschieht. Während alle Zeichen in kulturelle oder natürliche Termini aufgeteilt sind, kulturisieren kulturelle Termini ihre natürlichen Gegenstücke, und natürliche Termini naturalisieren die kulturellen. Wo keines von beiden eindeutig geschieht, kann Kunst auf der ideologischen Ebene kulturisiert oder naturalisiert sein, oder ihre Struktur kann mehrdeutig sein, oder sie fungiert vielleicht überhaupt nicht als Kunst.

[. . .]

IV Aufgliederung von Natur- und Kulturtermini für die Kunstanalyse

Natur	Kultur
Alle ‚realen' materiellen Gegebenheiten	Die Entscheidung als Konzept
Feststellung der Künstlertätigkeiten	Feststellung der Betrachter-Wahrnehmung
Kontinuierliche Zeit	Der Augenblick (zeitlos)
Bewegung innerhalb der Arbeit (entweder durch die Künstlertätigkeit oder durch den Gegenstand bewirkt)	Feste Positionen innerhalb der Arbeit
Hintergrund	Figur
Emotion	Bedeutung
Gemischte Reihen, Kontraste und Zufallseinheiten	Einheit, Objekt und Gegensatzgruppen im Rahmen eines Systems
Umwelthaft	Anti-umwelthaft
(Nicht wahrgenommene Ganzheit)	(Wahrgenommene Teile des Ganzen)

Ästhetik: (griech.) Lehre vom Schönen;
Lévi-Strauss, Claude (geb. 1908), belgischer Ethnologe;
Mythos: (griech.-lat.) der Inbegriff der altgeheiligten Lehren (Mythen) über die Weltschöpfung, die Götter und Heilbringer und die Urzeit des Stammes (die Strukturalisten verstehen diese als Kommunikations- und Verständigungsweisen, in denen sich ein Komplex sozialer Werte und Institutionen spiegelt);
Barthes, Roland (geb. 1915), französischer Kritiker und Essayist;
Code: (franz.) Bezeichnung für die Zuordnungsregeln, nach denen Zeichen bestimmten Informationen zugeordnet werden;
ikonische Botschaft: ein Zeichen, das sein Objekt bezeichnet, indem es dieses Objekt analog abbildet (z. B.: Bilder, Muster, Diagramme, Eigenschaften, Metaphern, Figuren oder Formen);
Äquivalent: gleicher Wert, Gegenwert, Ausgleich;
signifikatorisch: die begriffliche Seite, die Bedeutung eines Zeichens betreffend;
Semiologie: (griech.) Lehre von den konventionellen Zeichen und Symbolen, die zum Ausdruck von Denkinhalten dienen (z. B. Riten, Bräuche, Höflichkeitsformen);
Segment: (lat.) strukturell gleiche Einheiten, die in der Regel nur wenig spezialisiert sind und nicht durch Kooperationszwänge und Austauschbeziehungen miteinander verknüpft und daher relativ autonom sind;
Linguistik: Sprachforschung, -vergleichung;
dichotomisch: (griech.) zweiteilig;
Saussure, Ferdinand de (1857 – 1913), schweizerischer Sprachwissenschaftler und Indogermanist;
Terminus: (lat.) Fachwort, Begriff;
Signifikant: (franz.) die materielle Seite, durch die sich ein Zeichen manifestiert;
sensorisch: (lat.) auf die Sinne bezüglich, die Sinnesorgane betreffend;
Phänomen: (griech.) das Erscheinende, sich den Sinnen zeigende;
lexikalisch: in der Art eines Lexikons;
motiviert: (lat.) begründet;
ikonographisch: (griech.) auf die Beschreibung, Form- und Inhaltsdeutung bezüglich;
Gogh, Vincent van (1853 – 1890), niederländischer Maler;
kontextuell: (lat.) den umgebenden Text eines Wortes oder einer Wendung (der erst die eigentliche Bedeutung herausarbeitet) betreffend;
Totemismus: Bezeichnung für ein System von kollektiven Glaubensvorstellungen und zeremoniellen Riten, vermittels dessen anonyme und diffuse Kräfte überpersönlicher und übernatürlicher Art in Form bestimmter Pflanzen und/oder Tiere für die Mitglieder einer Gruppe (Klan, Sippe) gedanklich begreifbar und im Alltag handhabbar werden;
metaphorisch: (s. S. 58);
Assoziation: (lat.) Verknüpfung von Vorstellungen, von denen die eine die andere hervorgerufen hat;
fungieren: (lat.) ein Amt verrichten; tätig, wirksam sein;
kognitiv: (lat.) die Erkenntnis betreffend;
mimetisch: (griech.) nachahmend;
isomorph: (griech.) von gleicher Gestalt;
Magie: (griech.) Zauberkunst, Geheimkunst, die sich übersinnliche Kräfte dienstbar zu machen sucht;
Anthropomorphismus: (griech.) Vermenschlichung, Übertragung menschlicher Gestalt und menschlichen Verhaltens auf andere Wesen.

1. Erläutern Sie Burnhams Behauptung, Kunst unter dem Aspekt „Ästhetik“ erkennen zu wollen, entspräche dem Versuch, eine Neurose zu heilen, indem man bestimmte Symptome anstatt die Ursachen der Krankheit beseitigt.
2. Zeigen Sie, daß Burnham die Struktur ohne Berücksichtigung der Bedeutungsinhalte aufzeigen will und so Kunstinterpretation nicht als isoliertes Problem sieht, sondern Kunst aus den sozialen, kulturellen und mythischen Strukturen der Realität versteht.
3. Mit welchen Argumenten versucht Burnham seine Thesen zu belegen, Kunst und Sprache seien synchrone Beziehungsgefüge, und Kunstgeschichte und Produktion von Kunst seien Tätigkeiten, die sich wechselseitig tragen? Welche Bedeutung hat dieser Zusammenhang von Kunst und Sprache für die Methode der Kunstanalyse?
4. Unterscheiden Sie motiviertes und unmotiviertes Zeichen; nennen Sie Beispiele aus der zeitgenössischen Kunst, wo
   - Signifikant und Signifikat identisch sind,
   - ein Signifikant mehrere Signifikate repräsentiert.
5. Welche Bedeutung haben die Kategorien Gestalt und Inhalt für Burnhams Methode? Suchen Sie Beispiele dafür.
6. Diskutieren Sie Burnhams These, Kunst könne eine Vermittlungsfunktion zwischen Natur und Kultur ausüben.

Quelle:
Burnham, Jack: Kunst und Strukturalismus. Die neue Methode der Kunstinterpretation. Köln 1973. S. 13, S. 26–30, S. 56–62.

JACK BURNHAM, geb. 1913, amerikanischer Künstler und Kunstwissenschaftler.

Literatur:
Barthes, Roland: Am Nullpunkt der Literatur. Hamburg 1959.
Saussure, Ferdinand de: Grundfragen der allgemeinen Sprachwissenschaft. Berlin 1967.
Lévi-Strauss, Claude: Strukturale Anthropologie. Frankfurt 1971.
Hund, Wulf D. (Hrsg.): Strukturalismus. Ideologie und Dogmengeschichte. Darmstadt/Neuwied 1973.

Peter Gorsen

Kunst und Psychopathologie heute

Wenn sich im Verlauf unseres Jahrhunderts immer mehr Kunstrezipienten, im besonderen Künstler, Kunstkritiker, Kunstwissenschaftler, Psychologen, Soziologen, Ärzte und Anthropologen für die Bildnerei der Geisteskranken interessieren, das Gebiet der kunstästhetischen Erforschung sich zusehends erweitert durch strukturell vergleichende Betrachtung der Stilkunst mit Ausdrucksleistungen, die bisher nicht oder nur am Rande zu ihr gerechnet wurden, dann harmoniert diese Wandlung mit der fortschrittlichen Einsicht, daß nur eine multidisziplinäre, mehr als ästhetische, anthropologische Optik die Vieldimensionalität des Ästhetischen erschließen kann. Nichts mehr hat diese Wandlung, zumal was die Bemühungen der deutschen Forschung anlangt, mit einer neuerlichen Diskreditierung der Kunst zu tun, wie sie der Nationalsozialismus förderte, der eine „gesunde Volkskunst" wollte, um sie für die kulturelle Reklame eines kämpferischen germanischen Heldenbildes einspannen zu können. Mit der Diskreditierung *krank* gegenüber einer Kunst, die mit diesem manipulierten Menschenbild nicht harmonieren wollte, hatte auch schon HANS PRINZHORN zu rechnen. Dieser Psychiater und Kunsthistoriker stieß als erster auf die Vergleichbarkeit schizophrener und expressionistischer Stilmerkmale, um sogleich davor zu warnen, daraus die falschen Schlußfolgerungen zu ziehen. Was er — mehr im Scherz — als eine verdummende Kurzschlußlogik des Kunstbanausen entlarvte, ist dann wirklich ein sich ernst nehmendes und ernst genommenes kulturpolitisches Argument des nationalsozialistischen Bildersturms geworden: „Der Schluß", schreibt PRINZHORN in seiner *Bildnerei der Geisteskranken* (1922, S. 346), „dieser Maler malt wie jener Geisteskranke, also ist er geisteskrank, ist keineswegs beweisender und geistvoller als der andere: PECHSTEIN, HECKEL u. a. machen Holzfiguren wie Kamerunneger, also sind sie Kamerunneger". Dieser denunzierende Kunstgriff der Bildbetrachtung, durch einen äußerlichen Vergleich bildnerischer Merkmale zwischen der mißliebigen expressionistischen und abstrakten Kunst und der Bildnerei der Geisteskranken Parallelen zu ziehen, um den normativen Betrachter zum Fehlschluß auf ein gleiches seelisch fehlentwickeltes Bewußtsein beim Künstler zu verleiten, war fester Bestandteil der nationalsozialistischen Kunsterziehung. Sie scheint noch heute in vielen Einwänden der befremdeten Volksmeinung gegenüber der modernen Kunst nicht ganz abgeklungen, was Kunstwissenschaft und Psychopathologie und alle Disziplinen, die sich heute in das Grenzgebiet von Kunst und Psychopathologie begeben, in mehrfacher Hinsicht im Auge behalten müssen: 1. Sie dürfen sich nicht scheuen, jenen Vergleich moderner manieristischer oder „antinaturalistischer Kunst" [. . .] mit schizophrenen Gestaltungstendenzen dennoch zu ziehen — freilich ohne den diskreditierenden falschen Fehlschluß auf die Krankheit eines Künstlers, der eine weltanschaulich-politische Manipulation einer wissenschaftlichen These darstellt und als solcher für jedermann klar sein muß. 2. Die Grenzgänger der beteiligten Disziplinen müssen wissen, daß jedes diagnostische Interesse am Künstler für die Bestimmung der ästhetischen Qualität und für die Kunstwertung ohne Bedeutung ist — gleichgültig, ob man es mit Vorlagen aus der Stilkunst oder der Bildnerei der Geisteskranken, der Kinder und Primitiven zu tun hat. 3. Gerade im Hinblick auf eine strukturelle Vergleichung von Ausdruckstatsachen von so heterogener Herkunft auf ein und derselben ästhetischen Ebene der Gestaltung muß angestrebt werden, zu außerästhetischen Bestimmungen gegenüber dem Vergleichsmaterial zu kommen. Über PRINZHORN und auch jeden rein psychologischen Erklärungsversuch hinaus sollten auch die Unterschiede gesehen werden, die zwischen strukturell verwandten oder sogar gleichen Ausdrucksleistungen von manieristischer und schizophrener Gestaltung bestehen: Keine Einebnung des Unterschiedes von manieristischen und schizophrenen Gestaltungstendenzen um jeden Preis, d. h. mit Hilfe psychologischer Deduktion aus einem ursprünglichen Prinzip der Gestaltung, aus einer personalen Gestaltungskraft oder einer archetypischen Kollektivphantasie (nach C. G. JUNG), sondern der Versuch, die übereinstimmend oder verwandt erfahrenen Strukturen auch aus historischen, gesellschaftlichen Gegebenheiten zu erklären, aus einer durch sie motivierten Wandlung des Kunstschaffens, aus den Bedürfnissen einer veränderten Rezeption, aus veränderten Sehgewohnheiten auf Grund der veränderten technischen Produktivkräfte (Massenmedien) und aus den jeweils historisch vorhandenen Wertungen, wie sie sich dem Soziologen mit Blick auf ihren Klassencharakter darstellen.

Die Entdeckung und Wertschätzung der Bildnerei der Geisteskranken *als Kunst* hat ihre objektiv gesellschaftliche Seite, die ein geistesgeschichtlicher Kopf sich wird schwerlich aneignen wollen. Das schizophrene Ausdrucksbild einer mimesisgestörten, zu Autismus und archaischer Produktion tendierenden Phantasie, kann — von den wissenschaftlichen und weltanschaulichen Kontroversen hierüber einmal abgesehen — als Projektionsschirm für die Menschen einer Gesellschaft Bedeutung erlangen, in der die mitmenschlichen Kommunikationsformen gestört oder durch rasante sozialökonomische Wandlungen in einer Weise verändert sind, daß diese affektiv nicht mehr in der gewohnten Weise verkraftet werden. Daß die industrielle „Leistungsgesellschaft als pathogenes Feld" betrachtet werden kann, erweist die Entstehung einer ganz neuen Forschungsrichtung, nämlich die „Medizinsoziologie als Kooperation von Medizin und Soziologie" [...].
Kunstsoziologisch einmal mehr vereinfacht gesprochen: Eine kranke bzw. Krankheiten verursachende Gesellschaft provoziert das Interesse der Kunstrezipienten für psychopathologische Ausdrucksformen. Wo es zu ästhetisch wirklich bedeutsamen Ausdrucksleistungen kommt, stellt sich häufig eine formale Übereinkunft, Einfühlung und Assimilation seitens des manieristischen Künstlertypus und des Rezipienten gegenüber den Manierismen des schizophrenen Bildes her. Man erkennt Ausdruckscharaktere verwandter seelischer Konfliktsituationen und ihrer gelungenen oder mißlungenen Verarbeitung oder glaubt zumindest sie zu erkennen, auch wenn auf der Seite der reflektierenden Künstler und Rezipienten gewußt wird, daß die Ursachen des klinisch verstandenen Krankheitsbildes „Schizophrenie" ganz andere sind, als die soziologisch interpretierbaren Motive für ein kunstästhetisches Interesse an der Ausdruckswelt der Schizophrenen.
[...]
Das zunehmende Interesse für die Bildnerei der Schizophrenen als Kunst, ihre Würdigung als ein gleichfalls schöpferischer Gestaltungsvorgang verlangt umfassender im Zusammenhang mit neueren und neuesten Entwicklungen in der Kunst gesehen zu werden, die man unter den Titel *Entästhetisierung des Ästhetischen (das ist des Schönen)* und *Ästhetisierung des Unästhetischen (das ist des Häßlichen)* stellen kann [...] und die ein Abrücken von einem idealistisch-klassizistischen Schönheitsideal generell erkennen lassen.
[...]
Die Umwertung und Umfunktionierung des Pathologischen zur kritischen oder bloß destruktiven Darstellung des Status quo ist und war im Zusammenhang mit der bürgerlichen Kunst von erheblicher Bedeutung. Ein gegenwärtiges Interesse fürs Pathologische, die Aktualität von Theorien und Erfahrungen, die mit Psychopathologie im abstrusen, sie phantastisch übertreibenden, wie im akademischen, experimentell wissenschaftlichen Sinn zu tun haben, findet sich gleichzeitig als nahezu gemeinsamer kulturanarchistischer Unterstrom der sonst divergierenden Kunststile wie Dadaismus, Expressionismus, Surrealismus, Art brut, Phantastischer Realismus, Psychedelic art, Erotik art, Science fiction, Body art, vieler Formen im Happening im Abreaktionsspiel [...] und im ritualisierten Versammlungsstil der sogenannten „Gegenkultur" seit den Hippies.
[...]
Nach wie vor ein Streitpunkt und fortwährend im Fluß sind — wie der sehr unterschiedlich verwendete Terminus „Schizophrenie" signalisiert — Reflexionen auf die Begrifflichkeit eines Grenzgebietes, das auf die Kompetenzen so vieler beteiligter Disziplinen verteilt ist und deren divergierende Kategoralität interdisziplinäre Verständigung bisher nicht gerade erleichtert hat. Wie schwer es immer noch nach den bisher gewonnenen Einsichten der Kunstpsychologie und Psychopathologie ist, zu einer begrifflichen Klärung und Absprache darüber zu kommen, wann man es mit einem schizophrenen Psychogramm zu tun hat, das als Symptom diagnostischen Wert hat und allein zur Krankheitserkennung dient, und wann allein oder gleichzeitig eine Gestaltung vorliegt, die ebenso auf dem Niveau ernst zu nehmender Kunst zu werten ist, hängt damit zusammen, daß bisher eine Einigung in dieser Frage letztlich immer aus den problematischen Definitionsversuchen dessen resultierte, was schöpferische Phantasie oder Gestaltung heißen darf. Diese Definitionsversuche sind keine Domäne der Ästhetik, sondern — wie man heute weiß — ebenso eine Aufgabe der ihr koordinierbaren Disziplinen wie Psychologie, Psychopathologie, Anthropologie, Soziologie, Ethnologie, Archälogie, Kunstgeschichte, Sprachwissenschaft, Kommunikationsforschung usw. Was die in den zwanziger Jahren noch für wichtig gehaltene kunstpsychologische Seite der Frage nach der „schöpferischen" Gestaltung betrifft, so kann man sicher generell sagen, daß die verschiedenen Genietheorien des 19. Jahrhunderts an Bedeutung verloren haben und daß man davon abgekommen ist, einen Wesensunterschied, eine ontologische Differenz zu konstruieren zwischen einer künstlerischen und einer nicht-künstlerischen Gestaltung. Was vereinzelt schon PRINZHORN [...] in den zwanziger Jahren vertreten hat, ist heute Ausgangsposition jeder weiteren Diskussion: Schöpferische Gestaltung ist kein Privileg der Geisteskranken oder weniger Genialer, sondern eine allgemeine Disposition im Bewußtsein der

Menschen, die allerdings nur in singulären Fällen auch zu künstlerischen Resultaten kommt. LEO NAVRATIL [. . .] hat dies kürzlich erst in der treffenden Formel angedeutet: „Kreativität und Banalität schließen einander nicht aus“.
[. . .]
Solange die Analyse sich im *gegenständlichen* Bereich des manieristischen Antinaturalismus aufhält, erweisen sich die meisten Merkmale und Kriterien PRINZHORNS allerdings als noch sehr brauchbar, auch wenn hier wie in der Anamorphotik von ARCIMBOLDI, BOSCH. [. . .] bis DALI und MAGRITTE die Verneinung des klassisch-idealistischen Einheitsprinzips geradezu das Thema ist [. . .]. Denn eine „Pointe“ bleibt nach wie vor transparent, wenn nach dem manieristischen Modell des Vexierbildes die Aufhebung der Einheit, eine optische Ambivalenz und Dualität beabsichtigt sind, wenn im Bereich des Gegenständlichen die Nichtidentität des Gegenständlichen formuliert wird [. . .]. Eine Pointierung in dieser Richtung kann als eine „schöpferische“ Ausdrucksleistung sowohl des manieristischen Künstlers wie des Schizophrenen angesehen werden.
[. . .]
Das Principium contradictionis, der Satz des Widerspruchs in der Gegenstandswelt, nach dem nicht etwas sein und zugleich nicht sein kann, ist außer Kraft gesetzt. Natürliche Erscheinung und künstliche Erfindung, Abbild und Phantasie konkurrieren, so daß HOCKE (1957) die manieristische Konstruktion der Anamorphose bestimmen konnte als eine Darstellung, die sowohl „die Idee in der Natur erscheinen“ wie „die Natur in der Idee durchscheinen“ lassen kann, eine „natürliche“ und eine „gegennatürliche“ Komponente besitzt.
[. . .]
Diese Tendenz zur Physiognomisierung ist ein hervorstechendes Strukturmerkmal, das schizophrene Bildnerei und manieristische Kunst gemeinsam haben. Sie richtet sich nicht ausschließlich auf Landschaftliches, sondern auf Gegenständlichkeit überhaupt, mit Vorrang auf den menschlichen Körper, auf den Rumpf des Körpers. Die bekannte „Rumpfphysiognomisierung“ in der schizophrenen Bildnerei läßt sich in der Gegenwart im Falle des Surrealismus und der phantastischen Figuration, z. B. bei PICASSO, bei PICABIA, [. . .] MAGRITTE, BELLMER, DUBUFFET, [. . .] SCHRÖDER-SONNENSTERN sehr gut belegen.
Dies gilt auch für den antinaturalistischen Typus des „gemischten Profils“, für die optische Pointierung einer Doppelansicht des Kopfes, die gleichfalls vom Identitätsprinzip der sichtbaren Natur absieht und ebenso in der Bildnerei der Schizophrenen [. . .] wie in der manieristischen Stilkunst vorkommt.
[. . .]

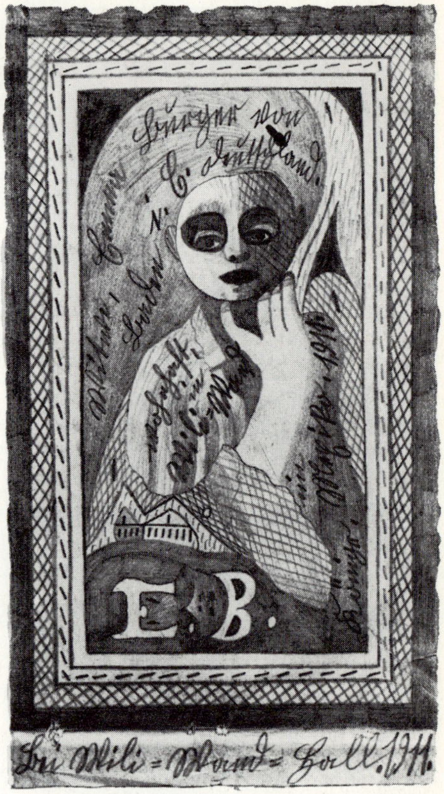

Adolf Wölfli: Witwe Emma Burger. 1911. Bleistift auf Papier. 25 × 14 cm. Adolf-Wölfli-Stiftung, Kunstmuseum Bern.

Wenn man für den Expressionismus von ENSOR, MUNCH und KLEE in scheinbar diskreditierender Weise von Karikatur gesprochen hat, nämlich von der Emanzipation der Karikatur aus dem „humoristischen Genre“ (ERNST GOMBRICH), so läßt sich mit der gleichen Blickrichtung auf die Zukunft für die Irrenzeichnung von ihrer Befreiung aus dem psychiatrisch-diagnostischen Genre sprechen. Der Beitrag der Irrenzeichnung für eine oppositionelle, antibürgerliche Ästhetik des nicht mehr Schönen und Ästhetischen ist ebenso unbestreitbar wie jener der Karikatur. Der Sammler schizophrener Kunst und Maler ARNULF RAINER verschafft dieser Einsicht auf seine Weise nachdrücklich Geltung, wenn er das pathognomische Ausdrucksspiel, z. B. den Gesichtsausdruck im katatonischen Stupor, als eine ernst zu nehmende Form der Gestaltung, nämlich in ihrer ästhetischen Selbständigkeit und Überlegenheit zum herkömmlich Schönen zu sehen fordert — und nicht bloß als „Auch-Kunst“ in Anlehnung an einen liberalen Kunstbegriff. Ira furor brevis est, der Zorn ist ein kurzer Tobsuchtsanfall. Die

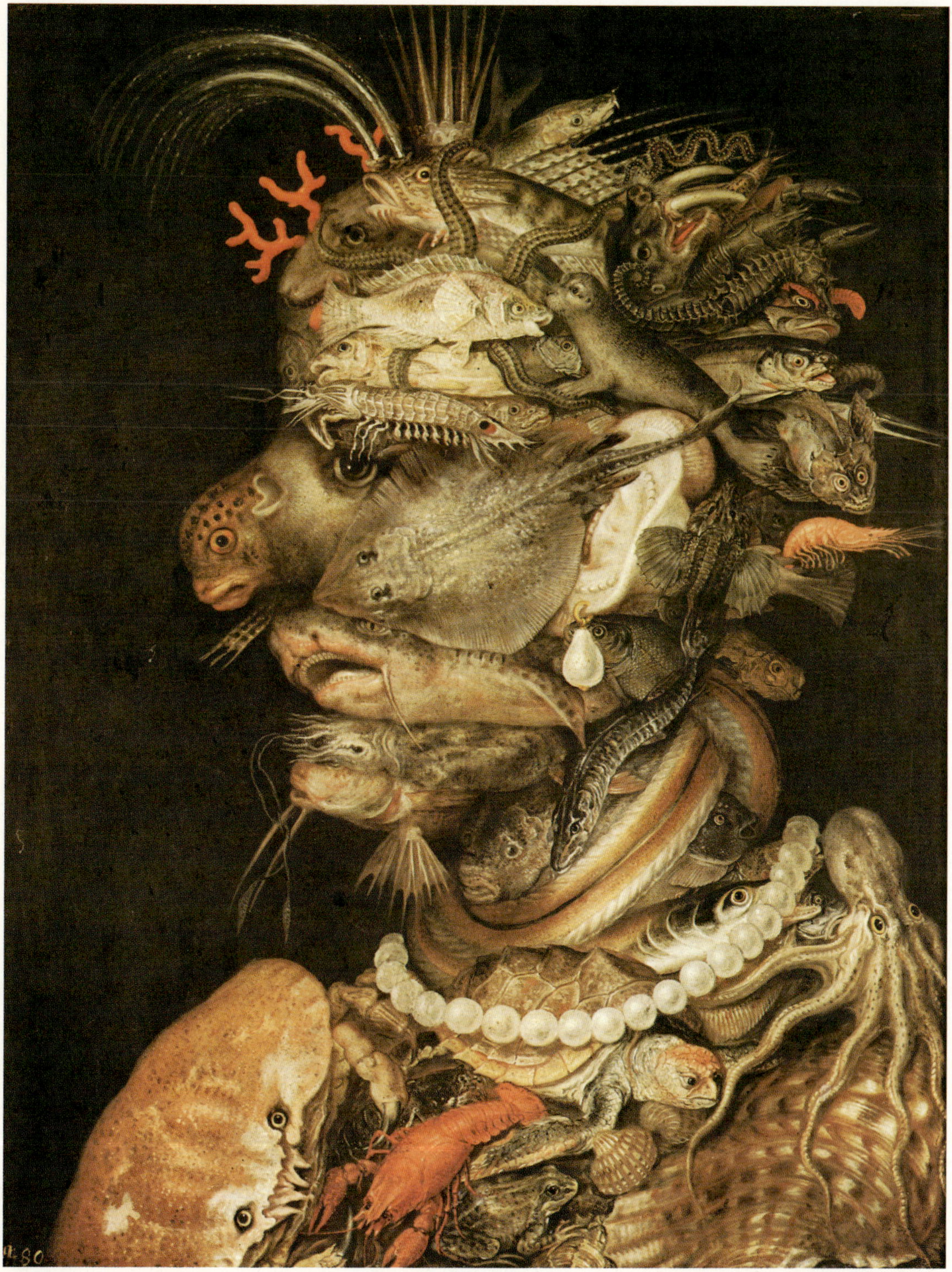

Guiseppe Arcimboldi: Das Wasser. 1566. Öl auf Lindenholz. 66,5 × 50,5 cm. Kunsthistorisches Museum, Wien.

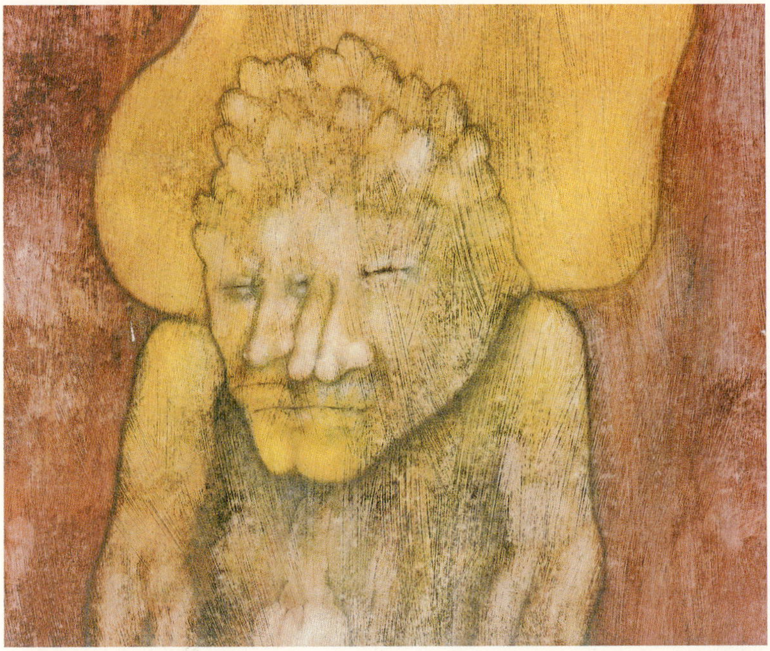

Volkert Emrath:
Unheilige Dreifaltigkeit. 1966.
Tempera und Bleistift
auf Papier (Karton).
29 × 34,5 cm. Privatbesitz.

unten:
August Neter (Pseudonym):
Landschaft (Großer Kopf
mit roten Häusern).
Entstehungsjahr unbekannt.
Aquarell mit Deckweiß, gefirnist,
auf Papier. 25,9 × 37,4 cm.
Psychiatrische Universitätsklinik,
Heidelberg.

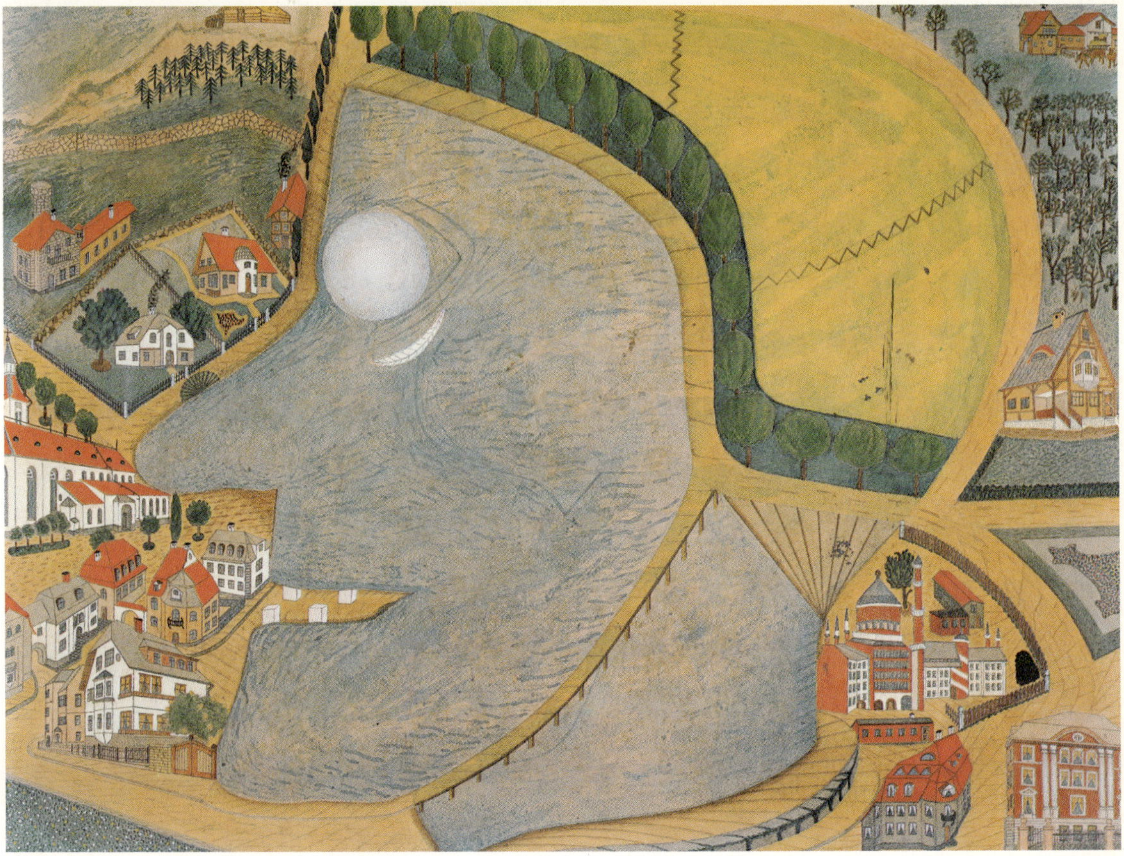

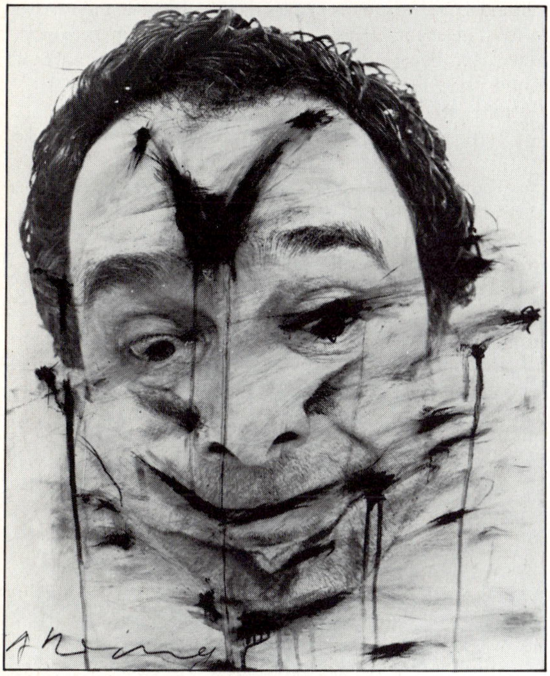

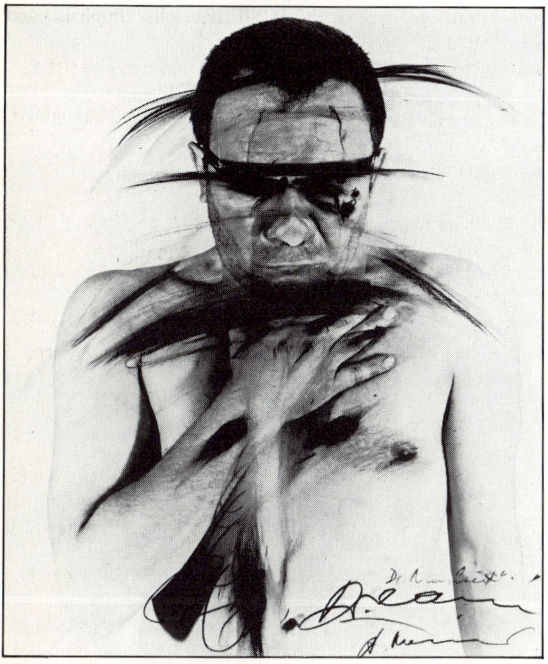

Arnulf Rainer: Zwei Selbstportraits. 1975. Ölkreide auf Photokarton. Je 60 × 50 cm. Atelier Arnulf Rainer, Wien.

Grenzen verfließen, auch oder erst recht im Ästhetischen. Die psychopathologische Differenz von krankhafter Störung und von heftiger Erregung des Gemüts ist für das manieristische Gestaltungsprinzip ästhetisch irrelevant. Erstarrung, Dekomposition und Verzerrung können ebenso gestalterische Prinzipien der Kunst sein wie Verlebendigung, Komposition und Ebenmaß. RAINERS (1971) „Face-Design" betitelte „Photomaton Serien" machen im Selbstversuch [. . .] auf diesen Sachverhalt aufmerksam. In der Montage pathischer Grimassen und Fratzen mit dem eigenen Konterfei und seiner Übermalung stellen sie darüber hinaus eine ästhetische Entdeckung der schöpferischen Restitutionskraft des psychisch „erkrankten" Menschen dar.

Es lassen sich sehr viel mehr Strukturübereinstimmungen nachweisen zwischen der Bildnerei der Schizophrenen und der im weitesten Sinn antinaturalistischen Kunst des Manierismus. Die ornamentale Stereotypie [. . .], die skripturale Mischform von Bild und Text [. . .], wie ebenso die halbmechanischen Herstellungsverfahren von Collage und Frottage.

Rezipient: (lat.) Empfänger;
Anthropologe: (griech.) Wissenschaftler, der sich wissenschaftlich mit dem Menschen vom natur- und geisteswissenschaftlichen Standpunkt aus befaßt;
disziplinär: (lat.) einen Wissens-, Fachzweig betreffend;
multi: (lat.) Bestimmungswort von Zusammensetzungen mit der Bedeutung „viel";
diskreditieren: (lat.) in Verruf bringen;
Prinzhorn, Hans (1886–1933), deutscher Nervenarzt und Psychologe, lenkte als erster die Aufmerksamkeit auf die Kunst der Geisteskranken;
schizophren: (griech.) spaltungsirre; Zerfall der emotionalen und intellektuellen Aspekte des Verhaltens, der zu einem Verlust des inneren Zusammenhanges der geistigen Persönlichkeit führt;
expressionistisch: in der Art des „Expressionismus", so nennt man im weitesten Sinne eine Kunst der Ausdruckssteigerung;
Banause: (griech.) kleinlicher Mensch, Spießbürger;
Pechstein, Max (1881–1955), deutscher Maler des Expressionismus. Mitglied der „Brücke" und Mitbegründer der „Berliner Neuen Sezession";
Heckel, Erich (1883–1970), deutscher Maler des Expressionismus, Mitglied der „Brücke";
Kamerun: Gebiet in Mittelafrika, am Golf von Guinea;
denunzieren: (lat.) aus persönlichen unmoralischen Gründen anzeigen;
Psychopathologie: (griech.) Lehre von den krankhaften Erscheinungen und deren Ursachen im Seelenleben;
manieristisch: in gekünstelter Nachahmung eines Stils; in der Art des Manierismus (s. S. 57);
diagnostisch: (griech.) eine Krankheit erkennend;
heterogen: (griech.) aus Ungleichartigem zusammengesetzt;
archetypisch: (griech.) der Urform entsprechend;

Kollektivphantasie: Eine von C. G. Jung eingeführte Bezeichnung für solche unbewußten Inhalte, von denen man annimmt, daß sie in jedem Menschen, gleich welcher kulturellen Gruppe, als allgemeinste seelische Grundlage überpersönlicher Natur wirksam werden. Dies soll sich in den bei verschiedenen Völkern ähnlichen Grundmotiven („Archetypen"), z. B. in Märchen und Mythen, offenbaren;

Jung, Carl Gustav (1875–1961), Schweizer Psychologe, Professor in Basel; er unterschied zwischen dem individuellen und kollektiven Unbewußten des Menschen;

mimesisgestört: unfähig zur nachahmenden Darstellung der Natur im Bereich der Kunst;

Autismus: (griech.) Eine Art des Denkens oder der Einstellung, in deren Verlauf ein Individuum sich von seinen persönlichen Wünschen leiten läßt, ohne seine Umwelt besonders zu berücksichtigen;

rasant: (lat.) sehr schnell;

affektiv: (lat.-franz.) das Gefühlsleben betreffend;

Assimilation: (lat.) Angleichung;

Status quo: (lat.) gegenwärtiger Zustand;

abstrus: (lat.) von dunklem Sinn, schwer verständlich, verworren;

anarchistisch: (griech.) herrschaftslos, gesetzlos;

divergieren: auseinandergehen, abweichen;

Dadaismus: eine Entwicklungsstufe zum Surrealismus. Die Tendenz von Dada (1916–1922) war nicht, „Kunst zu machen", sondern die übertriebene Ehrfurcht vor ihr zu zerschmettern;

Expressionismus: Stilrichtung der modernen Kunst zu Anfang des 20. Jahrhunderts, die unter Verzicht auf Realismus in Farbe und Form durch gesteigerten Ausdruck zum Wesentlichen des Bildthemas vorzustoßen sucht, wobei die Ausdruckskraft von Linie und Fläche sowie der Selbstwert der Farbe Hauptgestaltungsmittel sind;

Surrealismus: eine auf den Dadaismus folgende, 1924 entstandene Kunstrichtung, deren Manifest der Dichter André Breton schrieb. Aus Protest gegen die Rationalisierung des Daseins erstrebt der Surrealismus die Darstellung des Irrationalen, des Unbewußten und des Traums;

Art brut: (franz.) „rohe Kunst", ein Begriff, den der französische Maler Jean Dubuffet für seine von der Malerei der Geisteskranken angeregten Arbeiten prägte;

Psychedelic art: (engl.) Kunstrichtung seit den 60er Jahren, die visuelle, z. T. auch akustische Wahrnehmung wiedergibt, die oft auf Erfahrung mit bewußtseinsverändernden Drogen oder meditativen Techniken und Einflüssen zurückzuführen ist;

Erotic art: (engl.) erotische Kunst (z. B. von Jürgen Klauke, geb. 1943);

Science fiction: (engl.) Wissenschaftsdichtung, wissenschaftliche Erzählung; Bezeichnung für Romane, Erzählungen, Hörspiele, Comicstrips und Filme, die sich spekulativ mit künftigen, z. T. aber physikalisch und technisch nicht realisierbaren Entwicklungen der Menschheit befassen;

Body art: (engl.) Körperkunst, das Bild auf der menschlichen Haut;

Hippie: (engl.) Name für die Anhänger einer jugendlichen Protestbewegung (insbesondere um 1965–68 in den USA) gegen Kultur und politische Ordnung der modernen Wohlstands- und Leistungsgesellschaft. Gegenüber Zwang und zivilisierter Ordnung führten die Hippies, die keine differenzierte Weltanschauung entwickelten, ein Leben in friedvoller, freier, natürlicher Gemeinschaft, in Liebe, Farbenpracht und Blumenschmuck;

Domäne: besonderes Arbeits- und Wissensgebiet;

Genietheorie des 19. Jahrhunderts: In der Klassik und Romantik wurde die Anschauung entwickelt, das Genie als der schlechthin schöpferische Mensch sei die Vollendung des Menschen überhaupt;

ontologisch: (griech.) das Seiende betreffend;

Disposition: (lat.) angeborene Anlage zu einer immer wieder durchbrechenden Eigenschaft oder zu einem „typischen" Verhalten;

Navratil, Leo (geb. 1921), österreichischer Psychiater;

Anamorphotik: (griech.) bewußte Verzerrung;

Arcimboldi, Guiseppe (1527–1593), italienischer Maler, Hofporträtist bei Rudolf II. in Prag;

Bosch, Hieronymus, eig. van Aken (um 1450/55–1516), holländischer Maler;

Dali, Salvador (geb. 1904), spanischer Künstler, lebt in Port Lligat, Spanien;

Magritte, René, (s. S. 33);

Pointe: (franz.) geistreicher, überraschender Schlußeffekt;

Vexierbild: Suchbild, das eine nicht sofort erkennbare Figur enthält;

Ambivalenz: (lat.) Doppelwertigkeit;

Dualität: (lat.) Zweiheit, Doppelheit; wechselseitige Zuordnung zweier Begriffe;

Principium contradictionis: (lat.) Satz vom Widerspruch;

Hocke, Gustav René (geb. 1908), deutscher Publizist und Schriftsteller;

Anamorphose: (griech.) Abbildung, die bewußt verzerrt hergestellt ist;

Physiognomierung: (griech.) Verleihung eines Gesichtsausdrucks;

Picasso, Pablo (1881–1973), spanischer Maler, Graphiker, Keramiker;

Picabia, Francis (1879–1953), französischer Maler, gehörte zum Kreis der Züricher Dadaisten;

Bellmer, Hans (1902–1975), deutscher Zeichner und Graphiker, lebte in Paris;

Dubuffet, Jean (geb. 1906), französischer Maler, lebt in Paris;

Schröder-Sonnenstern, Friedrich (geb. 1892), deutscher Maler, Autodidakt, lebt in Berlin;

Ensor, James (1860–1949), belgischer Maler;

Munch, Edvard (1863–1944), norwegischer Maler;

Klee, Paul (1879–1940), schweizerischer Maler;

Gombrich, Ernst H. (geb. 1909), englischer Kunsthistoriker. Gombrich ist Direktor des Warburg Institut und Professor der Universität London;

Rainer, Arnulf (geb. 1929 bei Wien), Maler, Schriftsteller und Filmemacher;

katatonische (griech.) *Zustände:* Krampfzustände der Muskulatur, werden als Reaktionsbildung auf die Hospitalisierung gesehen;

Stupor: (lat.) völlige körperliche und geistige Regungslosigkeit;

pathisch: (griech.) ohne eigene Aktivität schauend;

Konterfei: (nlat.-franz.) Bild(nis), Abbild;

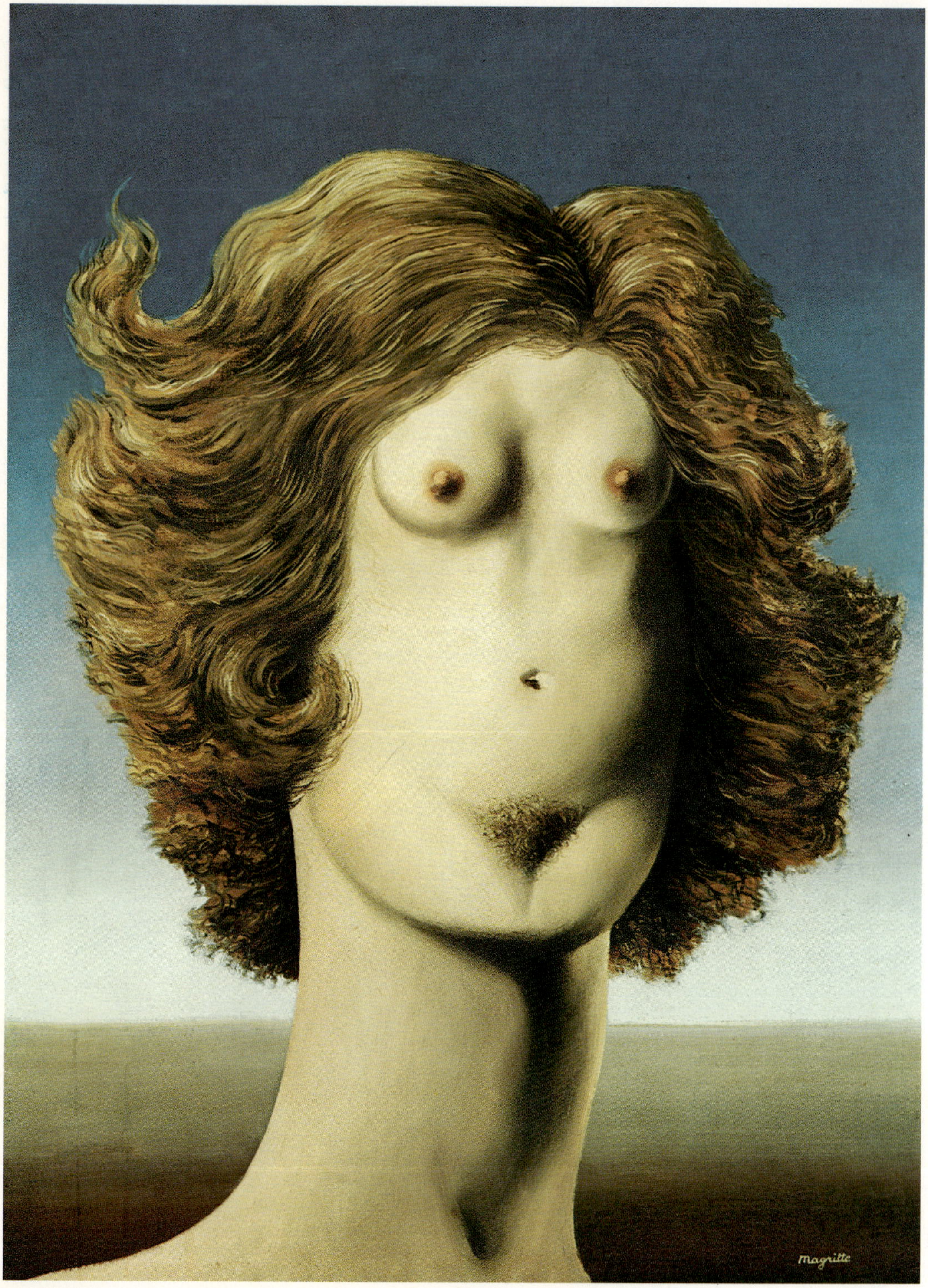

René Magritte: Le viol (Die Notzucht). 1934. Öl auf Leinwand. 73 × 54 cm.
Menil Foundation Collection, Houston.

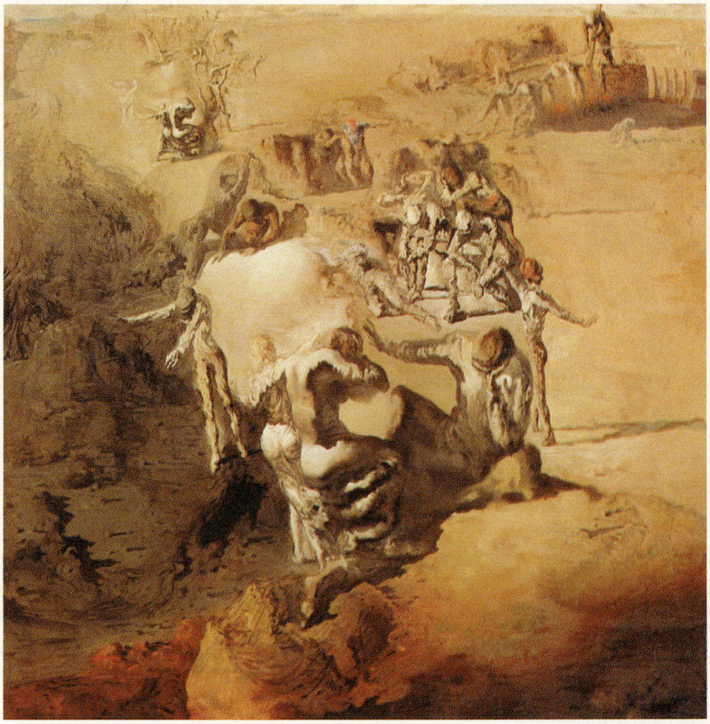

Salvador Dali: Der große Paranoiker. 1936. Öl auf Holz. 62 × 62 cm. Museum Boymans-van-Beuningen, Rotterdam.

Restitution: (lat.) Wiedergutmachung, Regeneration, Wiederherstellung des normalen Zustandes;
Stereotypie: (griech.) Bezeichnung für immer wieder auftretende verbale oder motorische Verhaltensweisen, die ohne Bezug zu der jeweiligen Situation quasi automatisch produziert werden;
skriptural: (lat.) Geschriebenes enthaltend;
Collage: (franz.) aus buntem oder bemaltem Papier oder anderen Stoffen zusammengeklebtes Bild der modernen Kunst;
Frottage: (franz.) „Durchreibung" Verfahren der modernen Graphik, mit Hilfe von Papierdurchreibung die Strukturen der jeweiligen Unterlagen kenntlich zu machen.
Neter, August, um 1920 Patient der Psychiatrischen und Neurologischen Klinik der Universität Heidelberg;
Emrath, Volkert (geb. 1945), deutscher Maler.

1. Erläutern Sie, was Gorsen unter „Struktur" eines Bildwerkes versteht.
2. Welche Faktoren beeinflussen nach Gorsen den Wandel der Kunststile?
3. Nennen Sie Kategorien, die Gorsen zur Bildanalyse entwickelt.
4. Zeigen Sie am Beispiel des vorliegenden Textes von Gorsen, wie die Methode der Bildbetrachtung die Empfänglichkeit des Kunstrezipienten für eine bestimmte Art von Bildwerken beeinflußt.
5. Sammeln Sie Karikaturen, die die von Gorsen genannten Merkmale der Gestaltung aufweisen.
6. Halten Sie es für berechtigt und sinnvoll, daß Psychoanalytiker (wie z. B. Gorsen und Leuner) aufgrund ihrer Methode der Werkanalyse ein „Krankheitsbild" der Gesellschaft erstellen? Erläutern Sie Ihren Standpunkt.
7. Versuchen Sie, ein Gesicht zu zeichnen (zu malen), das gleichzeitig eine Landschaft darstellt.

Quelle:
Gorsen, Peter: Kunst, Literatur und Psychopathologie heute. In: *Gadamer/Vogler (Hrsg.):* Neue Anthropologie, Bd. 4 Kulturanthropologie. Stuttgart 1973. S. 361–398.

PETER GORSEN, geb. 1933 in Danzig, studierte Philosophie, Psychologie, Deutsche Philologie und Kunstgeschichte und promovierte 1965 bei Theodor W. Adorno und Jürgen Habermas. Gorsen lebt heute in Frankfurt a. M.

Literatur:
Lombroso, Cesare: Genie und Irrsinn. Reclam, Leipzig 1887.
Dehne, Joachim: Durch welche Kriterien lassen sich moderne und schizophrene Malerei überzeugend abgrenzen? Diss. Düsseldorf 1967.
Foucault, Michel: Wahnsinn und Gesellschaft. Eine Geschichte des Wahns im Zeitalter der Vernunft. Suhrkamp, Frankfurt a. M. 1969.
Lorenzer, Alfred: Kritik des psychoanalytischen Symbolbegriffes. Frankfurt a. M. 1970.
Prinzhorn, Hans: Bildnerei der Geisteskranken. Neudruck Berlin 1968.

d) Zeichentheorie

Abraham Moles
Information und Redundanz

Eine neue Doktrin ist erschienen, die man Informationstheorie oder allgemeine Systemtheorie oder Kybernetik nennt. Sie ist tatsächlich eine neue Philosophie über das Verhältnis zwischen Individuum und Umwelt. Die Anwendung dieser Theorie wird immer häufiger, sie ist besonders fruchtbar auf dem Gebiet der Kunst, der Kunsttheorie, d. h. der Ästhetik.
Früher war der Künstler vom Ästhetiker verschieden. Der Künstler schaffte, und der Ästhetiker sprach darüber, was der Künstler machte, während das Publikum konsumierte. Aber diese Rollenverteilung war im Zeitalter der Massenkommunikation nicht aufrechtzuerhalten. Die Identität der drei Teilnehmer wurde zerstört. Spielkunst, permutationelle Kunst und Kunstmaschinen sind rezente Aspekte dieser Auflösung. Wir brauchen jetzt eine neue Theorie des Verhältnisses zwischen der Kunst und der sozialen Masse. Das ist es, was die Informationstheorie zu realisieren behauptet.
Tatsächlich kommen zwei Tendenzen von den Künstlern her. Die erste sieht in der Kunst eine Kommunikationsfunktion. Sie sieht die Kunst in Abhängigkeit vom Publikum, von der Masse der Zuhörer oder Zuschauer. Die Musik ist zum Hören, die Malerei zum Sehen gemacht. Wie die Werke das Publikum erreichen, bestimmt der Künstler. So groß, wie das Publikum ist, so groß ist auch das Werk.
Die zweite Tendenz sieht den Künstler grundsätzlich isoliert, getrennt vom Publikum. Er schafft allein, ohne Beziehung zu anderen Normen als seinen eigenen. Die Individuen sollen sich zu seinem Niveau erheben. Es ist die Ästhetik der Götter von Max Bense und als Konsequenz die Umwandlung der Menschen in Götter durch ihre Hinwendung zum Kunstwerk.
Zwei Erziehungsprobleme sind hier gegeben. Das erste: Wie wird der Künstler seine Regeln auswählen, um das Werk dem Publikum zugänglich zu machen? Welches ist das Gesetz der Verständlichkeit des Kunstwerks?
Das zweite Problem ist: Wie kann man dem Publikum das Werk nahebringen? Es ist das Problem des dritten Mannes, des ‚Mediators', wie Lazarsfield sagt. Das ist die Rolle des Kunsterziehers in der Gesellschaft.
Tatsächlich ist der Gegensatz zwischen diesen beiden Tendenzen ein künstlicher. Wir erleben eine Epoche der Massenkommunikation, der Kopie und der kulturellen Entfremdung. Der Konsument steht der Kunstschöpfung unbeteiligt gegenüber. Man haßt nichts mehr als sich anzustrengen, aber es ist ohne Anstrengung nicht möglich, Neues zu entdecken und gegen die zunehmende Banalisierung anzukämpfen.
Gibt es noch Kunstwerke, wenn Massen von Fotografen und Touristenwagen alles mit allem bekannt machen? Gibt es noch die Gioconda und die IX. Sinfonie, oder ist das nur eine Illusion unseres guten Gefühls, das durch den Respekt vor der Vergangenheit geblendet ist? Wo ist das Kunstwerk noch? — Die Informationstheorie präsentiert dafür einen Standpunkt und eine Terminologie: Kunstwerke als ein System von organisierten Wahrnehmungen, die keine objektive Reaktion bedingen.
Wir werden die Künste je nach dem Kanal unterscheiden, über den sie sich uns mitteilen, z. B. visuelle, akustische, aber auch taktile und olfaktorische Kunst. Kunst ist eine Sprache ohne Bedeutung und, wie eben gesagt, eine Erregung ohne objektive Reaktion. Sie hat allgemeine Eigenschaften, die unabhängig von dem tatsächlich gebrauchten Sonderkanal sind. Es ist das Ziel der allgemeinen Ästhetik, diese Eigenschaften zu finden.

Nun ist die Informationstheorie der Kreuzpunkt zwischen *Strukturalismus* und *Dialektismus*.
Der Strukturalismus nimmt an, daß die Welt der Phänomene immer spaltbar in kleine Elemente ist, die wir Atome der Wahrnehmung nennen können, z. B. Wörter, Reizschwellen, Phoneme, Morpheme usw. Damit man wieder ein Bild der Phänomene bauen kann, muß man die gefundenen Elemente mit Hilfe einer Menge von Regeln zusammensetzen. Diese Menge von Regeln werden wir *Struktur* nennen.

Einige Beispiele sollen die Idee der Spaltung der Welt der Phänomene in Elemente deutlich machen:
Die nebenstehende Abb. zeigt ein Repertoire von Zeichen oder Symbolen, die von Landkarten, Fahrplänen usw. stammen.
[...]
Die Welt der Wahrnehmungen in Wahrnehmungselemente aufzuspalten, ist ein durchaus brauchbares, aber etwas artifizielles Verfahren. Daneben existiert eine mehr natürliche Theorie, der *Dialektismus*. Er nimmt an, daß man die Welt der Phänomene durch eine Reihe gut gewählter Oppositionen erklären kann, die sich einander unendlich ersetzen, z. B. Opposition Gestalt — Hintergrund. Diese Oppositionen bilden eine Hierarchie, die eine organisierte Kraft konstituiert.
Der *Dialektismus* bringt das Gestaltprinzip, das sagt: Das Ganze ist mehr als die Summe seiner Teile. Es gibt dort eine Superierung der Zeichen; ein besseres Zeichen regiert die Stellung und den Wert der anderen.
So unterscheiden wir zwei grundsätzliche Theorien: Der *Strukturalismus* bricht die Welt in kleine Atome und ist ein rein intellektuelles Verfahren, während der *Dialektismus* eine Hierarchie, eine Superierung der verschiedenen Teile bringt. Die *Informationstheorie* ist ein *Kreuzpunkt* dieser beiden Doktrinen; sie ist eine Synthese, eine moderne philosophische Synthese.
Wir gehen in der Informationstheorie von einer grundlegenden Situation aus. Jemand sendet eine Botschaft an einen Empfänger durch einen physikalischen Kanal. Die Botschaft besteht aus einer Reihe von Elementen, die schon im Repertoire des Senders und im Repertoire des Empfängers gespeichert waren. Der Sender wählt die Elemente nach bestimmten Regeln, die man ‚Code' nennt. Der Empfänger erkennt die Elemente der Botschaft als zu seinem Repertoire gehörig. Er organisiert ihre Folge zu einer Gestalt. Das ist Wahrnehmung.
Es gibt also Zeichenrepertoire und Code sowohl beim Sender wie beim Empfänger. Eine Kommunikation wird dann zustandekommen, wenn Repertoire und Code beiden Korrespondenten gemeinsam sind. Der gemeinsame Teil kann mehr oder weniger groß sein, er kann auch ganz fehlen. Für den Bereich der Kunst, insbesondere der modernen Kunst, wird man sagen dürfen, daß das Zeichenrepertoire des Empfängers in der Regel viel kleiner ist und aus anderen Zeichen besteht, als das des Senders. Hier liegt u. a. die Aufgabe der Kunsterziehung: den Zeichenvorrat des Empfängers zu vergrößern.
Die Botschaft hat eine Qualität, die sich zahlenmäßig erfassen läßt, das ist ihre *Komplexität*. Eine Botschaft ist mehr oder weniger komplex, indem sie mehr oder weniger Neues von Sender zum Empfänger bringt. Diese Idee ist außerordentlich wichtig.
[...]

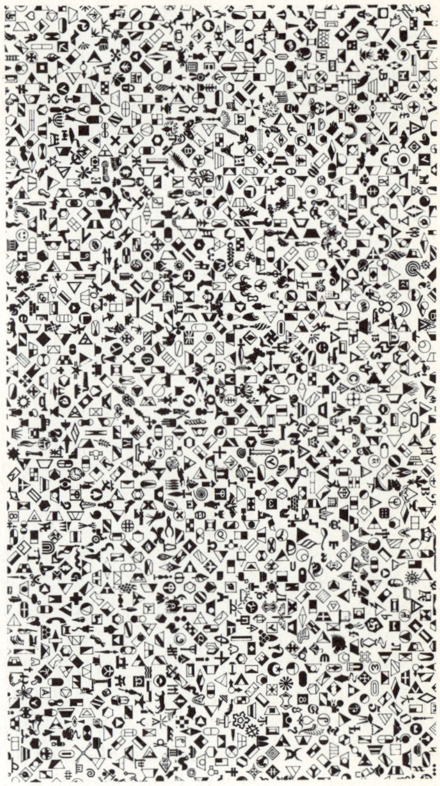

Jean Emile Bertin

Nun kann man demonstrieren, daß die Unvorhersehbarkeit einer Botschaft dann *maximal* ist, wenn für die verschiedenen Zeichen, die einem bestimmten Repertoire entstammen und die die Botschaft zusammensetzen, die gleiche Wahrscheinlichkeit besteht, wenn mit anderen Worten nicht vorherzusehen ist, welches Zeichen als nächstes erscheinen wird. Und das ist ein Hauptprinzip der Informationstheorie: Das maximal mögliche Neue ist dann gegeben, wenn die verschiedenen Elemente gleich wahrscheinlich sind.
Lernen — so können wir jetzt sagen, — ist nicht nur die systematische Ausdehnung der Zeichenvorräte des Lernenden, sondern auch ein systematisch betriebenes Angleichen der Wahrscheinlichkeiten der verschiedenen Zeichen im Repertoire des Lernenden an die Wahrscheinlichkeiten der Zeichen im Repertoire des Senders, das der Lernende sich zueignen soll.
[...]
Nun braucht der Sender seine Zeichen niemals mit größtmöglicher Sparsamkeit. Er verwendet immer weit mehr Zeichen, als streng genommen notwendig wären, wenn er sparsam damit umgehen müßte. Das relative

Übermaß an Zeichen wird *Redundanz* genannt. Es verschafft dem Empfänger die Möglichkeit einer gewissen statistischen Vorhersehbarkeit der Zeichenfolge, und zwar in dem Maße, in dem die Zeichen überzählig sind. Diese Vorhersehbarkeit bringt die Verständlichkeit, das ist die Fähigkeit, Gestalten zu unterscheiden. Praktische Redundanz ist ein Maß für Verständlichkeit oder ein Maß für Stärke oder Prägnanz der Gestalt. Daß man in der Lage ist, Gestalt zu messen, ist ein erstes Ergebnis der Informationstheorie.

Jede Botschaft ist eingeschlossen zwischen

a) *perfekte Originalität,* die wir nur mit einer ganz unvorhersehbaren und ganz unverständlichen Zeichenfolge erreichen, und zwischen

b) *perfekte Banalität*, perfekt verständliche, totale Redundanz, die nichts Neues für den Empfänger bringt, aber sehr leicht zu verstehen ist, wie z. B. die unendliche Wiederholung gleicher Zeichen.

Der Wert einer Botschaft für den Empfänger ist abhängig von dem Verhältnis der Quantität an Neuem, das die Botschaft enthält, und der Quantität, die er davon aufzunehmen in der Lage ist. Die Botschaft ist für ihn wertlos, wenn sie zu komplex für sein Verständnis ist. Sie ist aber auch im Falle der perfekten Redundanz wertlos für ihn, weil er dann nichts Neues über seine Umwelt lernt. Zwischen diesen beiden Fällen, in denen der Wert der Botschaft = o ist, gibt es einen maximalen Wert für den Empfänger (s. Abb. unten).

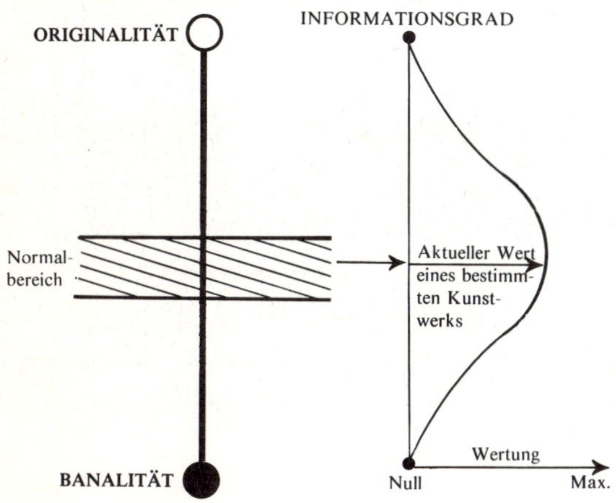

Redundanz erscheint danach als eine wichtigere Größe innerhalb der menschlichen Kommunikation als selbst die Information. Redundanz ist die Möglichkeit, Formen aufzufassen, und das eben suchen wir. Wir können Zeichen im Überfluß gebrauchen, weil sie nicht viel kosten. Also bedienen wir uns ihrer und bauen Gestalten [. . .]!

Redundanz ist eine statistische Konsequenz der Speicherorganisation im Gedächtnis des Empfängers, sie ist der Code, der das Zusammensetzen der Elemente regelt.

Diese Regeln machen den Empfänger, wenn sie ihm bekannt sind, erwartungsfähig. Die Empfindung dieser Erwartung wird Gestaltung genannt. Eine Gestalt ist eine Botschaft, die an den Empfänger nicht als Ergebnis eines Zufalls, sondern zweckmäßig gelangt.

Der Kunstgenuß kommt aus zwei Quellen: Es gibt den *semantischen* oder denotativen Genuß und den *ästhetischen* oder sensualistischen Genuß. Der semantische Genuß ist leichter zu kommentieren. Er entsteht durch die Lösung eines einfachen Problems, z. B. eines Kreuzworträtsels oder durch die Identifizierung einer melodischen Form, deren Gestalt in der Empfängererwartung vorgegeben ist. Die Gestalten, statistisch durch Redundanz ausgedrückt, sind *syntaktische Strukturen* des Kunstwerks. Unter diesen syntaktischen Strukturen gibt es die *Universalien*, hauptsächlich: *Orientierung, Symmetrie, Kombinierung.* —

Damit haben wir ganz kurz und vielleicht etwas schematisch erklärt, welches die Hauptprinzipien der Informationstheorie und der Redundanz sind. Sie sehen die Größe der Redundanz als etwas Grundlegendes. Wir haben aber, als wir von Lernverfahren sprachen, bemerkt, daß die Zeichenvorräte abhängig von der Erziehung sind. Es folgt daraus, daß es zwei Fälle von Redundanz gibt, die *individuelle Redundanz,* die von der Kultur des Individuums abhängt, und die *kollektive Redundanz,* die von der Kultur der Gesellschaft abhängt. Infolge der Ausbreitung der Kopien, Fotografien und Touristenpilgerfahrten zu den Quellen der Meisterwerke gibt es eine automatische Banalisierung der Kunst in der Gesellschaft, die die Informationstheorie meßbar macht. Daraus erwächst die Notwendigkeit, die Kunstwerke wieder und wieder zu ersetzen. Seit es den Verbrauch des Kunstwerks gibt, muß man für die Massen immer wieder neue Quellen der Originalität erschließen und ausschöpfen. Wie können wir derartige Quantitäten von Neuem herbeischaffen?

[. . .]

Eine erste Art ist die *Kombinatorik.* Kombinatorik braucht eine Reihe von Elementen und einen Algorithmus, das ist ein Verfahren, die verschiedenen möglichen Kombinationen der Elemente zu entdecken und durch das [. . .] ‚Scanning' zu explorieren.

Die Kombinatorik entfaltet ihre Möglichkeiten zwischen Gestalt und Struktur. Ihr Strom fließt in allen Epochen der Kunst, aber sie wird eminent wichtig, wenn die Quellen des Neuen versiegt sind. Dann braucht man ein automatisches System, um mit einem begrenzten Maß von Anstrengung Neues in die Welt zu bringen. Tatsächlich waren bisher die Möglichkeiten der Kombinatorik zu groß für das menschliche Gehirn. Deshalb wurde in der Vergangenheit so wenig Ge-

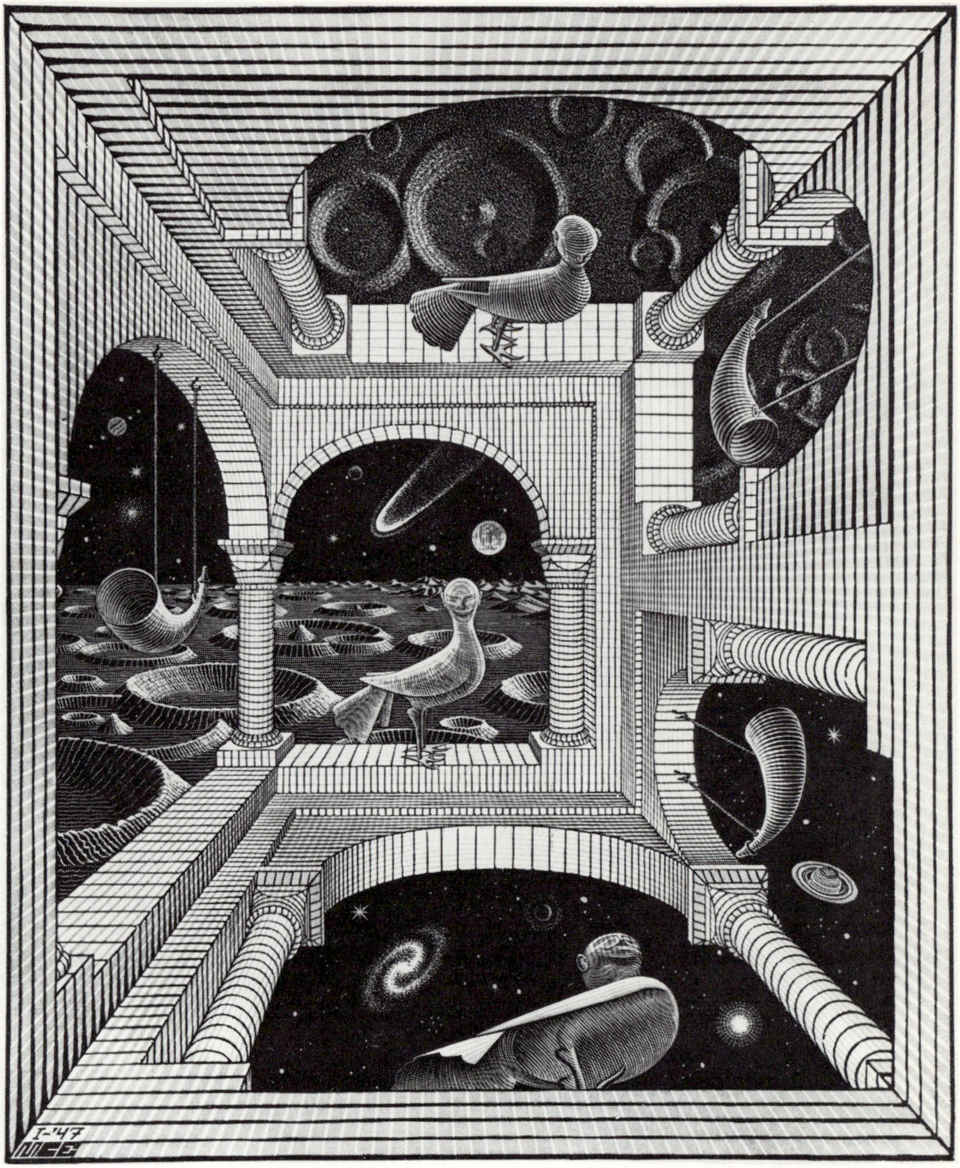

Maurits Cornelis Escher: Andere Welt. 1947. Gravur (drei Farben). 317 × 260 mm. Collection Haags Gemeentemuseum, 's-Gravenhage.

brauch von ihr gemacht. Aber jetzt ermöglichen die künstlichen Gehirne der Rechenmaschine eine neue Entwicklung der Kombinatorik, um neue Kunstwerke — ich sage nicht Meisterwerke — an die Massenkonsumenten zu liefern. Der Ästhetiker wird die Elemente des Zeichenvorrats auswählen, er wird die Algorithmen der permutationellen Kunst erfinden und in das Programm der Rechenmaschine einführen. So wird der Ästhetiker zum Schöpfer, zum Künstler und zum Teilnehmer an den Freuden des Schaffens. Das ist eine neue soziale Situation. Und sie bringt eine Konsequenz für die Kunsterziehung: Der Künstler wird nicht ersetzt, sondern er muß sich umstellen.

Eine zweite Art, den Genuß des Neuen in der Welt aufrechtzuerhalten, ist die, *neue Künste* zu erschaffen. Die Künste haben ihre Tradition, die sich aus den technischen Bedingungen der vergangenen Jahrhunderte erklären. Die neuen Möglichkeiten der Technologie wei-

ten das Feld der Wahrnehmungskanäle fast unendlich aus. Dafür brauchen wir neue Kunstarten, die sich z. B. aus einer Kombination der schon bekannten verschiedenen Kanäle ergeben könnten. Etwa: taktile Bildbewegung oder Geruchskino. Dabei tritt ein weiteres Problem für die Kunsterziehung in Erscheinung. Es wird durch die Transredundanz der Kanäle aufgeworfen. Transredundanz, das ist die Implikation, die die Botschaft eines Kanals auf die Botschaft eines anderen Kanals ausübt. Zum Beispiel: Musik und Form, Film, Ballett usw. Das Empfängergehirn hat nur eine beschränkte Kapazität, das Neue aufzunehmen. Die Botschaften müssen gleich justiert sein, damit die globale Quantität des Neuen nicht zu groß ist. Das macht einen Kontrapunkt der Botschaften notwendig, ein künftiges Problem der Informationstheorie.
Zum Schluß zitiere ich den berühmten Ästhetiker und Philosophen PAUL VALÉRY: „Wenn Ästhetik existent wäre, würden die Künste verschwinden, weil dann Ästhetik gleich Kunst wäre."

Redundanz: (lat.) Ballastfunktion, Überflußbetrag;
Doktrin: (lat.) Lehre, Lehrsatz, Theorie;
Kybernetik: (griech.) zusammenfassende Bezeichnung für eine Forschungsrichtung, die vergleichende Betrachtungen über die Steuerungs- und Regelungsvorgänge in Technik, Biologie und Soziologie anstellt;
Permutation: Bildung aller Zusammenstellungen, die aus einer bestimmten Anzahl von Elementen möglich sind;
rezent: (lat.) gegenwärtig lebend;
Bense, Max: (s. S. 87);
Mediator: (lat.) Vermittler;
Lazarsfield, Paul (geb. 1901), amerikanischer Soziologe österreichischer Herkunft;
Banalisierung: Verflachung, zur Alltäglichkeit machen;
Gioconda: (s. S. 33);
IX. Sinfonie: Sinfonie in d-Moll von Ludwig van Beethoven;
Terminologie: (lat.) Gesamtheit der in einem Fachgebiet üblichen Fachwörter und -ausdrücke;
taktil: (lat.) den Tastsinn betreffend, berührbar;
olfaktorisch: (lat.) den Riechnerv betreffend;
Phonem: (griech.) kleinste bedeutungsunterscheidende Lauteinheit in einem Sprachsystem;
Morphem: (griech.) kleinste bedeutungstragende Gestalteinheit in der Sprache;
Repertoire: (lat.-franz.) Vorrat (z. B. einstudierter Theaterstücke oder Musikstücke);
Code: (s. S. 69);
Hierarchie: (griech.) Rangordnung;
konstituieren: (lat.) einsetzen, festsetzen, gründen;
Superierung der Zeichen: normierte Zusammensetzung von mehreren elementaren Zeichen, die im Geist als Einheit gespeichert werden;
Komplexität: (lat.) Gesamtheit aller Merkmale, Möglichkeiten;
Prägnanz: (lat.) Bedeutungsgehalt; Gedrängtheit, inhaltsschwere Knappheit;
semantisch: (griech.) die Beziehung der Zeichen zum gemeinten Gegenstand betreffend;
denotativ: (lat.) die Bedeutung betreffend, die ein Wort für alle Sprachteilnehmer hat;
sensualistisch: die Lehre betreffend, nach der alle Erkenntnis allein auf Sinneswahrnehmung zurückführbar ist;
Syntax: (griech.) Lehre vom Satzbau;
Universalien: allgemeine Wesenheiten, Gattungsbegriffe;
Algorithmus: (arab., nach dem Mathematiker Alkaresmi) methodisches Rechenverfahren;
to scan: (engl.) abtasten, rastern;
explorieren: (lat.) erforschen, prüfen;
Implikation: (lat.) Einbeziehung einer Sache in eine andere;
justieren: (lat.) Geräte oder Maschinen, bei denen es auf genaue Einstellung ankommt, vor Gebrauch einstellen;
Valéry, Paul (1871–1945), französischer Dichter;
Bertin, Jean Emile (geb. 1921), französischer Maler;
Escher, Maurits Cornelis (1898–1972), niederländischer Graphiker;
Semiotik (s. S. 87).

1. Erläutern Sie das Ziel der Semiotik und zeigen Sie, welche Gedanken dieser Theorie neu sind für die Methode der Kunstanalyse.
2. Welches sind die Voraussetzungen für eine Verständigung zwischen Künstler und Publikum?
3. Nach welchen Kriterien beurteilt Moles die Qualität einer Botschaft?
4. Untersuchen Sie, ob und warum auch nach den Implikationen der Semiotik Wissen oder Bildung zu einem besseren Verständnis von Kunst führt.
5. Erörtern Sie die These, daß nur neue Kunstarten den Kunstgenuß aufrechterhalten können.
6. Welche Aufgabe hätten nun die Schule und andere Institutionen der Erziehung und Ausbildung nach der Theorie von Moles für die Kontinuität von Kultur in einer Gesellschaft (oder einer sozialen Gruppe innerhalb einer Gesellschaft) zu erfüllen?

Quelle:
Moles, Abraham A.: Information und Redundanz. In: *Ronge, Hans (Hrsg.):* Kunst und Kybernetik. Ein Bericht über drei Kunsterziehertagungen Recklinghausen 1965, 1966, 1967. Köln 1968, S. 14–27.

ABRAHAM A. MOLES, geb. 1922, leitet das „Institut de Psychologie Sociale" an der Universität Straßburg. Er begründete die Informationstheorie der ästhetischen Wahrnehmung.

Literatur:
Frank, Helmar: Kybernetik und Philosophie. In: Erfahrung und Denken, Schriften zur Förderung der Beziehung zwischen Philosophie und Einzelwissenschaften, Bd. 16. Berlin 1969.
Seiffert, Helmut: Einführung in die Wissenschaftstheorie 1. Sprachanalyse – Deduktion – Induktion in Natur- und Sozialwissenschaften (Kapitel Zeichentheorie). München 1971.

Max Bense
Ästhetische Kommunikation

Auch die Kunst ist keine Aktion der Natur, sondern des Geistes. Das bedeutet, daß auch Kunst letztlich nur vom Standpunkt der Intelligenz vollständiges Interesse gewinnen kann. Sie verlangt, wie jeder Gegenstand der Welt und unseres Bewußtseins, ein gewisses Maß an Theorie, um in der Selbständigkeit und Eigenart ihrer Seinsweise verständlich zu werden. Schon frühere Ästhetiken versuchten, ein solches Verständnis zu erzielen und der Kunst einen verfügbaren Ort innerhalb unseres Bewußtseins und seiner spirituellen Zusammenhänge zu verschaffen. Doch machten diese Ästhetiken ihre Begriffe und Vorstellungen von subjektiven und metaphysischen Vorentscheidungen abhängig und vernachlässigten das erforschbare und objektive materiale Sein des Kunstwerks selbst. Erst die moderne Ästhetik, die mit einigermaßen exakten Mitteln arbeitet, hat die frühere Technik der Interpretation durch eine Technik der Observation ersetzt. Davon soll im Folgenden [. . .] die Rede sein.

Jede Einbettung eines Sachverhaltes in den Zusammenhang unseres Bewußtseins bedeutet sein Verständnis. Daraus folgt, daß jedes Verständnis ein Problem der Vermitttung, also der allgemeinen Kommunikation ist. Dementsprechend ist die heutige umfassende Theorie der Kunst im wesentlichen ein Bestandteil der allgemeinen Kommunikationstheorie. Diese allgemeine Kommunikationstheorie ist zunächst aus der modernen Nachrichtentechnik hervorgegangen, wurde aber bald zu einer abstrakten mathematischen Theorie, der Informationstheorie, entwickelt. Diese mathematische Informationstheorie führte zur Konzeption eines abstrakten Schemas der Information, mit dessen Hilfe jeder Vorgang der Kommunikation beschrieben werden kann. Auch das Wesen der Kunst hat sich durch jenes Schema allgemeiner Kommunikation erfassen lassen. Jedes Kunstwerk vermittelt eine besondere Art von Information, die heute als „ästhetische Information" bezeichnet wird. Kunstwerke, so läßt sich auch formulieren, sind eine besondere (nämlich hergestellte, nicht gegebene) Klasse von „Trägern" der „ästhetischen Information". Diese Definition läßt erkennen, daß auch noch andere Gegenstände als Kunstwerke Träger „ästhetischer Information" sein können, etwa Design-Objekte und Natur-Objekte.

Genau diese Einsicht führt zu einer tiefer liegenden Überlegung. Im Prinzip lassen sich innerhalb unserer Welt, also des gesamten kosmologischen Seins überhaupt, nur zwei wesentliche Zustände (oder Abläufe) unterscheiden, determinierte und nicht determinierte oder bestimmte und nicht bestimmte. Physikalische Zustände oder Abläufe sind im allgemeinen determiniert; sie werden von Gesetzmäßigkeiten beherrscht, die sie vorhersehbar machen. Ästhetische Zustände hingegen sind im allgemeinen nicht oder nur schwach determiniert, sind also kaum im voraus zu bestimmen; die „Schönheit" eines Bildes oder eines Gedichtes kann nicht vorhergesehen werden, sie ergibt sich erst mit der Realisation. Man kann auch sagen: physikalische Zustände oder Abläufe werden von extrem hoher Wahrscheinlichkeit beherrscht, ästhetische Zustände oder Abläufe hingegen von extrem niederer Wahrscheinlichkeit. Für jene gilt die Kategorie der „Gesetzmäßigkeit" (Naturgesetze), für diese jedoch die Kategorie der „Originalität" (Einmaligkeit). Man kann das mit LUDWIG BOLTZMANN, der die Wahrscheinlichkeitsbetrachtungen in die mathematische Naturbeschreibung eingeführt hat, am Modell des Würfelns klarmachen. Wenn man mit zwei Würfeln würfelt, sind zwar durchaus alle Würfe zwischen 2 und 12 möglich, aber sie haben jeweils eine verschiedene Wahrscheinlichkeit, denn es ist klar, daß die 7 mit der höchsten Wahrscheinlichkeit erscheint, weil zu ihrer Realisation 6 Kombinationen möglich sein können, nämlich $1 + 6$, $2 + 5$, $3 + 4$, $4 + 3$, $5 + 2$, $6 + 1$, während hingegen eine 12 nur in dem Falle möglich ist, wenn man mit jedem Würfel eine 6 erzielt. Die 7 repräsentiert den wahrscheinlichen, die 12 den unwahrscheinlichen Fall. Im Sinne dieses Würfelmodells sind physikalische Zustände von höchster, ästhetische Zustände von geringster Wahrscheinlichkeit, zeigen jene „Gesetzmäßigkeit", diese aber „Originalität". Zwischen dem („gewissen" und „determinierten") physikalischen Zustand und dem (nur „wahrscheinlichen“ und schwach „determinierten“) ästhetischen Zustand kann man noch einen dritten einführen, den sprachlichen Bedeutungsbereich, dessen Regeln auf Konventionen beruhen, weil jede Sprache historisch, also zufällig ist. Zwischen den im Prinzip extrem determinierten physikalischen Zuständen und den extrem undeterminierten ästhetischen Zuständen liegen also die konventionell determinierten semantischen Zustände. Kunstwerke als Träger ästhetischer Zustände („ästhetischer Information“) sind also höchst komplexe Gebilde, die gewissermaßen drei Arten von Zuständen realisieren: 1. einen bestimmten physikalischen Zustand des materiellen Systems, aus dem das Kunstwerk besteht (Töne, Farben, Laute); 2. einen konventionellen semantischen Zustand, der in jenem physikalischen System realisiert wird (derart, daß z. B. bestimmte Laute bestimmte Wörter bedeuten, die sich auf bestimmte Dinge beziehen) und 3. einen unbestimmten ästhetischen Zustand, der sich sowohl auf den semantischen wie auch auf den physikalischen Zustand beziehen kann. Natürlich ist es im Prinzip nicht notwendig, daß ein Kunstwerk, das primär material konstituiert ist, um „ästhetische Zustände“ zu verwirklichen, zunächst semantische Zustände, also Bedeutungen, in seinem Material ausmacht. „Ästhetische Zustände“ können, aber sie müssen nicht von „semantischen“ getragen werden, doch sind sie in jedem Falle material und niemals immaterial konstituiert. Es zeichnet die Entwicklung der sogenannten modernen Kunst aus, daß sie sich bemüht, „ästhetische Zustände“ unmittelbar in einem physikalischen, materialen Trägersystem zu verwirklichen und mehr oder weniger auf Einführung des semantischen Zwischenbereichs, also auf „Gegenstände“ und „Bedeutungen“ zu verzichten.

Man muß sich nun vergegenwärtigen, daß eine „Information“ eine Mitteilung vom Charakter der Neuigkeit, der „Innovation“, wie der Kommunikationstheoretiker, der „Originalität“, wie der Künstler sagt, darstellt, um zu verstehen, daß damit der ästhetische Wert oder das ästhetische Maß einer „Information“ mit deren Unwahrscheinlichkeit oder Unvorhersehbarkeit anwächst. Mit diesem Begriff der „Information“, der „Innovation“ und der „Originalität“ deckt sich übrigens auch der Begriff der „Unbestimmtheit“, den FRIEDRICH NIETZSCHE [. . .] verwendet hat.

Nun weiß man aber, daß ein Kunstwerk nicht nur durch seine „Originalität“ ästhetischen Wert gewinnt, sondern auch durch seinen „Stil“, und von „Stil“ kann nur dann gesprochen werden, wenn der „ästhetische Zustand“, die künstlerische „Information“ identifiziert werden kann. Im „Stil“ werden also die bereits bekannten Momente der „ästhetischen Information“ sichtbar und nicht die ursprünglichen wie in der „Originalität“. Tatsächlich darf die „Unwahrscheinlichkeit“ einer Information nie einen so hohen Grad annehmen, daß diese überhaupt nicht mehr verstanden, aufgenommen, identifiziert werden kann. Man muß die „ästhetische Information“ stets so aufbauen, daß ihre maximal mögliche „Unwahrscheinlichkeit“ gewissermaßen künstlich oder zusätzlich geringer wird. Solche Momente, die eine „unwahrscheinliche“ Information „wahrscheinlicher“ machen, nennt man in ihrer Gesamtheit „Redundanz“. Redundante Momente haben gewissermaßen eine Ballastfunktion; sie erleichtern zwar die Erkennbarkeit einer Information, aber sie fügen ihr auch Überflüssiges bei. Vollständige „Originalität“ eines Kunstwerks würde es unmöglich machen, seine „ästhetische Information“ aufzunehmen; doch die stets identifizierbaren „Stilmomente“, die der „ästhetischen Information“ eine „ästhetische Redundanz“ aufdrücken, erleichtern die Apperzeption.

Doch kehren wir wieder zu unserem eigentlichen Thema „Kunst und Kommunikation“ zurück. Jede „Information“, auf deren Vermittlung die „Kommunikation“ beruht, wird aus „Zeichen“ aufgebaut. Alle zur Herstellung eines Kunstwerks verwendeten Elemente wie Töne, Farben, Wörter, Kontraste, Linien, Formen, Modulationen usw. sind als „Zeichen“ zu verstehen. Nur „Zeichen“ können überhaupt in einem Kommunikationsschema fungieren. Damit jedoch diese Funktionsweise der „Zeichen“ erkenntnismäßig und ästhetisch kontrollierbar wird, bedarf es einer genauen Zeichentheorie (Semiotik) als Grundlage insbesondere auch der kommunikations- und informationstheoretischen Auffassung des Kunstwerks. Die „materialen“ Elemente (eines bestimmten physikalischen Repertoires), die als solche den „ästhetischen Zustand“ eines Kunstwerks als einen seinem „physikalischen Zustand“ analogen, aber, was den Determinationsgrad der Verteilung anbetrifft, numerisch entgegengesetzten garantiert, gewinnen erst als „Zeichen“ die kommunikative Funktion, in der die „Materialien“ Träger von „Semantemen“ sind und die ästhetische Dimension zugleich eine semantische sein kann. Die gesamte kommunikative Seite der Kunst wird durch die semiotische Möglichkeit ihrer Elemente gewährleistet. Die Entstehung dessen, was wir in der künstlerischen Produktion ein „Bild“ oder einen „Text“, „Poesie“ oder „Prosa“ nennen, ist in jedem Falle an die Möglichkeit gebunden, physikalische Ordnungen materialer „Signale“ als ästhetische Ordnungen immaterialer „Zeichen“ einzuführen.

Darüber hinaus stellt im Rahmen der kommunikations- und informationstheoretischen Auffassung des Kunstwerks dieses ein hierarchisches System von „Zeichen“, ein „komplexes Zeichen“ oder „Superzeichen“ höchster Stufe dar, in dessen Herstellung jene Operationen eine Rolle spielen.

Kommunikation: (lat.) allgemeine und umfassende Bezeichnung für Prozesse, die einen Sender, Empfänger, einen Kommunikationsmodus oder -kanal, eine Botschaft oder Nachricht und eine auf Empfang erfolgende Verhaltensänderung oder allgemein einen Effekt gleichwelcher Art als analytische Einheiten aufweisen;
Ästhetik: (s. S. 69);
metaphysisch: (griech.) überempirisch, jede mögliche Erfahrung überschreitend;
Observation: (lat.) (wissenschaftliche) Beobachtung;
Konzeption: (lat.) geistiger, künstlerischer Einfall; Entwurf eines Werkes;
Design: (engl.) Entwurf von „formgerechten" Gebrauchsgegenständen;
kosmologisch: (griech.) die Lehre vom Weltall, seine Entstehung und Entwicklung betreffend;
determinieren: (lat.) begrenzen, bestimmen, entscheiden;
Realisation: (lat.-franz.) Verwirklichung;
Boltzmann, Ludwig (1844–1906), österreichischer Physiker, Mathematiker und Naturphilosoph. Boltzmann war Professor in Graz, Wien und München;
Konvention: (lat.) Übereinkunft, Abkommen, Vereinbarung;
semantisch: (s. S. 84);
konstituieren: (lat.) einsetzen, festsetzen, gründen;
Innovation: (lat.) Neuerung, als die Hervorbringung, Durchsetzung, Übernahme und Anwendung neuer Ideen und Techniken, bisher unbekannter Produkte oder Rollen in einem sozialen System;
Nietzsche, Friedrich Wilhelm (1844–1900), deutscher Philosoph;
identifizieren: Begriffe oder Gegenstände als ein und dieselben betrachten, etwas genau wiedererkennen;
Redundanz: (s. S. 84);
Apperzeption: (lat.) (bewußte) Wahrnehmung, aktive Aufnahme eines (sinnlich) Gegebenen ins Bewußtsein;
Modulation: (lat.) Übergang von einer Tonart in die andere;
fungieren: (lat.) ein Amt verrichten; tätig, wirksam sein;
Semiotik: die allgemeine Lehre von den Zeichen, die sich in Syntax (Beziehung der Zeichen untereinander), Semantik (Beziehung zum gemeinten Gegenstand) und Pragmatik (Beziehung zum Sprecher und Hörer bzw. Betrachter) gliedert;
Repertoire: (s. S. 84);
analog: (griech.-lat.) entsprechend, ähnlich, gleichartig;
Semantem (auch Lexem): „Grundform", wie sie im Lexikon steht;
komplex: (lat.) zusammengefaßt, (vieles) umfassend.

1. Welche Aspekte von Kunst untersucht die Kommunikationstheorie?
2. Unterscheiden Sie Interpretation und Observation.
3. Welchen Inhalt hat der Begriff „Stil" für Bense?
4. Finden Sie Beispiele für die Situation, daß „ästhetische Zustände" unmittelbar an einem materialen Trägersystem verwirklicht sind.
5. In welcher Bedeutung wird hier der Begriff „Ordnung" verwandt?
6. Erörtern Sie, ob Kunst – verstanden als Zeichen – „schön" sein kann.

Quelle:
Bense, Max: Semiotik. Allgemeine Theorie der Zeichen. Baden-Baden 1967. S. 18–25.

Max Bense, geb. 1910 in Straßburg, Philosoph, 1946 Dozent in Jena, seit 1949 Ordinarius für Philosophie und Wissenschaftstheorie an der Technischen Hochschule Stuttgart. Bense arbeitet auf dem Gebiet der mathematischen Informationsästhetik und Wissenschaftstheorie. Im Zusammenhang mit der Begründung einer statistischen und topologischen Texttheorie arbeitet Max Bense seit 1960 auch experimentell auf literarischem Gebiet, wobei er sich seit 1965 für die Theorie der Texte und der Graphik unter dem Aspekt „künstliche Kunst" auch datenverarbeitender Rechenanlagen bedient.

Literatur:
Frank, Helmar (Hrsg.): Kybernetik. Brücke zwischen den Wissenschaften. Frankfurt a. M. 1965.
Cube, Felix von: Was ist Kybernetik? Grundbegriffe Methoden Anwendungen. Bremen 1967.
Walther, Elisabeth: Allgemeine Zeichenlehre. Einführung in die Grundlagen der Semiotik. Stuttgart 1974.

Günther Schiwy
Die Vieldeutigkeit des Zeichens

„Strukturalistisch" sind die Beobachtungen im Sinne des französischen Strukturalismus. Seine Eigenart besteht darin, daß er versucht, Kommunikationsvorgänge aller Art (mittels Bild und Symbol, Musik und Mythos, Signal und Ritus usw.) nach dem Modell der Sprache (im engeren Sinn) zu beschreiben und besser zu verstehen. Dieses Vorgehen wurde dadurch möglich, daß FERDINAND DE SAUSSURE, der Begründer der strukturalen Sprachwissenschaft, die Sprache „ein System von Zeichen, die Ideen ausdrücken", genannt hat. Dieser *Zeichen*charakter der Sprache, von dem der Strukturalismus ausgeht, erlaubt es ihm, alle anderen Kommunikationssysteme, die Zeichensysteme sind, nach dem Vorbild der Sprache zu analysieren. Denn SAUSSURE war davon überzeugt, daß die Sprache „das wichtigste dieser Systeme (ist). Man kann sich also eine Wissenschaft vorstellen, welche das Leben der Zeichen im Rahmen des sozialen Lebens untersucht . . . Wir werden sie Semiologie (von griechisch *semeion*, ‚Zeichen') nennen. Sie würde uns lehren, worin die Zeichen bestehen und welche Gesetze sie regieren."

Nach strukturalistischer Auffassung besteht das Zeichen in jedem Fall aus dem Bedeutungsträger (signifiant: Bezeichnendes, Bedeutendes) und der Bedeutung (signifié: Bezeichnetes, Bedeutetes), in der Sprache z. B. aus den Wort-, Satz- und Textgebilden und den damit verbundenen Begriffen bzw. Bedeutungen. Entscheidend ist nun die Annahme von der *Beliebigkeit* des Zeichens, „da es unmotiviert ist, d. h. beliebig im Verhältnis zum Bezeichneten, mit welchem es in Wirklichkeit keinerlei natürliche Zusammengehörigkeit hat." Es liegt nicht in der Natur der Sache, weder der bezeichneten Dinge noch der Laute, eine Ablage „Tisch" zu nennen und nicht „Dösch": die Wahl des Zeichens ist soziale Übereinkunft, die dann freilich die Tendenz hat, sich als „natürlich" und unabänderlich zu geben. Eine wichtige Konsequenz des Beliebigkeitscharakters des sprachlichen Zeichens ist nun, daß es theoretisch (und manchmal auch praktisch) auswechselbar ist, daß für dieselbe Sache mehrere Zeichen existieren können, daß dasselbe Zeichen mehrere Bedeutungen annehmen kann.

Doch gilt das auch für Bild und Symbol? Für das Symbol hat DE SAUSSURRE selbst bereits eine Einschränkung gemacht: „Beim Symbol ist es nämlich wesentlich, daß es niemals ganz beliebig ist; es ist nicht inhaltlos, sondern bei ihm besteht bis zu einem gewissen Grade eine natürliche Beziehung zwischen Bezeichnung und Bezeichnetem. Das Symbol der Gerechtigkeit, die Waage, könnte nicht etwa durch irgend etwas anders, z. B. einen Wagen, ersetzt werden." Trotzdem bleibt auch beim Symbol bestehen, daß seine Bedeutung ihm durch soziale Übereinkunft gegeben worden ist bzw. daß die Gesellschaft aus den verschiedenen Zeichen, die eine natürliche Beziehung zur gemeinten Sache haben, ein bestimmtes ausgewählt hat. In unserem Beispiele könnte auch ein Gesetzbuch die Gerechtigkeit symbolisieren. So gilt auch für das Symbol die beim sprachlichen Zeichen angemerkte Gefahr bzw. Chance der Vieldeutigkeit.

Wie aber ist es beim Bild? Haben wir da nicht die totale und natürliche Entsprechung zwischen dem Bedeutungsträger und der Bedeutung? Besteht die Eigenart des Bildes nicht gerade darin, die gemeinte Sache abbildhaft zu vergegenwärtigen, und zwar in möglichster Eindeutigkeit? ROLAND BARTHES, der sich unter den französischen Strukturalisten besonders bemüht, die Zeichenwissenschaft (Semiologie) weiterzuentwickeln, hat für unsere Fragestellung folgende Unterscheidung eingeführt: zwischen der „buchstäblichen" und der „symbolischen" Nachricht eines Bildes. Er erläutert das anhand einer Panzani-Reklame: Das Einkaufsnetz mit den Marktprodukten stellt zunächst „buchstäblich" nur ein Einkaufsnetz dar. Aber es kann in einem Betrachter mit Urlaubserfahrungen vom Mittelmeer auch die Assoziation eines Fischnetzes und damit die von Meer und Ferien wecken . . . eine Bedeutung, die von den Reklameregisseuren wohl auch beabsichtigt ist. Letzteres ist die „symbolische" Nachricht des Bildes. Daß diese trotz der „buchstäblichen" Eindeutigkeit des Bildes vieldeutig sein kann, legt sich nahe, und zwar aufgrund der Assoziationsmöglichkeiten, die individuell verschieden sind gemäß den Kodes, die der einzelne beherrscht.

[. . .]

Was in der Sprachsoziologie unter dem Stichwort „Sprachbarrieren“ diskutiert wird, existiert auch für die Bild- und Symbolebene. Das gruppenspezifische Nicht-oder Mißverständnis eines Bildes oder Symbols kann wie beim Wort, Satz oder Text dadurch verdeckt bleiben, daß man manchmal durchaus „etwas versteht“: einzelne sprachliche, bildliche und symbolische Elemente werden als bekannt erkannt und aufgefaßt, jedoch — bewußt oder unbewußt — auf das gruppenspezifische Auslegungssystem bezogen und dann mit Notwendigkeit mißverstanden, wenn das Bezugssystem nicht mit dem des Sprechers konvergiert. Denn so wie Wort, Satz und Text ihre Bedeutung erst aus dem Gesamtzusammenhang empfangen, der dadurch gestiftet wird, daß die Kommunikationsteilnehmer ihren individuellen und gruppenspezifischen Kode einbringen, werden auch Bild- und Symbolelemente nur aus dem ihnen vom Sprecher zugedachten Kontext heraus richtig verstanden, wozu wesentlich ein bestimmter Bild- und Symbolkode gehört.

[. . .]

Sprache, Bild und Symbol kommen nach strukturalistischer Theorie unter anderem darin überein, daß ihnen in dem Maße, als sie „poetische“ Bedeutungsträger sind, eine fundamentale Offenheit für mehrere Bedeutungen eigen ist. „Das Werk besitzt gleichzeitig mehrere Bedeutungen, und zwar aufgrund seiner Struktur, nicht infolge eines Unvermögens derer, die es lesen. Darin ist es symbolisch: nicht das Bild ist das Symbol, sondern die Vielfalt der Bedeutungen.“ Diese Eigenschaft resultiert nicht aus einem Mißverständnis, etwa dadurch, daß ich den Bedeutungsträger (Signifikant) auf einen ihm fremden Kode beziehe und ihm dadurch eine falsche Bedeutung (Signifikat) gebe. Hier ist vielmehr eine Struktureigenschaft des künstlerischen Zeichens gemeint, die jedem Zeichen wenigstens latent innewohnt. [. . .] Bemüht sich der Kode der normalen Umgangssprache, auch der normalen Nachrichtenübertragung durch Bild und Symbol, diese Vieldeutigkeit einzudämmen und zur Eindeutigkeit zu kommen, so besteht der künstlerische Kode in Sprache, Bild und Symbol gerade darin, diese Vieldeutigkeit zum Prinzip zu machen, d. h. Bedeutungsträger ausdrücklich so anzulegen, daß sie einen Bedeutungspluralismus ergeben. „Die Symbolsprache“, meint Roland Barthes, „also auch die der literarischen Werke, ist ihrer Struktur nach eine plurale Sprache, deren Kodex so beschaffen ist, daß jedes Werk, das auf sie zurückgeht, vielfache Bedeutungen hat. Diese Disposition besteht schon in der praktischen Sprache, die viel mehr Unsicherheiten enthält, als man zuzugeben bereit ist — womit jedoch die Linguisten anfangen sich zu befassen.“

Da wir es nun bei der Bild- und Symbolsprache in unserem Zusammenhang mit Kunst zu tun haben, mit einer Nachricht also, die über die Information hinaus „Weltentwurf“ sein will, Deutung von Welt auf dem Horizont der Totalität —, so ergibt sich daraus gemäß dem künstlerischen Kode die fundamentale Vieldeutigkeit solcher Bild- und Symbolzeichen. Diese Vieldeutigkeit selbst ist bereits eine Nachricht; die von der Mehrdimensionalität der Welt, in der wir leben.

Der künstlerische Bedeutungsträger zeichnet sich also dadurch aus, daß er es vermag, viele Bedeutungen aufzunehmen. Daher rührt auch die „erlösende“ Wirkung, die von der Begegnung mit dem künstlerischen Wort, Bild und Symbol ausgeht: jedes Publikum hat den Eindruck, daß *seine* Erfahrung, *seine* Weltdeutung „zur Sprache kommt“, und innerhalb einer Gruppe fühlt sich jeder einzelne noch einmal „angesprochen“. Gruppensymbole funktionieren dann, wenn es ihnen gelingt, die individuellen Erfahrungen deutend aufzunehmen und darzustellen.

Saussure, Ferdinand de: (s. S. 69);
Barthes, Roland: (s. S. 69);
Panzani: Nudelmarke;
Assoziation: (lat.) „Vereinigung“, Verknüpfung von Vorstellungen, von denen die eine die andere hervorgerufen hat;
Kode (Code): (s. S. 69);
latent: (lat.) versteckt, verborgen, ruhend;
Kodex: (lat.) Gesetzbuch, Gesetzessammlung; eine bestimmte Menge von Zeichen;
Disposition: (s. S. 77);
Linguist: (lat.) Sprachforscher.

1. Unterscheiden Sie Zeichen und Symbol.
2. Mit welchen Argumenten versucht Schiwy die These zu belegen, Kunst entwerfe „gültige“ Bedeutungsträger, aber nicht Bedeutungen?
3. Erläutern Sie die Bedeutung der Begriffe „buchstäbliche“ und „symbolische“ Nachricht an einem von Ihnen gewählten Reklamebeispiel aus einer Illustrierten: untersuchen Sie ferner, ob und wie ein Wissen über die Kommunikationsmechanismen unter Umständen mißbraucht werden kann.

Quelle:
Schiwy, Günther: Strukturalismus und Zeichensysteme. München 1973, S. 61–67.

Günther Schiwy, geb. 1932 bei Hannover, studierte Philosophie, Theologie und Literatursoziologie in München.

Literatur:
Rathe, Kurt: Die Ausdrucksfunktion extrem verkürzter Figuren. Warburg Institut London 1938. Nachdruck Nedeln/Lichtenstein 1968.
Sontag, Susan: Kunst und Antikunst. Reinbek 1958.
Jatho, Heinz: Bildsemantik und Helldunkel. Ein Beitrag zur Bildsemiologie. München 1976.

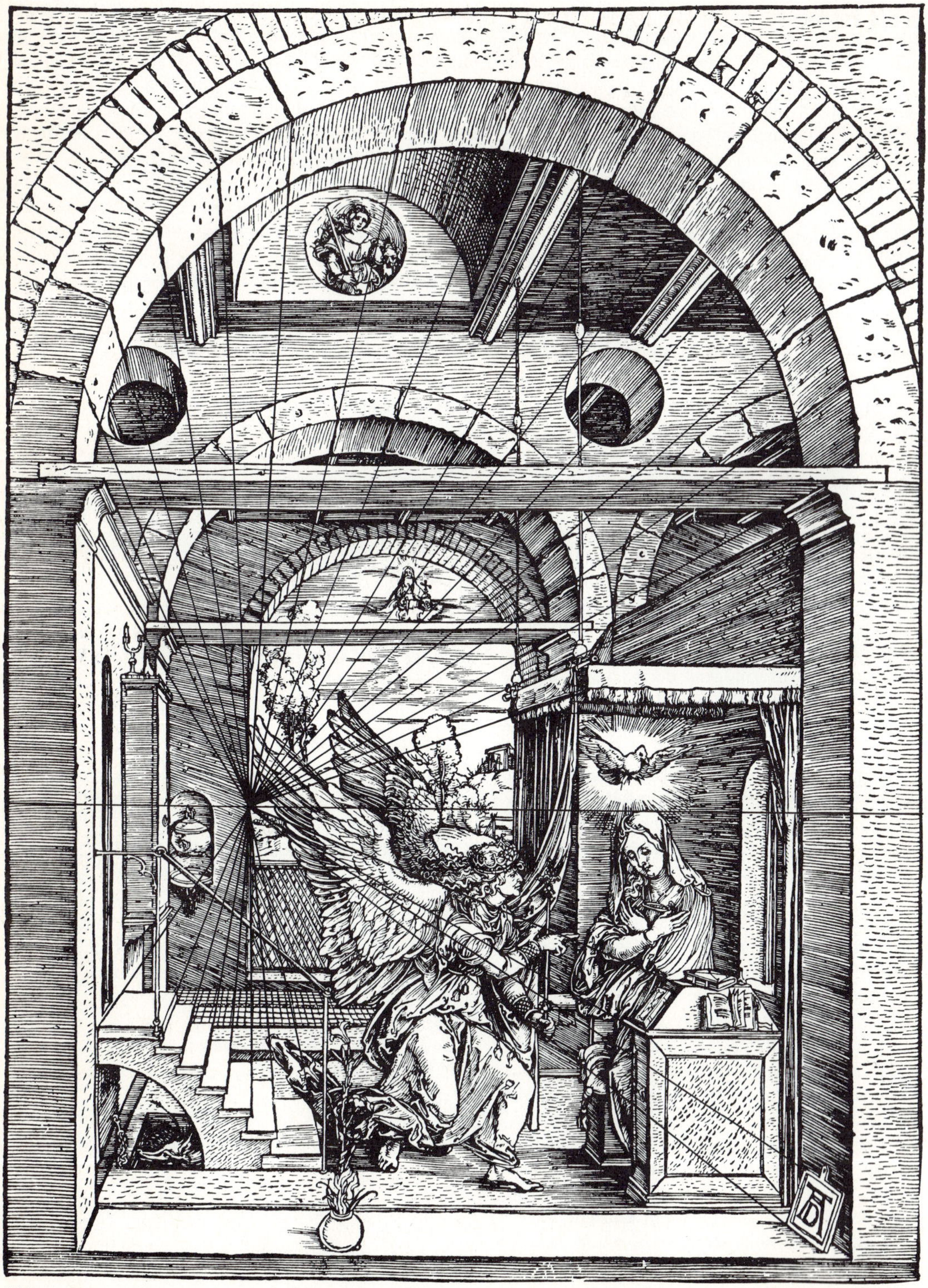

Abb. 1: Die „richtige Perspektive“ *wirkt in diesem Bild auch auf uns stark übertrieben. — Albrecht Dürer: Mariae Verkündigung. Um 1503. Holzschnitt 29,8 × 21,1 cm. Germanisches Nationalmuseum, Nürnberg.*

IV. BETRACHTERBEZOGENE INTERPRETATIONSANSÄTZE

a) Psychologische Aspekte

Wolfgang Metzger
Gesetze des Sehens

Welches sind die Folgen für die Wirkung *ebener Abbildungen* körperlicher Dinge? Ursprünglich wurden beispielsweise die ferneren Dinge allgemein so gezeichnet, *wie man sie sieht,* d. h. *ebenso groß wie die näheren,* so daß sie für einen Betrachter, der an Perspektive gewöhnt ist, also für einen erwachsenen Europäer unserer Zeit, *vergrößert erscheinen* (Abb. 2). Sucht man den Verlauf in die Tiefe im Bild anzudeuten, so bedient man sich ursprünglich *gleichlaufender Schrägen* [. . .]. Und selbst auf uns, die ständig mit perspektivisch „richtigen“ Abbildungen (Lichtbildern!) überschüttet werden, wirkt ein Bild, in dem die Verkürzungen nach allen Regeln der Kunst *„richtig“* gezeichnet sind, trotzdem, oder richtiger gerade deshalb, oft ausgesprochen *unnatürlich* (Abb. 1). Das hat mehrere Gründe. *Erstens* ist alle Perspektive *nur für einen einzigen Standpunkt richtig:* genau denselben, von dem aus der Maler oder das Bildgerät die Dinge aufgenommen hat. Nur für diesen Punkt sind die Gesichtswinkel wirklich dieselben wie beim Betrachten des Gegenstands. Am einfachsten macht man sich das am Lichtbild klar (Abb. 3). Damit man auf dem Bild die Dinge so sieht, wie das Bildgerät sie sah, muß das Bild genau so weit vom Auge entfernt sein wie die *Platte vom Strahlenschnittpunkt* im Objektiv (bei Vergrößerungen des Bildes vergrößert sich der richtige Augenabstand im gleichen Verhältnis mit). Es kommt nun fast nie vor, daß man ein Bild (auch ein gemaltes) aus einem zu kleinen, aber um so öfter, daß man es aus einem viel zu großen Abstand betrachtet. Besonders bei Aufnahmen aus großer Nähe, d. h. unter großem Gesichtswinkel, aber auch bei starken Verkleinerungen großer Gemälde, sind dann die Folgen manchmal fürchterlich (Abb. 4). Wie die Formen des Tiers in diesem Bild zustande kommen, läßt sich leicht berechnen (Abb. 5). Der Übersichtlichkeit halber nehmen wir als betrachteten Gegenstand einen Quader (ABCD) und verlegen die Beobachtungsstandpunkte auf den Boden in die Verlängerung der Grundfläche CD und die Abbildungsebene in die Vorderwand AD des Quaders. Der hintere obere Eckpunkt B ist dann *bei der Aufnahme* vom Standpunkt (1) im Punkt B 1 abgebildet. *Betrachtet* man nun das Bild AB1 D von dem *entfernteren* Standpunkt (2), so ist die Perspektive nicht mehr richtig. *Entweder* sieht man die Tiefe richtig wie CD, dann erscheint die Ecke in der Höhe B 2, der Gegenstand ist *hinten geschrumpft und vorn geschwollen.* Oder man sieht die *Höhe* richtig wie CB, dann erscheint die hintere Ecke in der Tiefe B 3, der Gegenstand ist *nach hinten gewaltig verlängert.* In Wirklichkeit wird die Ecke irgendwo zwischen B 2 und B 3, beispielsweise bei B 4 erscheinen; dann ist der Gegenstand nicht ganz so stark verzerrt und verlängert, aber *beides genügend,* um ihn wie Abb. 4 zu entstellen. Um das Pferd formgetreu zu sehen, müßte man das Bild mit der Nasenspitze berühren.

Auch die *verkleinerten Wiedergaben* großer perspektivischer Zeichnungen oder Gemälde (Abb. 1) können nur dann richtig wirken, wenn man sie *im Maßstab der Verkleinerung dem Auge nähert.* Im Grunde müßte jeder Maler, der auf räumliche „Richtigkeit“ Wert legt, an den Bildrand schreiben: Betrachtungsabstand so und so viel, und bei verkleinerten Wiedergaben in Büchern müßte man den dazu passenden Abstand mit angeben. Da man aus der erforderlichen Nähe im allgemeinen nicht mehr scharf sehen kann, wirken die meisten Wiedergaben von Bildern *nur in der Lupe* (oder im Hohlspiegel) raumtreu, weil man dort das Bild *bei zutreffendem Bildwinkel* und *zugleich scharfer Einstellung* des Auges betrachten kann. (Eine Lupe, die ausdrücklich diesem Zweck dient, ist der Zeißsche Verant; seine räumliche Wirkung ist so stark, daß er für viele Zwecke ein Stereoskop ersetzen kann.)

Alles dieses hat aber beim Malen nur Sinn, wenn der Künstler nicht in erster Linie Dinge, sondern den Raum abbilden, und noch mehr, wenn er *nicht ein Bild* eines Raumes geben, sondern durch sein Werk *die*

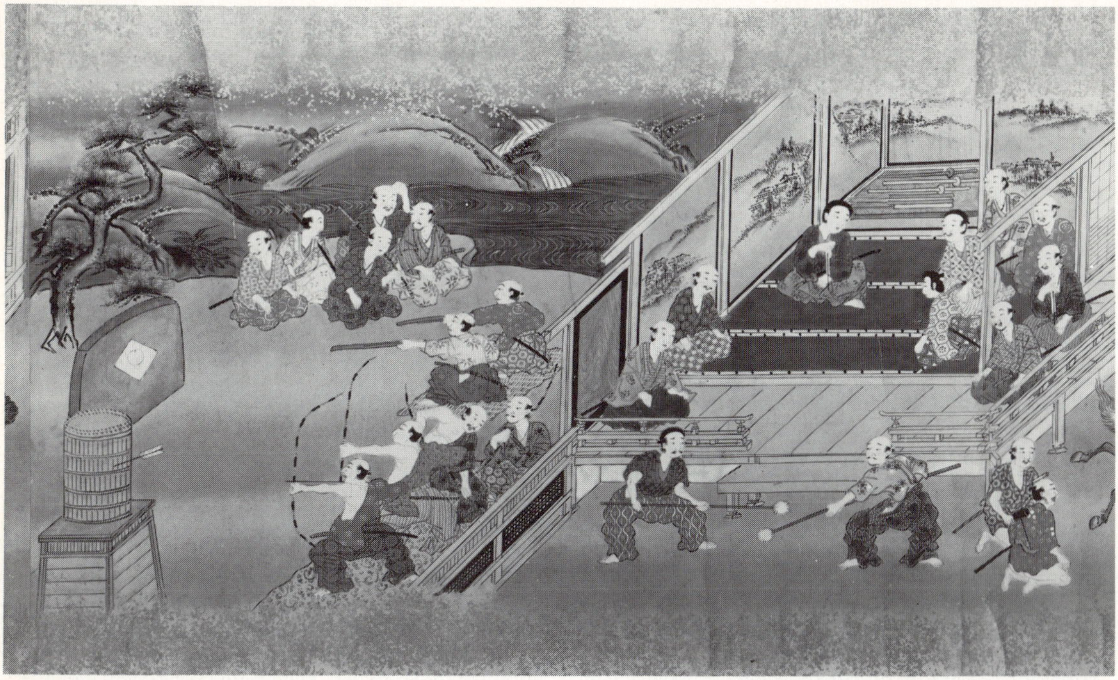

Abb. 2: Die Personen im oberen Teil des Bildes sind genauso groß gezeichnet wie die Personen im unteren Teil des Bildes, obwohl sie weiter entfernt sind. Für unser anders gewöhntes Auge wirken sie vergrößert.

Unbekannter japanischer Meister: Japanische Vergnügungen (Fechten und Scheibenschießen, Einzelheit aus einer Rolle). 17. Jh. Farben und Gold auf Papier. Höhe 34,5 cm. Museum für Ostasiatische Kunst, Köln.

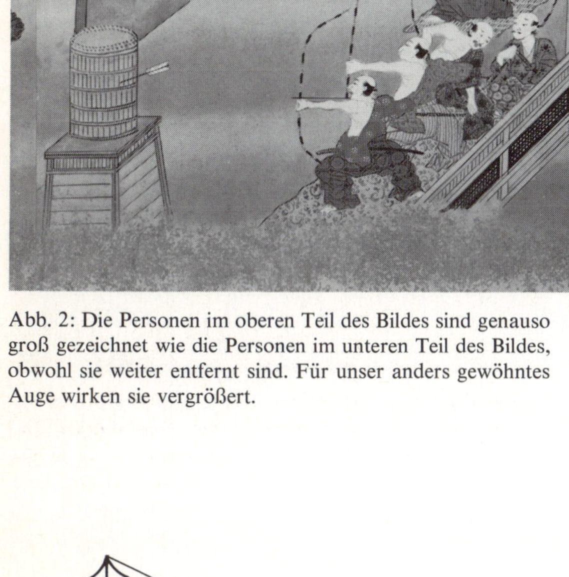

Abb. 3: *Der Betrachtungs-Abstand bei perspektivischen Abbildungen.* Links der Gegenstand, rechts auf der Platte im Bildgerät sein Bild. Wie man sieht, bleibt der Gesichtswinkel nur dann richtig, *wenn man das Auge an die Stelle des Objektivs bringt.* Der richtige Betrachtungs-Abstand *kann also nie länger sein als das Bildgerät* — falls die Aufnahme nicht vergrößert ist.

Täuschung eines hier und jetzt *wirklich vorhandenen* Raumes hervorrufen will. Kommt es ihm nicht auf die Darstellung oder gar Vortäuschung des Raumes, sondern auf die Darstellung *der Dinge* an, so legt er den Visierstift zur Seite, schaut die Dinge mit freiem Auge an und malt sie, wie sie aussehen, soweit sich das in einer Fläche verwirklichen läßt — am besten sogar, um alles bloße Abschreiben zu vermeiden, erst später aus der inneren Anschauung: *mit angenähert beständigen Größen* bei verschiedener Entfernung und *angenähert beständigen Formen* bei Abweichung der dargestellten Flächen vom rechten Winkel zur Sehrichtung. Vom Standpunkt des Projektionstechnikers aus sind bei ihm vielfach die Dinge nach hinten *nicht genügend verkleinert* und die schrägen Flächen *nicht genügend verkürzt* (Abb. 6), in Werken unbefangener Volkskunst sogar oft *überhaupt nicht* (Abb. 7), unter Umständen zieht aber auch der große Künstler die Dinge *nach hinten auseinander*, so daß man sie zum völligen Entsetzen des Projektionstechnikers von links und von rechts zugleich sieht (Abb. 9); zum Vergleich gegenüber — (Abb. 8) — ein perspektivisch richtiges neueres Bildnis.

Gogh, Vincent van: (s. S. 69);
Model: (lat.) Hohlform für den Guß oder zum Abdruck von Gebäck;
Iphigenie: in der griechischen Sage eine Tochter des Agamemnon und der Klytämnestra, Schwester des Orestes;
Feuerbach, Anselm (1829–1880), deutscher Maler;
Sixtinische Kapelle: päpstliche Hauskapelle im Vatikan zu Rom, erbaut 1473–1481;
Sibylle: im Altertum weissagende Frauen.
Dürer, Albrecht (1471–1528), deutscher Maler und Graphiker;
Feuerbach, Anselm (1829–1880), deutscher Maler;
Michelangelo, (s. S. 47).

1. Welche Bedeutung kommt einerseits dem Standpunkt des Betrachters für das Erkennen und Beurteilen eines Bildes zu, und welchen Einfluß hat andererseits Erfahrung und Wissen des Rezipienten für seinen Seheindruck?
2. Aufgrund welcher Analysemethode beurteilt Metzger die bildnerische Zielsetzung eines Künstlers, und inwieweit vermag er einzuschätzen, ob dem Künstler die Darstellung des Raumes an sich mehr bedeutet als die Darstellung bestimmter Objekte? Nennen Sie Künstler, die die Darstellung des Raumes besonders betonen, und Kunstrichtungen, die auf eine perspektivische Raumdarstellung völlig verzichten.
3. Zeigen Sie, warum Metzgers Methode der Bildbetrachtung wissenschaftlich genannt werden kann. Inwiefern kann sie der Psychologie zugeordnet werden?
4. Suchen Sie in einem Comic-Heft nach Darstellungen ungewöhnlicher Perspektiven, und analysieren Sie dieses Stilmittel unter dem Aspekt der Wirkung auf den Betrachter.

Quelle:
Metzger, Wolfgang: Gesetze des Sehens. Frankfurt a. M. 1975, S. 255–261.

WOLFGANG METZGER, geb. 1899, deutscher Psychologe; 1939–42 Professor in Frankfurt, danach in Münster, einer der führenden Vertreter der Gestaltpsychologie.

Literatur:
Fischer, Otto: Chinesische Landschaftsmalerei. München 1923.
Britsch, Gustaf: Theorie der bildenden Kunst. München 1926.
Gombrich, Ernst: Kunst und Illusion. Köln 1967.
Arnheim, Rudolf: Anschauliches Denken. Köln 1974.

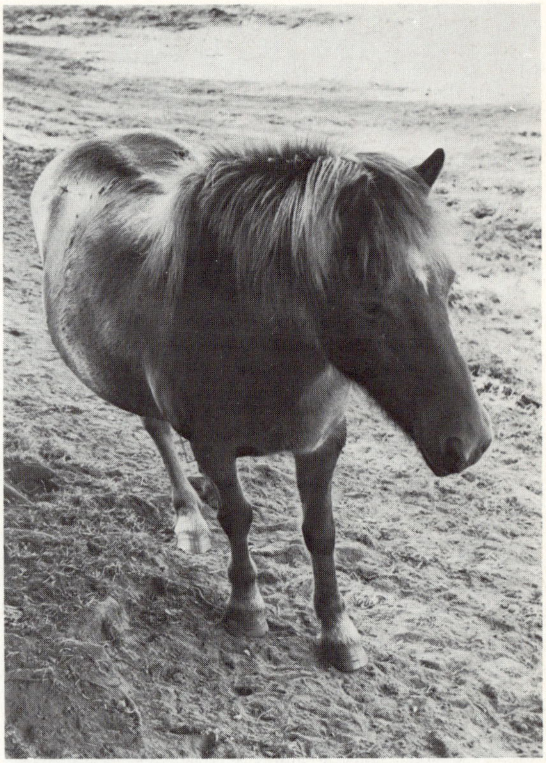

Abb. 4: Verzerrung eines räumlichen Gegenstands in der Nah-Aufnahme. Sie ist einfach die Folge des zu großen Betrachtungs-Abstands. Um dieses Bild perspektivisch richtig zu sehen, müßte man es *mit der Nasenspitze berühren.*

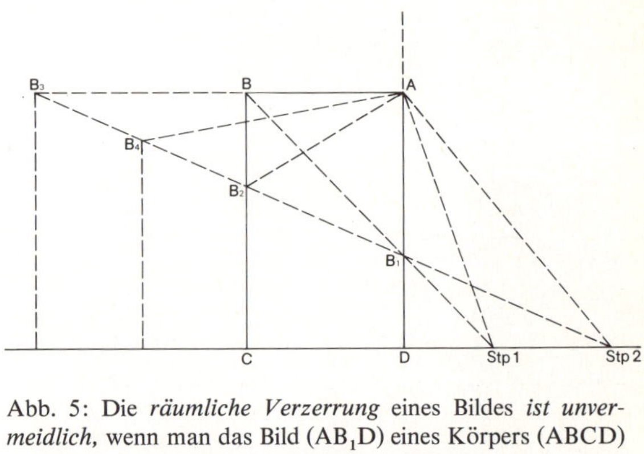

Abb. 5: Die *räumliche Verzerrung* eines Bildes *ist unvermeidlich,* wenn man das Bild (AB_1D) eines Körpers (ABCD) *von einem nahen Standpunkt* (Stp 1) *aufnimmt und von einem fernen* (Stp 2) *betrachtet.* Einzelheiten im Text.

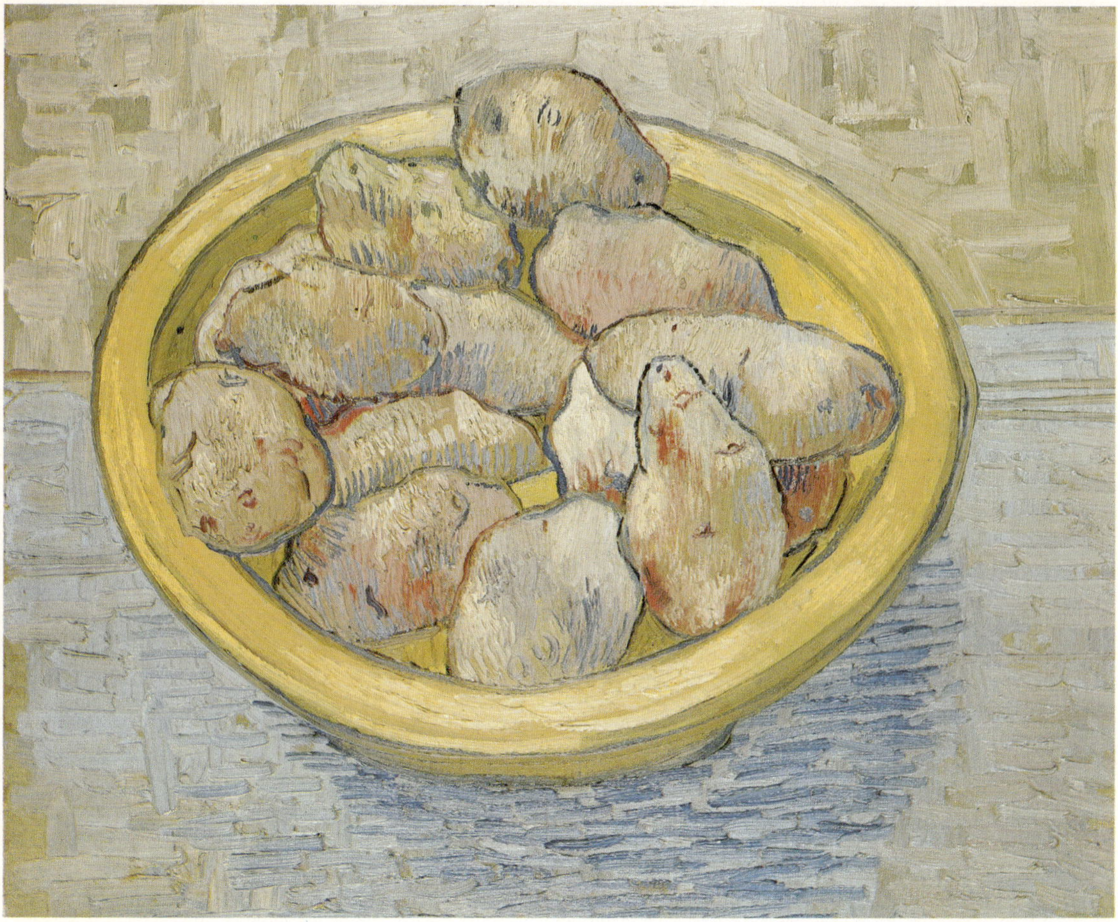

Abb. 6: Der große Künstler zeichnet die Kartoffelschüssel, *wie man sie wirklich auf dem Tisch stehen sieht:* von vorn nach hinten fast so breit wie von links nach rechts, nach den Ergebnissen des Visierkünstlers also „falsch".

Vincent van Gogh: Stilleben mit Kartoffeln in gelber Schüssel. 1888. Öl auf Leinwand. 39 × 47 cm. Collection: State Museum Kröller-Müller, Otterlo.

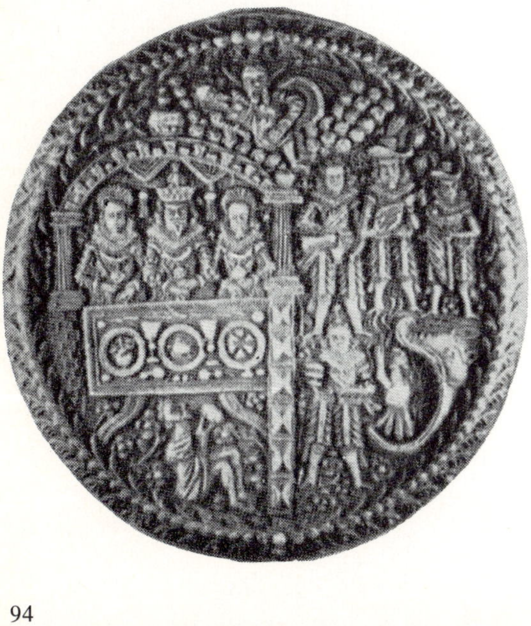

Abb. 7: Ein Werk der Volkskunst mit völliger Formbeständigkeit der Tischplatte und der Teller darauf, die dadurch für uns nach vorn gekippt erscheinen.

Barockes Kuchenmodel. Sammlung Goeken, Warendorf.

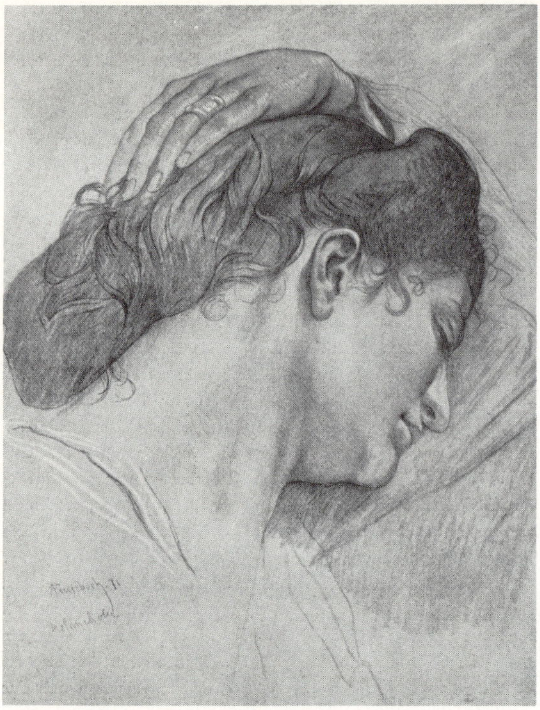

Abb. 8: Der Kopf der Iphigenie ist perspektivisch richtiger, deswegen aber künstlerisch nicht besser als der abgebildete Kopf aus der Sixtinischen Kapelle.

Anselm Feuerbach: Medeenstudie. 1871. Öl auf Leinwand. 53 × 43 cm. Privatbesitz.

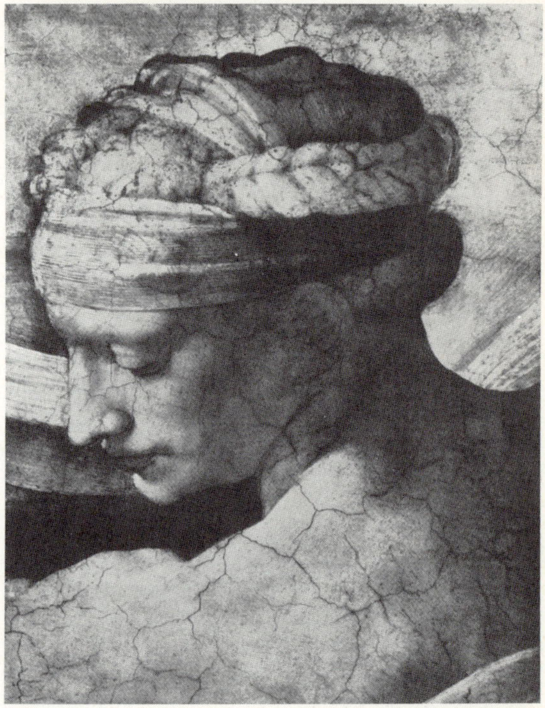

Abb. 9: Der Kopf der libyschen Sibylle ist ein perspektivischer Greuel: Man sieht ihn zugleich links von vorn und rechts von hinten.

Michelangelo (eigentlich Michelangelo di Ludovico Buonarroti Simoni): Der Kopf der libyschen Sibylle. 1511. Deckenfresko (Ausschnitt). Höhe ca. 280 cm. Sixtinische Kapelle, Rom.

Wilhelm Salber
Kunst Psychologie Behandlung

Grundproblem — Hypothesen

Kunst-Psychologie und Psych-Ästhetik sind nicht nur Überschriften. Sie umschreiben vielmehr die zentrale These dieser Untersuchung: Psychisches ist nur zu verstehen, indem wir es auf Kunst beziehen — Kunst lebt nur, indem wir sie in die Wirklichkeit stellen, die in seelischen Prozessen herausgeführt wird. Der Austausch von Kunst und Psychischem fördert gemeinsame Grundzüge zutage.

Am farbigen Abglanz haben wir das Leben: das ist Kunst als Vorbild und Paradox. Darin erweist sich aber auch Kunst bezogen auf Leben. Wie ästhetische Gesetze seelische Prozesse bestimmen, so ist Kunst auf die Banalitäten des Sich-Verstehens von Wirklichkeit angewiesen. Kunst und Seelisches existieren nur in Hin- und Her-Bewegungen, im Übergang in anderes, in Ergänzungen und Brechungen. Sie entfalten einander in Metamorphosen. Keine Gestaltung-Umgestaltung ohne Kunst als Vorbild — aber auch keine Kunst ohne die Metamorphose von Wirklichkeit überhaupt.

Die gemeinsame Grundlage von Kunst und Seelischem ist eine phantastische Realität. Sie zu zerlegen und wieder zusammenzusetzen, so daß wir sehen, wie Kunst und Psychisches funktionieren — das ist das Problem, das sich aus der These einer Psych-Ästhetik ergibt. Es wird zum Leitfaden der ganzen Untersuchung. Damit steht diese Kunstpsychologie zwischen Daten-Sammlung und Philosophie. Denn sie ist einerseits dadurch charakterisiert, daß sie beschreibend, experimentierend, austauschend den Umgang mit Kunst in der Gegenwart wiederholbar macht (Empirie). Andererseits ist sie sich darüber im klaren, daß jede „Empirie“ von Konzepten bestimmt wird und daß es notwendig ist, ein Konzept von Wirklichkeit unter psychologischem Gesichtspunkt ausdrücklich herauszustellen. Das Konzept sucht die Grundkategorien von Kunst und Seelischem als in sich bewegliches System zu entwickeln.

Das Konzept ist nicht von methodischen Absichten zu trennen: es geht um ein Entwickeln-Können, das uns lehrt, den Dingen und Bildern anzusehen, was mit ihnen los ist. So wie sich einem Graphologen die Schrift gliedert: er sieht durch ihren Rhythmus, ihren Strichcharakter, ihre Gliederung, was sie bewegt und was sie zu sagen hat. Oder wie FREUD dem Traum ansah, wie er arbeitete und was er dabei verarbeitete.

[. . .]

Indem wir die Entwicklungsmöglichkeiten von Kunst und Seelischem mehr und mehr einkreisen, gewöhnen wir uns an das, was zu sehen ist, und wir arbeiten durch Veränderung heraus, wie die Sache funktioniert. Wir bewegen uns dabei in einer Spiralform, die uns mit den seltsamen Zusammenhängen der ganzen Konstruktion vertraut macht. Indem wir das immer wieder nach den gleichen Prinzipien tun, entwickeln wir diese Untersuchung nach einer einheitlichen Methode, die die Entwicklung des Problems Kunst und Psychologie spiegelt.

Der erste Schritt unseres Vorgehens — und Argumentierens — beschreibt, wie Bilder oder andere Werke sind und wie man mit ihnen umgeht. Die Beschreibung setzt voraus, es sei sinnvoll, auch bei scheinbar banalen Akten mit einer ganzen „Gedankenfabrik“ oder „Seelenfabrik“ zu rechnen — mit Querverbindungen, übergreifenden Zügen, mit Strukturierungsprozessen, mit Auslegungen und Umwandlungen. Das wird in den folgenden Kapiteln genauer auseinandergelegt.

Dazu trägt auch der zweite Schritt bei, die Variation, die sich ebenfalls bei allen Kapiteln wiederholen und vertiefen läßt. Wie etwas zusammenwirkt, wird durch Variation in seinem Wo, Wann, Wodurch, Womit charakterisiert. Schließlich werden in einem dritten Schritt die Wirksamkeiten beim Umgang mit Kunst ausdrücklich in anderen Zusammenhängen aufgegriffen. Das dient der Rekonstruktion von Produktionszusammenhängen.

Die Bewegung von der Beschreibung zur Rekonstruktion kann als Austausch bezeichnet werden. Vor allem die Rekonstruktion verdeutlicht, wie Austausch zu verstehen ist. Austausch ist eine Methode, die an Entwicklung heranführt, an ihre Polaritäten, Steigerungen und Kreise: indem erforscht wird, was sich abwandeln läßt, was vermitteln kann, was sich ergänzt oder widersetzt, was anderes brechen und umgestalten kann. Daher macht der Austausch auf Konstruktionszusammenhänge, ihre Chancen und Begrenzungen sowie auf Entwicklungsgesetze aufmerksam.

Das Ganze begründet die Beweisführung dieser Kunstpsychologie: sie argumentiert für die Kategorien, die sich aus kompletten Beschreibungen und aus der Zergliederung von Wirkungseinheiten entwickeln lassen — gegen unzureichende Zerstückelung in Elemente, gegen Einschachteln von Kunst in Gefühl und Phantasie, gegen die Auffassung, Kunst sei ein Sonderfall, gegen ein Gleichsetzen von Kunst mit Harmonie, Ideal, Reinheit.

Hier wird nicht eingeteilt nach Gefühl, Denken, Empfindung oder nach Tragik, Witz, Novelle, Genre-Bild. Die Gliederung folgt vielmehr den Charakteren, die anschaulich da sind, die in Veränderungen beim Umgang mit Kunst zutage treten oder die einen Zusammenhang herstellen, aus dem sich unsere Beobachtungen ableiten lassen.

Das kann man als Entwicklungsmethode verstehen. Indem wir die „Bedingungen" von Entwicklung verfolgen, erfahren wir, was Kunst mit dem Ganzen von Leben und Erleben zu tun hat: mit den Notwendigkeiten von Bewegung und Gegenbewegung, von Ergänzung, von Umwandlung, von Begrenzung, von Zusammenhalt und Auseinandersetzung. Beschreibend und rekonstruierend wird hier Entwicklung zugänglich gemacht — als werde nachgebildet, wie das Total unserer Wirklichkeiten zusammenhalten kann und wie es sich in Produktions- und Gestaltungsformen bricht.

[...]

Auch der Umgang mit Kunst ist ein „Fall", bei dem danach gefragt wird, was Kunstwerke in Bewegung setzt. Das entspricht einmal unserer Auffassung, daß immer das Seelische „in ganzer Breite" am Werk ist; und das entspricht auch der Auffassung, daß Methode letztlich eine Sache nach allen möglichen Seiten zu variieren sucht, wenn sie experimentell vorgehen will.

Der Umgang mit Kunst ist das „eine Phänomen", an dem wir die Seelen-Kunst, wie sie im ganzen wirkt, durch Variation auf ihre Entwicklungsgesetze hin erforschen wollen. Wie bei einer Filmmontage werden verschiedene Ansichten und eine Reihe von Modifikationen dazu benutzt, eine Grundgestalt in ihrer Entwicklung zu verdeutlichen. Indem wir Verschiedenes miteinander austauschen, werden Reihen gebildet, Polaritäten, Minderungen und Steigerungen erforscht, Produktionen auf Zwischenstücke und Kompositonsmöglichkeiten hin analysiert.

[...]

Theorie — Methode

Die Entwicklung einer Theorie kann als „Methode" des Umgangs mit Wirklichkeit angesehen werden, die Ausbildung einer Methode als Erarbeiten einer „Ansicht". Diese untrennbare Einheit von Theorie und Methode ermöglicht es, den Weg zu dieser Kunstpsychologie sowohl im ganzen als Methode wie als Konzept in Bewegung zu bezeichnen.

Paradox: (griech.) eine scheinbar zugleich wahre und falsche Aussage;
Banalität: Alltäglichkeit, Selbstverständlichkeit;
Metamorphose: (griech.) Umgestaltung, Verwandlung;
Empirie: (griech.) Erfahrung;
Graphologie: (griech.) Lehre von der Deutung der Handschrift als Ausdruck des Charakters;
Freud, Sigmund, (s. S. 28)
Variation: (lat.) Abwechslung, Abänderung;
Filmmontage: künstlerischer Aufbau eines Films aus einzelnen Bild- und Handlungseinheiten;
Modifikation: (lat.) Abwandlung, Veränderung;
Goya y Lucientes, Francisco José de (1746–1828), spanischer Maler und Graphiker, entwarf Teppiche im Rokoko-Stil für die königliche Manufaktur und wurde 1786 Hofmaler von Karl III. und während der Regierungszeit von Karl IV. und Maria Luisa. Er malte Portraits der königlichen Familie von außerordentlichem Realismus. 1793 litt er unter einer furchtbaren Krankheit und wurde taub. Danach wählte Goya seine Themen aus dem Bereich des Tragischen, Grotesken und Unheimlichen, das oft alptraumhafte Züge trägt;
Cézanne, Paul (1839–1906), entwickelte seinen eigenen, über den Impressionismus hinausgehenden Stil: Die Natur wird aus der geometrischen Grundform ihrer Einzelelemente verstanden, auf diese reduziert und in einer festgefügten Komposition dargestellt, die auf der Zuordnung der Farbwerte beruht.

1. Welche strukturellen Gemeinsamkeiten zwischen Kunst und Seele sieht Salber?
2. Erläutern Sie, warum Salbers Methode als Entwicklungsmethode bezeichnet werden kann.
3. Analysieren Sie das Bildbeispiel von Cézanne in Ihrem Kurs nach der Methode Salbers und vergleichen Sie Ihre Ergebnisse mit denen des Autors; zeigen Sie, warum diese Methode keine eindeutige, umfassende Bildinterpretation liefern kann.
4. Worin unterscheidet sich die psychologische Methode der Symboldeutung von der ikonologischen?
5. Klären und diskutieren Sie die These, daß die „Ausbildung einer Methode als Erarbeiten einer ‚Ansicht'" angesehen werden kann.

Quelle:
Salber, Wilhelm: Kunst Psychologie Behandlung. Bonn 1977. S. 10–18.

Wilhelm Salber, geb. 1928 in Aachen, Psychologe. Seit 1963 Direktor des Psychologischen Institutes II der Universität Köln.

Literatur:
Schraml, Walter Josef: Einführung in die Tiefenpsychologie für Pädagogen und Sozialpädagogen. Stuttgart 1970.

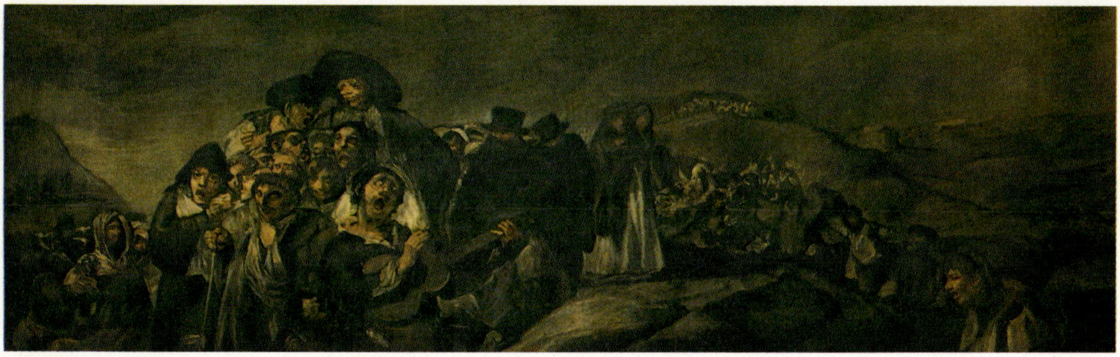

Goya: Die Wallfahrt zur Quelle von San Isidor. 1819—1823. Öl auf Leinwand. 140 × 438 cm. Museo del Prado, Madrid.

Beschreibung Goya

Einen Eindruck davon, wie wir vorgehen, können drei Beispiele vermitteln — eine Beschreibung, eine Variation des Beschreibens durch ein Gruppengespräch und ein Austausch mit der Betrachtung eines „Falles". Durch unser Vorgehen hoffen wir allmählich zu lernen, wie sich einem Kunstwerk ansehen läßt, was psychologisch daran wichtig ist.

A.: O, my goodness!

B.: Da hat er aber wirklich etwas Schreckliches gemalt.

C.: Das malte GOYA, als er sehr krank war.

D.: (Die Wallfahrt des Heiligen Isidor:) Ein vieläugiger, vielmündiger, verschlingender, umwälzender Wurm. Bahnt sich durch Fels, ist schwarzer Fels, ist in Nacht, ist Nacht — Felsbewegung, Nachtungeheuer.

In „das" wird Menschenwelt, Kleidung, Hüte, Mäntel, Lumpen, Greifen, Augenverdrehen, Gesänge hineingezogen. Was da zum Ausdruck kommt, steigert sich gegenseitig, es überfällt uns und strebt uns entgegen.

Wirkt wie eine Kurve mit Ecken; in dunkle Flächen sind bleiche Akzente eingebettet. Das Heranrückende mit weißlichem Haupt, darunter Farben-Material — als sei etwas geschminkt und überdeckt. Rundherum Abkürzungen, Abstraktes, kubistische Muster.

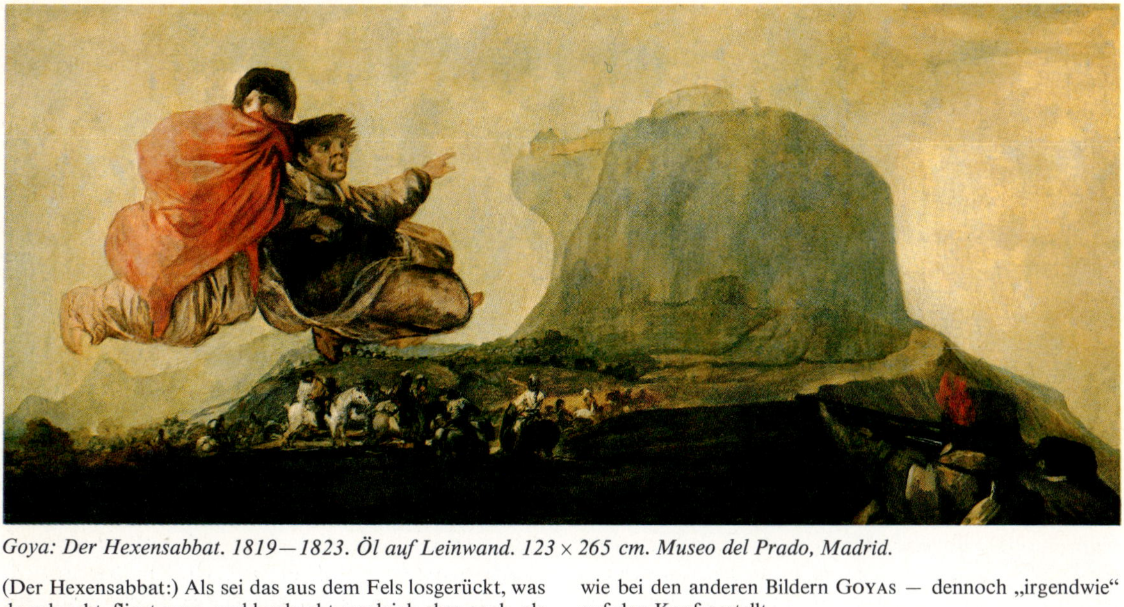

Goya: Der Hexensabbat. 1819—1823. Öl auf Leinwand. 123 × 265 cm. Museo del Prado, Madrid.

(Der Hexensabbat:) Als sei das aus dem Fels losgerückt, was da schwebt, fliegt, weg- und hochgeht, zugleich aber auch, als wolle das wieder einrücken, sich ergänzen. Das hält sich so dazwischen. Dazumal scheint sich das Paar zu bewegen, während der Fels steht, mal ist es umgekehrt; mal ist das Paar das „Irgendwas", das Beunruhigende, Unbekannte, mal paßt das alles besser auf die Umstände oder die Umgebung.

Ebenso seltsam beunruhigend und zugleich beruhigend ist, daß aus der rechten Ecke fest darauf angelegt wird. Das ist so geordnet, aufgeteilt, geklärt, fest, daß man das ganze für beglaubigt hält. Ähnliche Kurven, Ecken, Ordnungsmuster wie bei den anderen Bildern GOYAS — dennoch „irgendwie" auf den Kopf gestellt.

Wer das sein mag, was das ist, die Frage tritt erst später auf, drängt nicht sehr, kann offen bleiben.

Der Umgang mit Bildern durch Beschreibung — ohne Zerlegung auf Subjekt und Objekt — wird in seinen Wirksamkeiten deutlicher, indem er variiert wird. Etwa durch ein Gruppengespräch, in dem die verschiedenartigen Komponenten von Kunsterfahrung gleichsam mit verschiedenen Stimmen zu Wort kommen.

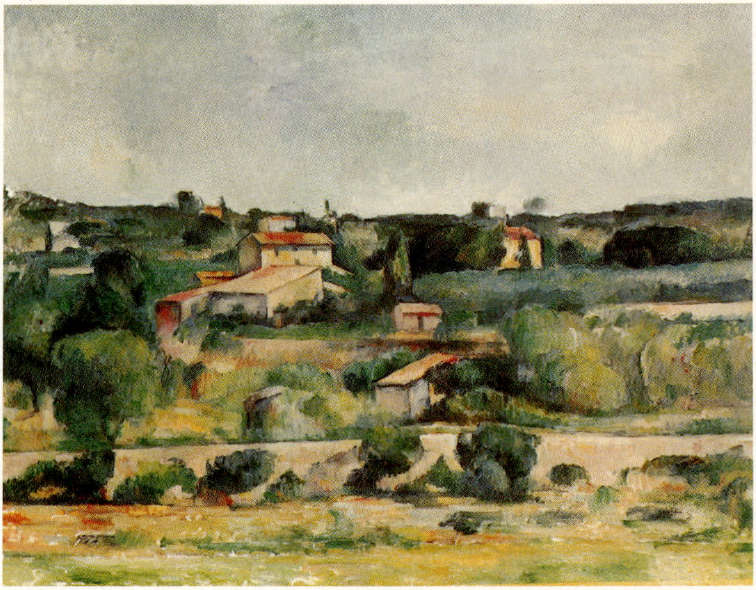

Paul Cézanne: Landschaft im Westen von Aix-en-Provence. 1885–1887. Öl auf Leinwand. 65 × 81 cm. Wallraf-Richartz-Museum, Köln.

Beschreibung Cézanne

Überlegungen, was man sich in diesem Museum „ansehen“ soll; vor der „Landschaft im Westen von Aix-en-Provence“: Weitergehen oder nicht? Zunächst einmal ist „nichts da“; erst im „Eindringen“ beginnen Sache und Umgang mit ihr Farbe, Qualität, Gesicht zu gewinnen. Erste Akzente, „was Typisches“: Himmel und Erde, drei Schichten, etwas Unsagbares, Heimliches und Unheimliches zugleich, Serpentinen, eine Bewegung im Bild, wie ein gebrochenes „S“.
Das kommt in Zug und Gegenzug heraus: die verschiedenen Betrachter ergänzen sich, führen sich weiter, befragen und widersetzen sich. Die Akzente werden verdeutlicht: da kann man raufklettern, da fällt was ab, da ist eine Verbindung; kräftig, schwer, viel drin – das Gesagte wird nicht genau definiert, sondern bleibt in der Schwebe. Das grob Umrissene wird mehrfach betont und durch Einzelheiten ergänzt.
Wie zur Überprüfung geht man Schichtung und Serpentine von vorn nach hinten, von links nach rechts durch. Irgendetwas wirkt gespannt. Kann man sich zufriedengeben mit „Heimat und Sich-Verbergen“ oder mit „Drum-Herum-Gehen“ und „Drin-Herum-Gehen“? Soll man sich ein anderes Bild ansehen?
Aber jetzt wird das noch einmal wiedergekaut, modifiziert und umkreist: das Bild ist ein Rahmen, es ist ein Rahmen von Festhalten und Weitergehen zugleich, ein Kontrast in sich. Was zunächst schlicht wirkte, fast langweilig, ist Heimat und Hintergründiges, Bescheidenes und Herrliches, Anziehendes und Verborgenes.

Man möchte „dahinter kommen“, wie das gemacht ist und wie sich das „Seltsame“ auflösen läßt. Dazu werden Vergleiche bemüht (Kunstgeschichte, andere Bilder von CÉZANNE; Pinselstriche „wie Bausteine“). Wie soll man vorgehen, um das richtig rauszukriegen – nicht vorschnell, mit Kontrollen, ohne sich zu verlieren? Daraufhin erscheint wichtig, daß überhaupt so einiges ineinander umkippt, daß das ein geschaffenes Gerüst und eine Landschaft ist, daß das durchgestaltet ist und doch in der Schwebe bleibt.
Daraufhin Nachforschungen im einzelnen. Zugleich Versuche zusammenzufassen: Auf Landschaft eingegangen und etwas dazugetan – Künstler und doch bei Landschaft geblieben. Bild dreht sich um (beweglichen) Mittelpunkt und wird zugleich seitlich abgelenkt: das Bild fordert Hin und Her, Tiefe und Fläche wirken gegeneinander, heben sich in der Landschaft auf.
Man möchte das in Worte fassen: Darin-Herum-gehen-Können in Heimatlichem – das kann aber auch umschlagen. Heimat: „sowohl als auch“ – ein Vexierbild, das zugleich zerlegt ist: eine Sache, wie durch Erinnerung gesehen. „Eigentlich sind alle Leute, die Schwerpunkte der Welt festmachen, Fälscher“. Nochmal locker überprüfen, umspielen, mehr Arbeit machte ärgerlich. Eigentlich egal, was (genau) drauf ist, das hat eine Stimmung.
Einige Tage später ein weiteres Gespräch über das Bild und sein „Heimatlich-Unheimliches“: Als entfalte sich etwas mit einem Mittelpunkt, der flüchtig ist, und in Strecken, die schräg sind; als begegneten sich Tropfen-Bewegungen mit Streckungen – woraus Grenzen, Kreise, Schrägen entstehen.

Ernst Gombrich
Ausdruck und Aussage

Die romantische Vorstellung von der Kunst als einer Sprache des Gefühls hat eine lange und komplizierte Vorgeschichte, die sich bis zum Glauben an die Wirkung magischer Riten und Beschwörungen zurückverfolgen ließe. Obwohl sie heftig angegriffen und bezweifelt wurde, insbesondere von den Vertretern einer formalistischen Ästhetik, übt sie auch heute noch ihren Einfluß aus; ja, sie ist vielleicht heute fester etabliert als eh und je. Hier soll es um die Frage gehen, was man sich unter einer Sprache des Gefühls vorstellen kann, und welche grundlegenden Mißverständnisse diese Theorie so anfechtbar gemacht haben.

[...]

Wenn ich die Grundannahmen der expressionistischen Theorie richtig verstehe, beruhen sie auf der Überzeugung, daß Ausdruck irgendwie tief im Wesen unserer Seele begründet ist und daher keiner konventionellen Zeichen bedarf. Das nachfolgende Schema dürfte den Gegensatz, der ihrer Meinung nach besteht, kurz erläutern:

Ausdruck	Mitteilung
Gefühl	Nachricht
Symptom	Zeichensystem
naturgegeben	konventionell

Der Ausdruck von Gefühlen geschieht durch Symptome (wie etwa Erröten oder Lachen), die angeboren sind und nicht gelernt zu werden brauchen, während die Mitteilung von Nachrichten über Tatsachen eines Zeichensystems bedarf (etwa einer Sprache oder einer Schrift), die auf Konvention beruht. Es dürfte ohne weiteres klar sein, daß beide Seiten unseres Schemas Extreme darstellen, während die meisten Fälle im täglichen Leben sich zwischen diesen beiden Polen befinden. Unsere Sprache benützt konventionelle Zeichen, die erlernt werden müssen, aber in Tonfall und Tempo des gesprochenen Wortes offenbart sich unser Gemütszustand, auf den dann selbst Tiere und Kinder ansprechen. Umgekehrt besteht kein Zweifel, daß unsere Gebärden und Ausdrucksbewegungen, die wir für völlig „natürlich" halten, immer durch die Konventionen unserer Kultur modifiziert sind; das Lächeln, mit dem unsere Gastgeberin uns empfängt, ist nicht so sehr ein Ausdruck der Freude, als eine konventionelle Begrüßung, und liest man gewisse Romane aus dem vorigen Jahrhundert, kann man sich des Verdachts nicht ganz erwehren, daß selbst das schamhafte Erröten der Heldin ein stilisiertes Element enthält.

Wo liegt nun der Bereich der Kunst zwischen diesen beiden Polen? Die überlieferten Symbole und Attribute, die wir auf religiösen Bildern finden, gehören auf die konventionelle Seite, die Symptome des Affekts, die wir in den Pinselzügen des Malers zu entdecken glauben, auf die emotionelle. Für die Expressionisten sind die konventionellen Aspekte weniger wesentlich, weniger künstlerisch als die anderen. Lassen wir das für den Augenblick dahingestellt — wir dürften mehr Aussicht haben, in der Diskussion dieses ganzen Problemkreises weiterzukommen, wenn wir die beiden Extreme erst einmal isoliert betrachten, bevor wir untersuchen, ob und wie sie sich gegenseitig beeinflussen.

Es ist klar, daß sich die Resonanztheorie im wörtlichen Sinn, wenn überhaupt, nur auf extreme „natürliche" Symptome beziehen kann. Wenn einer gähnt, gähnen alle; Panik wirkt in einer erregten Volksmasse ansteckend. Doch dürften auch die radikalsten Expressionisten die Wirkung der Kunst nicht auf derart biologische Reaktionen beschränken wollen. Ihre Theorie beruht im Gegenteil seit jeher auf der Überzeugung, daß es ein natürliches Ansprechen und emotionelles Verstehen gibt, das über das Reagieren auf unmittelbare Affektsymptome hinausgeht. Sie weisen darauf hin, daß die Wirkung, die Farben und Klänge auf Mensch und Tier ausüben, dafür sprechen, daß die rote Farbe objektiv erregend ist und langsame Musik beruhigend. Sie würden mit Recht sagen, ein Säugling müsse nicht erst lernen, was ein Wiegenlied sei, um dabei einzuschlafen, und einem kleinen Kind müsse man nicht erst erklären, daß bunte Farben lustiger sind als matte.

Manche Theoretiker machen sich Gedanken darüber, was eigentlich damit gemeint sei, wenn man sagt, eine Farbe sei düster oder eine Weise sei traurig. Ich setze aber hier voraus, daß wir alle wissen, was man damit sagen will. Etwaigen Zweiflern, die sich damit nicht zufriedengeben können, empfehle ich das Studium einer bestimmten Art grausamer Witze, in denen ein Stotterer, der in der Erregung kein Wort hervorbringt, aufgefordert wird zu singen und nun eine Schreckensnachricht zur Melodie eines Gassenhauers intoniert. Es ist klar, warum uns so etwas zum Lachen bringt. *Es gibt* eben lustige Melodien und heitere Farben.

Ich habe diese natürlichen Entsprechungen zwischen Gefühlshaltungen und Klängen, Farben und Formen auch anderwärts behandelt und dabei auf die experimentelle Methode hingewiesen, die C. E. OSGOOD zu ihrer näheren Untersuchung entwickelt hat. OSGOOD stellt an seine Versuchspersonen etwa die Frage, ob Schwarz eher traurig oder lustig sei, eher leicht oder schwer, eher stark oder schwach, eher alt oder jung. Obwohl diese Alternativen vollkommen irrational klingen, scheinen die erhaltenen Antworten nicht bloß zufällig zu sein. Wir haben alle eine angeborene Disposition, gewisse Sinneseindrücke mit gewissen Stimmungswerten gleichzusetzen. OSGOOD ordnete drei Skalen als dreidimensionale Koordinaten an, um auf diese Weise die Lage einzelner Punkte in unserem „semantischen Raum" bestimmen zu können. Obwohl diese Methode komplizierte Zusammenhänge vielleicht zu sehr vereinfacht, möchte ich in der Vereinfachung noch um einen Schritt weitergehen und ein zweidimensionales Schema präsentieren:

Grundstimmung	Gefühlseindrücke	visuelle Eindrücke	akustische Eindrücke
			hoch laut schnell
		rot hell	
	leicht warm heiter		
freundlich feindselig			
	traurig kalt schwer		
		dunkel blau	
			langsam leise tief

Diesem Diagramm kann man, glaube ich, das Bestehen eines natürlichen Systems von Entsprechungen entnehmen, Entsprechungen, deren Existenz das Hauptargument für die expressionistische Theorie darzustellen scheint. Jede Farbe, jeder Klang und jede Form hat danach einen natürlichen Gefühlston, sowie jedes Gefühl eine sichtbare oder hörbare Entsprechung besitzt.

Wenn man annimmt, daß unsere Ur-Reaktionen zutiefst mit dem biologischen Kampf ums Dasein verknüpft sind, könnte man das auch so formulieren: Was wir als feindlich empfinden, bedrückt uns, und was wir als freundlich erleben, stimmt uns heiter. Auf der nächsten Stufe unserer Empfindungsleiter kommen wir zu dem Körpergefühl wechselnder Temperaturen, und hier erleben wir das Freundliche als gleichbedeutend mit Wärme, und Wärme als gleichbedeutend mit dem Freundlichen. Umgekehrt wirkt Feindseliges als Kälte, und Kälte als Feindseligkeit. Was die Gesichtseindrücke anlangt, ist die Dunkelheit unheimlich und feindlich, das Licht warm und freundlich. Da Rot eine leuchtendere Farbe ist als Blau, empfindet man sie leicht als das Äquivalent von Wärme und Heiterkeit, während Blau mehr der Kälte und Melancholie entspricht. Und schließlich kommen wir zur Stufenleiter der Klänge, die nach Tempo, Lautstärke und Tonhöhe angeordnet sind, wo langsam, leise und tief für einen Trauermarsch passen, und schnell, laut und hoch für einen Triumphgesang.

Dasselbe könnte man im visuellen Teil durch Hinzufügen von Linien und Formen tun; eckige Konfigurationen gehören zum kalten und angespannten Ende des Spektrums, während gerundete und wellenartige Formen dem warmen und freundlichen Ende entsprechen.

konventionell: herkömmlich, üblich, förmlich;
Symptom: (griech.) Anzeichen; Kennzeichen, Merkmal;
Resonanz: (lat.) Widerhall; Anklang, Verständnis;
Osgood, Cornelius (geb. 1905), amerikanischer Ethnologe;
Diagramm: (griech.) zeichnerische Darstellung zahlenmäßiger Beziehungen.

1. Nennen und erläutern Sie einige Thesen der Resonanztheorie.
2. Inwieweit kann nach der Analysenmethode dieser Theorie die Struktur eines Kunstwerkes berücksichtigt werden?
3. Welche Arbeiten der zeitgenössischen Kunst gehen offenbar von der Naturgegebenheit der Zeichen aus?
4. Diskutieren Sie an einem beliebigen Bildbeispiel (z. B. auch aus der Werbung), ob positive, negative oder u. U. überhaupt keine Reaktionen auf ein Zeichen „natürlich" sind, oder ob nicht kulturell erworbene Äquivalenzen von uns als unmittelbarer Ausdruck gedeutet wird?

Quelle:
Gombrich, Ernst: Meditationen über ein Steckenpferd. Wien 1973. S. 95–99.

ERNST GOMBRICH, geb. 1909 in Wien, Kunsthistoriker, Direktor des Warburg Institutes und Dozent an der Universität London.

Literatur:
Gombrich / Hochberg / Black: Kunst, Wahrnehmung, Wirklichkeit. Frankfurt a. M. 1977.

b) Philosophische Aspekte

Wilhelm Worringer
Abstraktion und Einfühlung

Diese Arbeit will einen Beitrag liefern zur Ästhetik des Kunstwerkes und zwar speziell des dem Gebiete der bildenden Künste angehörigen Kunstwerkes. Damit ist ihr Gebiet klar abgegrenzt gegen die Ästhetik des Naturschönen. Eine solche klare Abgrenzung erscheint von äußerster Wichtigkeit, obwohl die meisten ästhetischen und kunstgeschichtlichen Arbeiten, die sich mit Problemen wie den hier vorliegenden befassen, diese Abgrenzung verschmähen und die Ästhetik des Naturschönen ohne weiteres in die Ästhetik des Kunstschönen überleiten.
Unsere Untersuchungen gehen von der Voraussetzung aus, daß das Kunstwerk als selbständiger Organismus gleichwertig neben der Natur und in seinem tiefsten innersten Wesen *ohne* Zusammenhang mit ihr steht, sofern man unter Natur die sichtbare Oberfläche der Dinge versteht. Das Naturschöne darf keineswegs als eine Bedingung des Kunstwerkes angesehen werden, wenn es auch im Laufe der Entwicklung zu einem wertvollen Faktor des Kunstwerkes, ja teilweise geradezu mit ihm identisch geworden zu sein scheint.
Diese Voraussetzung schließt die Folgerung in sich, daß die spezifischen Kunstgesetze mit der Ästhetik des Naturschönen prinzipiell nichts zu tun haben. Es handelt sich also z. B. nicht darum, die Bedingungen zu analysieren, unter denen eine Landschaft schön erscheint, sondern um eine Analyse der Bedingungen, unter denen die Darstellung dieser Landschaft zum Kunstwerk wird.
Die moderne Ästhetik, die den entscheidenden Schritt vom ästhetischen Objektivismus zum ästhetischen Subjektivismus gemacht hat, d. h. die bei ihren Untersuchungen nicht mehr von der Form des ästhetischen Objektes, sondern vom Verhalten des betrachtenden Subjekts ausgeht, gipfelt in einer Theorie, die man mit einem allgemeinen und weiten Namen als Einfühlungslehre bezeichnen kann.
[...]
Der Grundgedanke unseres Versuches ist, zu zeigen, wie diese moderne Ästhetik, die vom Begriffe der Einfühlung ausgeht, für weite Gebiete der Kunstgeschichte nicht anwendbar ist. Sie hat ihren archimedischen Punkt vielmehr nur auf einem Pol menschlichen Kunstempfindens. Zu einem umfassenden ästhetischen System wird sie sich erst dann gestalten, wenn sie sich mit den Linien, die vom entgegengesetzten Pol herkommen, vereinigt hat.
Als diesen Gegenpol betrachten wir eine Ästhetik, die anstatt vom Einfühlungsdrange des Menschen auszugehen, vom Abstraktionsdrange des Menschen ausgeht. Wie der Einfühlungsdrang als Voraussetzung des ästhetischen Erlebens seine Befriedigung in der Schönheit des Organischen findet, so findet der Abstraktionsdrang seine Schönheit im lebenverneinenden Anorganischen, im Kristallinischen oder allgemein gesprochen in aller abstrakten Gesetzmäßigkeit und Notwendigkeit.
[...]
Die Voraussetzung des Einfühlungsaktes ist die allgemeine apperzeptive Tätigkeit. „Jedes sinnliche Objekt, soweit es für mich existiert, ist ja immer nur die Resultante aus den beiden Komponenten, dem sinnlich Gegebenen und meiner apperzeptiven Tätigkeit."
Jede einfache Linie mutet mir, damit ich sie als das, was sie ist, erfasse, eine apperzeptive Tätigkeit zu. Ich muß den inneren Blick ausweiten, bis er die ganze Linie umspannt; ich muß innerlich das so Aufgefaßte abgrenzen und für sich aus seiner Umgebung herausnehmen. Also mutet jede Linie mir schon jene innere Bewegung zu, die die beiden Momente in sich schließt: die Ausweitung und Begrenzung. Außerdem aber stellt jede Linie vermöge ihrer Richtung und Form noch allerlei spezielle Zumutungen an mich.
„Die Frage entsteht nun: Wie verhalte ich mich zu solchen Zumutungen? Dabei sind zwei Möglichkeiten, nämlich daß ich zu solcher Zumutung Ja und daß ich zu ihr Nein sage, daß ich frei die mir zugemutete Tätigkeit übe oder daß ich der Zumutung mich widersetze; daß die in mir liegenden natürlichen Tendenzen, Neigungen, Bedürfnisse der Selbstbetätigung mit der Zu-

mutung in Einklang stehen oder daß das Gegenteil der Fall ist. Wir haben immer ein Bedürfnis der Selbstbetätigung. Dies ist sogar das Grundbedürfnis unseres Wesens. Aber die Selbstbetätigung, die mir durch ein sinnliches Objekt zugemutet wird, kann so beschaffen sein, daß sie vermöge eben dieser Beschaffenheit nicht reibungslos, nicht ohne innere Gegensätzlichkeit von mir vollzogen wird.
Kann ich der zugemuteten Tätigkeit mich ohne innerliche Gegensätzlichkeit überlassen, dann habe ich ein Gefühl der Freiheit. Und dies ist ein Lustgefühl. Das Gefühl der Lust ist immer ein Gefühl der freien Selbstbetätigung. Es ist die unmittelbar erlebte Tönung oder Färbung des Tätigkeitsgefühls, das sich einstellt, wenn die Tätigkeit ohne innere Reibung vor sich geht. Sie ist das Bewußtseinssymptom des freien Einklangs zwischen der Zumutung zur Tätigkeit und meinem Vollbringen."
Im zweiten Fall aber entsteht ein Konflikt zwischen meinem natürlichen Bestreben der Selbstbetätigung und derjenigen, die mir zugemutet wird. Und das Gefühl des Konflikts ist gleicherweise ein Gefühl der Unlust an dem Objekt.
[. . .]
Indem diese allgemeine apperzeptive Tätigkeit das Objekt erst in meinen geistigen Besitz bringt, gehört diese Tätigkeit zu dem Objekt. „Die Form eines Objekts ist immer das Geformtsein durch mich, durch meine innere Tätigkeit. Es ist eine Grundtatsache aller Psychologie und erst recht aller Ästhetik, daß ein „sinnlich gegebenes Objekt" genau genommen ein Unding ist, etwas, das es nicht gibt und nicht geben kann. Indem es für mich existiert — und nur von solchen Objekten kann die Rede sein —, ist es von meiner Tätigkeit, von meinem inneren Leben durchdrungen." Diese Apperzeption ist also keine beliebige und willkürliche, sondern mit dem Objekt notwendig verbunden.
[. . .]
Als der Gegenpol des Einfühlungsbedürfnisses erscheint uns der Abstraktionsdrang. Um seine Analyse und um die Konstatierung der Bedeutung, die er innerhalb der Kunstentwicklung einnimmt, ist es mir bei dieser Arbeit in erster Linie zu tun.
Wie weit der Abstraktionsdrang das Kunstwollen bestimmt hat, können wir auf eine sich aus den folgenden Ausführungen ergebende Weise an den Kunstwerken ablesen. Dabei finden wir, daß das Kunstwollen der Naturvölker, soweit ein solches überhaupt bei ihnen vorhanden ist, dann das Kunstwollen aller primitiven Kunstepochen und schließlich das Kunstwollen gewisser entwickelter orientalischer Kulturvölker diese abstrakte Tendenz zeigt. Der Abstraktionsdrang steht also am Anfange jeder Kunst und bleibt bei gewissen auf hoher Kulturstufe stehenden Völkern der herrschende, während er z. B. bei den Griechen und anderen Okzidentalen langsam abflaut, um dem Einfühlungsdrang Platz zu machen. Diese vorläufige Konstatierung findet ihre Beweisführung im praktischen Teile der Arbeit.
Welches sind nun die psychischen Voraussetzungen des Abstraktionsdranges? Wir haben sie im Weltgefühl jener Völker, in ihrem psychischen Verhalten dem Kosmos gegenüber zu suchen. Während der Einfühlungsdrang ein glückliches pantheistisches Vertraulichkeitsverhältnis zwischen dem Menschen und den Außenwelterscheinungen zur Bedingung hat, ist der Abstraktionsdrang die Folge einer großen inneren Beunruhigung des Menschen durch die Erscheinungen der Außenwelt und korrespondiert in religiöser Beziehung mit einer stark transzendentalen Färbung aller Vorstellungen.
[. . .]
Von dem verworrenen Zusammenhang und dem Wechselspiel der Außenwelterscheinungen gequält, beherrschte solche Völker ein ungeheures Ruhebedürfnis. Die Beglückungsmöglichkeit, die sie in der Kunst suchten, bestand nicht darin, sich in die Dinge der Außenwelt zu versenken, sich in ihnen zu genießen, sondern darin, das einzelne Ding der Außenwelt aus seiner Willkürlichkeit und scheinbaren Zufälligkeit herauszunehmen, es durch Annäherung an abstrakte Formen zu verewigen und auf diese Weise einen Ruhepunkt in der Erscheinungen Flucht zu finden. Ihr stärkster Drang war, das Objekt der Außenwelt gleichsam aus dem Naturzusammenhang, aus dem unendlichen Wechselspiel des Seins herauszureißen, es von allem, was Lebensabhängigkeit, d. i. Willkür, an ihm war, zu reinigen, es notwendig und unverrückbar zu machen, es seinem absoluten Werte zu nähern. Wo ihnen das gelang, da empfanden sie jene Beglückung und Befriedigung, die uns die Schönheit der organisch-lebensvollen Form gewährt, ja sie kannten keine andere Schönheit, und so dürfen wir es ihre Schönheit nennen.
[. . .]
Es wäre ein Verkennen der psychologischen Entstehungsbedingungen dieser abstrakten Kunstform, wenn man sagen wollte, die Sehnsucht nach Gesetzmäßigkeit ließ den Menschen nach der geometrischen Gesetzmäßigkeit greifen, denn das setzte ein geistig-intellektuelles Durchdringen der geometrischen Form voraus, ließe sie als ein Produkt der Überlegung und der Berechnung erscheinen. Wir sind vielmehr berechtigt anzunehmen, daß hier eine reine Instinktschöpfung vorliegt, daß sich der Abstraktionsdrang diese Form mit elementarer Notwendigkeit ohne Dazwischenkunft des Intellekts geschaffen habe. Gerade weil der Intellekt den Instinkt noch nicht getrübt hatte, konnte die schließlich schon in der Keimzelle enthaltene Disposition zur Gesetzmä-

ßigkeit den abstrakten Ausdruck dafür finden.
Diese abstrakten gesetzmäßigen Formen sind also die einzigen und die höchsten, in denen der Mensch angesichts der ungeheuren Verworrenheit des Weltbildes ausruhen kann. Wir finden von modernen Kunsthistorikern vielfach den im ersten Augengblick verblüffenden Gedanken ausgesprochen, die Mathematik sei die höchste Kunstform, ja es ist bezeichnend, daß gerade die romantische Theorie in ihren künstlerischen Programmen zu dieser anscheinend paradoxen Erkenntnis gekommen ist, die dem allgemeinen verschwommenen Kunstempfinden so widerspricht.

archimedischer Punkt: Ausspruch des Archimedes (285 v. Chr.—212): „Gib mir einen Punkt, wo ich stehen kann, und ich werde die Erde in Bewegung setzen.“
apperzeptiv, apperzeptieren (lat.): etwas (sinnlich) Gegebenes in das Bewußtsein aufnehmen;
Resultante: (lat.) Ergebnisvektor von verschieden gerichteten Bewegungs- oder Kraftvektoren;
Komponente: (lat.) Teilkraft; Bestandteil eines Ganzen;
konstatieren: (lat.) feststellen;
Pantheismus: (griech.) Allgottlehre; Anschauung, nach der Gott das Leben des Weltalls selbst sei;
transzendental: (lat.) die aller Erfahrung vorangehenden Formen der Verstandes- und Vernunfterkenntnis;
Disposition: (s. S. 77)

1. Welche kunsthistorischen „Grundbegriffe“ erstellt Worringer, welche nennt Riegl (s. S. 38)?
2. Erläutern Sie, von welchen Verhaltensformen des betrachtenden Subjekts Worringer ausgeht, und zeigen Sie, wie er versucht, Kunstwerke psychologisch und historisch einzuordnen.
   Inwieweit sehen Sie bei Worringer und Riegl methodische Ähnlichkeiten?
3. Mit welchen Argumenten lehnt Worringer es ab, archaische Kunstwerke als imperfekten Versuch, Natur zu porträtieren, zu verstehen?
4. Erörtern Sie, ob sich ein Gegensatz von Abstraktion und Naturnachahmung konstruieren läßt oder ob nicht vielmehr jede Abbildung notwendigerweise abstrahiert.

Quelle:
Worringer, Wilhelm: Abstraktion und Einfühlung. München 1918, S. 1—24.

WILHELM WORRINGER, 1881—1965, deutscher Kunsthistoriker, wurde 1925 Dozent in Bonn, 1928 in Königsberg, 1947 in Halle.

Literatur:
Dvořak, Max: Kunstgeschichte als Geistesgeschichte. Studien zur abendländischen Kulturentwicklung. München 1928.

Heinrich Lützeler
Das Bild des Menschen

Unter den Erde und Kosmos, Himmel und Hölle umfassenden Motiven der Kunst ist das vornehmste, verbreitetste, langlebigste der Mensch. Er lieh Gestalt und Antlitz auch den Göttern und Geistern. Er verschmolz oft mit den Tieren zu einem fabelhaften Mischwesen: als König und Löwe zum Sphinx der ägyptischen, als Pferd und Mann zum Kentauren der griechischen Kunst. Wenn es um die Vergegenwärtigung von Begriffen und Kräften ging – der Zeit, der Weltalter, der Winde und Sterne, der Tugenden und Laster, der Weisheit und des Glaubens –, immer geschah es mit Hilfe der menschlichen Erscheinung. Viele Epochen kamen ohne die Darstellung der Landschaft aus; nur wenige waren von der Eigenart des Tieres gefesselt, und wie selten vollends wurden die Dinge für bildwürdig erachtet: eine Kanne, ein Glas, ein schöner Kasten, ein Buch! Der Mensch dagegen hat den Menschen von jeher fasziniert: Was gäbe es Verrückteres, Großartigeres als ihn! Pflanze und Tier sind immer sie selber; der Mensch ist nie er selber, sondern ein Entwurf zu Höherem oder ein Gefälle ins Nichtige – so sah ihn Blaise Pascal: „‚Erhebe deine Augen zu Gott', sagen die einen; ‚betrachte ihn, dem du gleichst und der dich geschaffen hat, damit du ihn anbetest; du kannst ihm ähnlich werden'. Die anderen sagen: ‚Senke die Augen zur Erde, elender Wurm, der du bist, und sieh die Tiere an, du bist ihr Gesell!'"

Ein Buch wäre erforderlich, um das Bild des Menschen in der Kunst zu schildern; dabei dürfte die Betrachtung selbstverständlich nicht auf Europa beschränkt bleiben. Ein solches Buch ist noch nicht geschrieben. In dem hier verfügbaren schmalen Band mag es erlaubt sein, nur Europa seit dem Eintritt des Christentums ins Auge zu fassen. Dann ergeben sich fünf Leitmotive, von denen jedes zwar in einer bestimmten Epoche vorherrscht, aber darüber hinaus auch in der Gesamtgeschichte wirksam bleibt: Geschöpf Gottes / Schöpfer in der Welt / Dieser da / Der spielende Mensch / Das Ich und das Andere.

[...]

DAS ICH UND DAS ANDERE

Der Grund des Selbst und der Letzte Grund entziehen sich dem Blick – undurchsichtig das Woher und Wohin? Wer bin ich denn? Bin ich nur – ich? Oder ist nicht allgewaltig um mich ein Anderes, das Andere, worüber selbst der Mächtige keine Macht hat?

Wo das Andere in der Kunst sich durchsetzt, wächst der *dunkle Grund*, und die Figuren verlieren an Bedeutung. Indem ein Außermenschliches an den Menschen heran-, aus ihm hervortritt, tasten Schatten seine Körperlichkeit an, ja löschen sie manchmal fast aus. Eine solche Interpretation des Grundes führt zum genauen Gegenpol der christlichen Kunst. Wie sie den Menschen unterwegs zum Blau des Himmels und zum Goldglanz Gottes zeigt, ebenso präzise stellen Formen und Farben die Ausweglosigkeit vor Augen: daß kein Halt mehr da ist, der nicht von der Erfahrung umgestoßen, vom Denken zerdacht werden könnte.

Darin ist Rembrandt unvergleichlich. Auf der „Versuchung Petri" nimmt an jeder Gestalt Gestaltloses teil. Alle stehen in Licht und Schatten, die wesentlicher sind als die Einzelnen und ihr Tun. Einige sind nur noch Schatten, besonders der sich umwendende Christus. In einer anderen Zone geistert furchtbares, gewittriges Licht, um Petrus und die Magd. Doch die angreiferische Neugier der Magd mit den runden, vorstoßenden Augen, das verstörte, wie von Lüge umschlossene Gesicht des Jüngers, das dumpfe Hocken des Soldaten der Tempelwache, der ins Gespenstische verblaßt – dies vielfältige Sein und Handeln ist letztlich ungemäß, unzulänglich dem gegenüber, was im Innersten der Welt sich abspielt.

Rembrandt zeigt, wie das Andere auch über die *Kinder* Macht hat. Ein harmloser Vorgang, ein harmloses Mädchen – alles deutet auf Spiel, und doch ist das Licht mit Schatten beladen; die Augen blicken über die banale Alltäglichkeit hinaus ins Ungewisse, dunkel Bannende, und die Arme scheinen wie jäh erstarrt. Munchs Mädchen auf der Brücke umgibt das Düstere

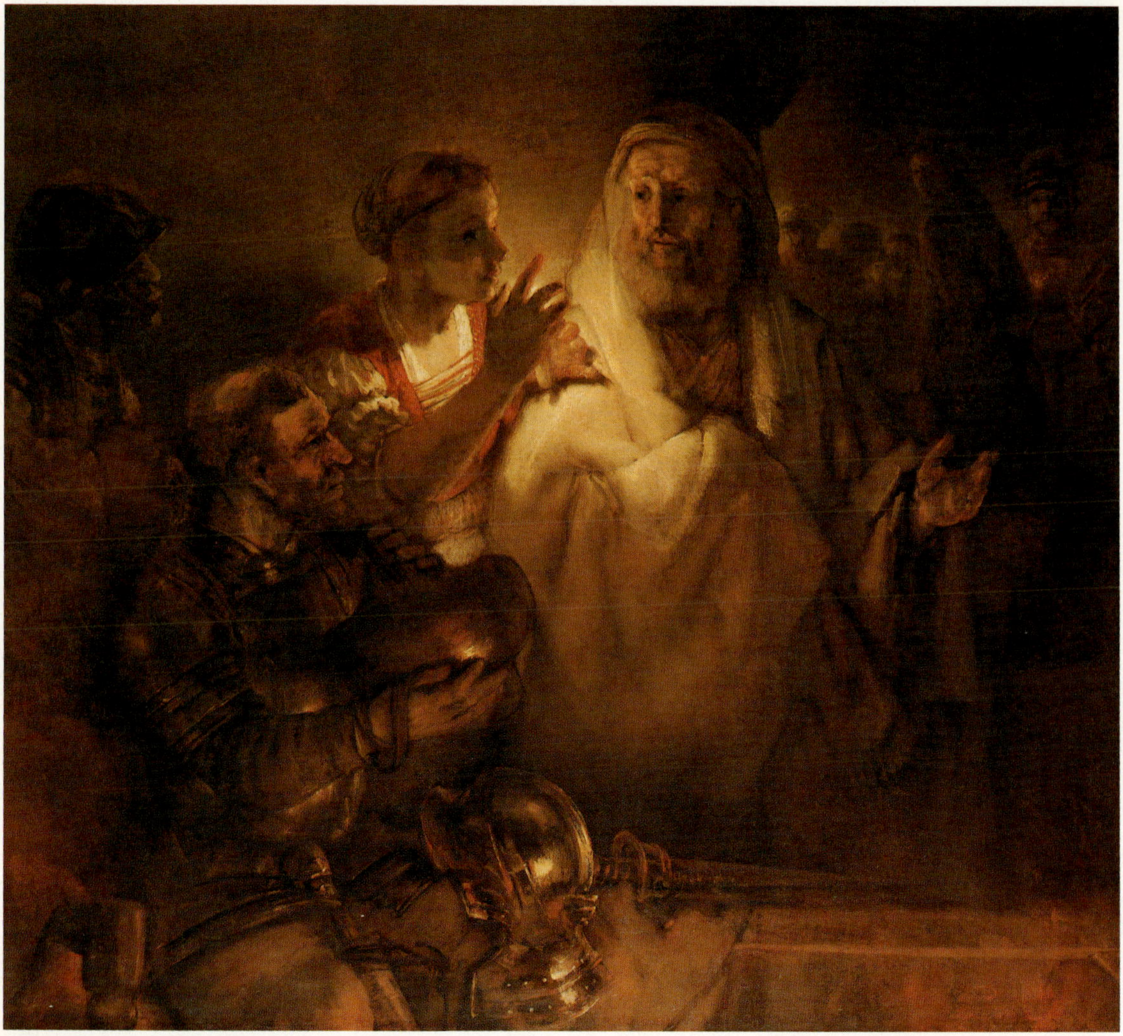

Rembrandt (eigentlich Rembrandt Harmensz van Rijn). Verleugnung Petri. 1660. Öl auf Leinwand. 169 × 154 cm. Rijksmuseum, Amsterdam.

als massiger Wald, gläserner See, abschüssiger Weg und kühler Himmel. Das Haus hinten ist ihnen kein Heim. Das Zusammensein zu viert löst ihre Einsamkeit nicht auf. Das ganze Bild zeugt davon, daß der Mensch auf Erden ein Fremdling ist. Darüber täuschen auch Freundschaften und Verwandtschaften nicht hinweg. *Ich und Du* schließen sich nicht zum Ring zusammen, wenn blutrot dazwischen das Ungeheure aufscheint. Das schmale Licht einer Kerze mildert, aber besiegt es nicht. Die Fläche engt die Figuren ein, so daß das Bild bedrängend wirkt. Jäh steigt es in seiner Beengtheit an, gleichsam hochgejagt von einer inneren Spannung.
Zwei Weltkriege liegen hinter uns, ein dünner Friede umgibt uns. In dieser Lage müssen wir fragen, was denn überhaupt der Mensch wert sei, wer er sei, ob es sich lohne zu leben. In einem gesicherten Dasein mochte es genügen, sich an der bloßen Form von Bildern und Skulpturen zu ergötzen, und es ist ja in der Tat ein Ereignis, dem Ungefähren und Vergehenden geprägte Gestalt entgegenzusetzen. Aber wir können nicht mehr bei der Form stehenbleiben; wir möchten erkennen, was in ihr, was durch sie verwirklicht ist. In solcher Fragestellung enthüllt sich uns die überdauernde Bedeutung auch längst vergangener Kunst. Kunstwerke sind wie Menschen, neben uns und mit uns — nur klüger und wissender als wir, mächtig an Rat, hinreißend, wenn Verzagtheit uns hemmt, verschwenderisch, wenn Armut uns lähmt. Kunst bewährt sich uns als Schatzbehälter echten, eigentlichen Daseins; im Umgang mit ihr erfahren wir uns selbst — bis in den Grund und bis in die Grundlosigkeit des Menschen hinein.

Sphinx: (griech.) in der ägyptischen Kunst Mischgestalt mit dem Körper eines Löwen und dem Kopf eines Königs als sinnbildliche Darstellung des Herrschers;
Kentaur: (griech.) in der griechischen Sage Gestalt von tierischer Wildheit, ein Pferd mit menschlichem Oberkörper;
Pascal, Blaise (1623 – 1662), französischer Philosoph;
Rembrandt (1606 – 1669), niederländischer Maler;
Munch, Edvard (s. S. 77).
Rembrandt, eigentl. Rembrandt Harmensz van Rijn (1606 – 1669), niederländischer Maler.

1. Zeigen Sie, wie Lützelers „existenzielle" Lebensauffassung — er sieht die Existenz des Menschen als eine kritische, ungesicherte und von ständigem Scheitern bedrohte — seine Methode der Kunstbetrachtung beeinflußt.
2. Halten Sie die Interpretationsweise Lützelers für eine wissenschaftlich-objektive Methode? Sind seine Interpretationsergebnisse objektiv überprüfbar? Begründen Sie Ihre Meinung.

Quelle:
Lützeler, Heinrich: Das Bild des Menschen. Freiburg i. Br. 1963.

Heinrich Lützeler, geb. 1902, deutscher Kunsthistoriker, Professor in Bonn.

Literatur:
Dvořak, Max: Kunstgeschichte als Geistesgeschichte. Studien zur abendländischen Kunstentwicklung. München 1928.
Sedlmayr, Hans: Kunst und Wahrheit. Zur Theorie und Methode der Kunstgeschichte. Hamburg 1958.
Heidegger, Martin: Der Ursprung des Kunstwerkes. Stuttgart 1977.

V. GESELLSCHAFTSBEZOGENE INTERPRETATIONSANSÄTZE

a) Theoretisch-kritische Analyse

Arnold Hauser
Ziele und Grenzen der Soziologie der Kunst

Kunstwerke sind Herausforderungen. Wir erklären sie nicht, wir setzen uns mit ihnen auseinander. Wir legen sie unseren eigenen Zielen und Bestrebungen entsprechend aus, übertragen auf sie einen Sinn, der seinen Ursprung in unseren eigenen Lebensformen und Denkgewohnheiten hat, machen, mit einem Wort, aus jeder Kunst, zu der wir eine wirkliche Beziehung haben, eine moderne Kunst.

Kunstwerke sind unnahbare Höhen. Wir gehen auf sie nicht direkt zu, wir umkreisen sie vielmehr. Jede Generation erblickt sie von einem anderen Standort aus und sieht sie mit neuen Augen an, wobei der später gewonnene Gesichtspunkt nicht unbedingt der angemessenere ist. Jeder Aspekt hat seine Stunde, die nicht vorweggenommen und nicht verlängert werden kann, wenn ihr Ertrag für die Zukunft auch keineswegs verlorengeht. Aus der Akkumulation der verschiedenen Deutungen ergibt sich ja erst der volle Sinn, den ein Kunstwerk für eine spätere Generation gewinnt.

[. . .]

Es gibt freilich noch immer Leute, die eine gewisse Unbequemlichkeit dabei empfinden, wenn geistige Erscheinungen, oder das, was sie mit Vorliebe die höheren geistigen Werte nennen, mit Lebenskampf, Klassenkampf, dem Kampf ums tägliche Brot, Konkurrenz, Prestige und ähnlichen Dingen in Verbindung gebracht werden. Eine Auseinandersetzung mit ihnen würde zu weit führen; hier kann nur soviel bemerkt werden, daß die Bewahrung des Geistigen vor jeder Berührung mit dem Materiellen, die ihnen am Herzen liegt, zumeist nur eine Form der Verteidigung von privilegierten Stellungen ist.

Viel bedenkenswerter ist der Widerstand gegen die soziologische Deutung geistiger Schöpfungen, die von der Annahme ausgeht, daß ein Sinngebilde, namentlich ein Kunstwerk, ein eigenständiges, in sich abgeschlossenes und vollendetes System sei, dessen einzelne Momente auf Grund ihrer inneren Abhängigkeit voneinander restlos erklärt werden können, ohne daß man auf die Entstehung oder die Auswirkung des Systems Bezug nehmen müßte. Es ist unzweifelhaft, daß das Kunstwerk seine eigene immanente Logik hat und daß seine Eigenart sich am klarsten in den inneren strukturellen Beziehungen der verschiedenen Werkschichten und Formelemente ausdrückt. Es ist auch offenbar, daß die genetischen Beziehungen, das heißt die Etappen des Weges, auf dem der Künstler von einem Motiv oder Einfall zum anderen gelangt, nicht nur die Akzente verschieben, sondern auch die Zusammenhänge verschleiern und die Werte verändern, auf denen die ästhetische Wirkung des Kunstwerkes beruht. Die für die Entstehung des Werkes wichtigsten Momente sind mit den künstlerisch wirkungsvollsten und wertvollsten durchaus nicht immer identisch. Und ähnlich stehen auch die praktischen Bestrebungen des Künstlers, das heißt die außerkünstlerischen Ziele, auf die das Kunstwerk gerichtet ist, mit den inneren künstlerischen Beziehungen, die es aufweist, nicht immer im Einklang. Die Verteidiger des *l'art pour l'art* — denn darum geht es — behaupten aber nicht nur, daß die künstlerische Wirkung eine vollkommen souveräne sei und auf der mikrokosmischen Geschlossenheit des Werkes beruhe, sondern auch, daß jede Bezugnahme auf eine werkjenseitige Wirklichkeit die ästhetische Illusion unrettbar aufhebe. Das mag nun an und für sich richtig sein, man darf nur nicht vergessen, daß diese Illusion keineswegs den ganzen Inhalt des Kunstwerks ausmacht und daß sie nicht das ausschließliche, ja, nicht einmal das wichtigste Ziel des künstlerischen Bemühens darstellt. Denn wenn es auch wahr ist, daß wir uns von der Wirklichkeit in gewissem Maße loszusagen haben, um in den Zauberkreis der Kunst einzutreten, so ist es nicht weniger wahr, daß jede echte Kunst zur Wirklichkeit auf einem mehr oder minder weiten Umweg zurückführt. Ihre

Größe besteht in einer Deutung des Lebens, die uns den chaotischen Zustand der Dinge besser zu bewältigen und dem Dasein einen besseren – verbindlicheren und verläßlicheren – Sinn abzugewinnen hilft.

Die bloßen Formgesetze der Kunst sind von den Regeln eines Spiels nicht wesentlich verschieden. Wie kompliziert, geist- und kunstvoll ausgedacht diese auch sein mögen, sie sind an und für sich, das heißt unabhängig vom Ziel, das Spiel zu gewinnen, mehr oder weniger sinnlos. Als bloße Bewegungen sind die Manöver von Fußballspielern nicht nur unverständlich, sondern auch langweilig. Man kann wohl ihre Geschwindigkeit und Geschicklichkeit eine Zeitlang auch für sich genießen – wie leicht wiegen aber nicht diese Leistungen im Verhältnis zu jenen, die derjenige zu würdigen weiß, der mit dem eigentlichen Zweck des ganzen Laufens, Springens und Stoßens vertraut ist. Wenn wir nun von dem Ziel, das der Künstler mit seinem Werk verfolgt, dem Ziel der Belehrung, Überzeugung und Beeinflussung, nichts wissen oder nichts wissen wollen, haben wir von seiner Kunst nicht viel mehr als der Unkundige vom Fußballspiel, das er nach der Schönheit der Bewegungen der Spieler beurteilt. Das Kunstwerk ist in seiner höchsten Form eine Botschaft, und wenn auch diejenigen, die behaupten, daß die wirkungsvolle, ansprechende, tadellose Gestalt die Vorbedingung der erfolgreichen Übermittlung der Botschaft sei, zweifellos recht haben, so haben doch die anderen, die den Sinn einer solchen Gestalt ohne eine ihr zugrunde liegende Botschaft verneinen, nicht weniger recht.

Das Kunstwerk ist mit einem Fenster verglichen worden, das einen Ausblick in die Welt eröffnet und für sich selbst bald gar keine, bald aber auch alle Aufmerksamkeit in Anspruch nimmt. Man könne, wurde behauptet, das Bild jenseits des Fensters betrachten, ohne sich von der Beschaffenheit des Fensters, der Struktur und der Farbe der Fensterscheibe auch nur im geringsten Rechenschaft zu geben. Das Kunstwerk erscheint nach dieser Analogie als ein bloßes Vehikel der Erfahrung, eine durchsichtige Glasscheibe, ein Augenglas, das an und für sich unbemerkt bleibt und nur als Mittel zum Zweck in Frage kommt. Wie man aber seinen Blick auch auf die Fensterscheibe einstellen und auf die Struktur des Glases konzentrieren kann, ohne von dem jenseits des Fensters sich eröffnenden Bild Notiz zu nehmen, so könne man, hieß es, das Kunstwerk als ein selbständiges, in sich vollendetes, „undurchsichtiges“ Formgebilde auffassen, das von jeder Beziehung nach außen wie abgeschnitten ist. Gewiß kann man das – man kann die Fensterscheibe anstarren, so lange man will –, ein Fenster ist schließlich doch zum Hinausschauen da.

Die Kultur dient zum Schutze der Gesellschaft. Die geistigen Gebilde, die Traditionen, Konventionen und Institutionen, sind nichts als Wege und Mittel der gesellschaftlichen Organisation. Religion, Philosophie, Wissenschaft und Kunst, alle haben eine Funktion im Kampfe um den Bestand der Gesellschaft. Die Kunst, um bei ihr zu bleiben, ist zunächst ein Werkzeug der Magie, ein Mittel, den Lebensunterhalt der primitiven Jägerhorde zu sichern. Sie wird alsdann zu einem Instrument der animistischen Kulthandlung, die die guten und die bösen Geister im Interesse der Gemeinschaft beeinflussen soll. Sie verwandelt sich allmählich in Formen der Verherrlichung der allmächtigen Götter und ihrer irdischen Statthalter: in Götter- und Königsbild, Hymnus und Panegyrikus. Sie dient schließlich in der Form einer mehr oder weniger offenkundigen Propaganda den Interessen eines Bundes, einer Clique, einer politischen Partei oder einer besonderen Gesellschaftsklasse. Nur hie und da, in Zeiten verhältnismäßiger Sicherheit oder der Entfremdung des Künstlers, zieht sie sich von der Welt zurück und tut, als ob sie, um praktische Ziele unbekümmert, nur um ihrer selbst willen und der Schönheit wegen da wäre. Sie erfüllt aber auch dann noch wichtige soziale Funktionen, indem sie der Ausdruck von Macht und ostentativer Muße bleibt. Ja, sie tut viel mehr als das. Die Kunst fördert die Interessen einer sozialen Schicht schon durch die bloße Darstellung und die stillschweigende Anerkennung ihrer moralischen und ästhetischen Wertmaßstäbe. Der Künstler, der von einer solchen Schicht erhalten wird und mit allen seinen Hoffnungen und Aussichten von ihr abhängt, wird ungewollt und unbewußt zum Sprachrohr seiner Brotherren und Mäzene.

[. . .]

Akkumulation: (lat.) Anhäufung;
Prestige: (franz.) Ansehen, Geltung;
l'art pour l'art: (franz.) „Die Kunst für die Kunst“, Schlagwort für eine Kunstauffassung, die einen außerkünstlerischen Maßstab für ein Kunstwerk ablehnt;
souverän: (franz.) überlegen;
chaotisch: (griech.) wirr, ungeordnet;
Analogie: (griech.) Ähnlichkeit, Muster;
Vehikel: (lat.) schlechtes, altmodisches Fahrzeug;
animistisch: (lat.) Bezug nehmend auf die urtümliche Vorstellung, daß alle Dinge beseelt seien;
Hymnus: (griech.) feierlicher Festgesang, Lobgesang;
Panegyrikus: (griech.) Lobrede, Lobgedicht im Altertum;
ostentativ: (lat.) anschaulich, darstellend, betont;
Mäzen: (lat.) Kunstfreund.

1. Erläutern Sie Hausers Behauptung, Formgesetze in der Kunst entsprächen den Regeln eines Spieles.
2. Wie erklärt Hauser den Widerstand gegen eine soziologische Kunstanalyse? Wie begründet er deren Notwendigkeit?
3. Inwiefern kritisiert Hauser im vorliegenden Text die werkimmanente Methode?
4. Untersuchen Sie, inwieweit Hausers Untersuchungsmethode historisch bestimmt ist und das Verhältnis Künstler/Kunstwerk/Publikum außer acht läßt.
5. Worin unterscheidet sich Hausers Ansatz von der empirischen Kunstsoziologie? (s. S. 114 f.)

Quelle:
Hauser, Arnold: Soziologie der Kunstgeschichte. München 1958, S. 1 – 5.

ARNOLD HAUSER, 1892 – 1978, Literatur- und Kunstsoziologe ungarischer Herkunft. Er lebte seit 1938 in Großbritannien und war Professor an der Universität von Leeds.

Literatur:
Kuhn, Hans: Wesen und Wirken des Kunstwerks. München 1960.
Rassem, Mohammed: Gesellschaft und bildende Kunst. Eine Studie zur Wiederherstellung des Problems. Berlin 1960.

Theodor W. Adorno
Thesen zur Kunstsoziologie

I

Kunstsoziologie umfaßt, dem Wortsinn nach, alle Aspekte des Verhältnisses von Kunst und Gesellschaft. Unmöglich, sie auf irgendeinen, etwa auf die gesellschaftliche Wirkung von Kunstwerken, einzuschränken. Denn diese Wirkung ist selbst nur ein Moment in der Totalität jenes Verhältnisses. Sie herauszulösen und für den einzig würdigen Gegenstand von Kunstsoziologie zu erklären, hieße das sachliche Interesse der Kunstsoziologie, das jeder vorgreifenden Definition sich entzieht, durch methodologische Präferenz zu ersetzen, nämlich die für die Verfahrensweisen der empirischen Sozialforschung, mit denen man die Rezeption von Werken feststellen und quantifizieren zu können beansprucht. Die dogmatische Beschränkung auf diesen Sektor würde aber deshalb die objektive Erkenntnis gefährden, in deren Zeichen man ihr Monopol anmeldet, weil die Wirkungen von Kunstwerken, überhaupt von geistigen Gebilden, kein Absolutes und Letztes sind, das durch den Rekurs auf die Rezipierenden hinlänglich bestimmt würde. Vielmehr hängen die Wirkungen von der Sache, von zahllosen Mechanismen der Verbreitung, der sozialen Kontrolle und Autorität, schließlich der gesellschaftlichen Struktur ab, innerhalb deren Wirkungszusammenhänge sich konstatieren lassen; auch vom gesellschaftlich bedingten Bewußtseins- und Unbewußtseinsstand derer, auf welche die Wirkung ausgeübt wird.
[. . .]

II

[. . .]
Ich meine jedoch, daß es die einfachste Menschenvernunft, keineswegs erst die philosophische Reflexion, gebietet, Erhebungen des Umfragetypus in den richtigen Zusammenhang zu rücken, wenn sie tatsächlich der gesellschaftlichen Erkenntnis dienen und nicht nur Informationen für Interessenten beistellen sollen. [. . .] LAZARSFELD bezeichnete das seinerzeit zustimmend mit dem Begriff eines critical communication research, im Gegensatz zu einem lediglich administrativen. Der Begriff des „Kunsterlebnisses", mit dem SILBERMANN zufolge die Kunstsoziologie ausschließlich sich beschäftigen soll, bietet Probleme, die einzig durch Untersuchungen über die je zu „erlebende" Sache und die Bedingungen ihrer Verbreitung gelöst werden können; allein in einem solchen Kontext gewinnen Erhebungen ihren Stellenwert. Das sogenannte Kunsterlebnis ist äußerst schwer dingfest zu machen. Außer bei streng Sachverständigen dürfte es überaus diffus sein. Bei vielen Menschen widerstrebt es der Verbalisierung. Angesichts der Massenkommunikationen, die ein ganzes System von Reizen bilden, handelt es sich überdies weniger um einzelne Erlebnisse als um den kumulativen Effekt. Kunsterlebnisse gelten überhaupt nur relativ auf ihr Objekt; nur in der Konfrontation mit diesem ist ihre Bedeutung festzustellen. Bloß scheinbar sind sie fester Boden, in Wahrheit ein Resultat; unendlich viel steht hinter ihnen. Probleme wie das der Adäquanz oder Inadäquanz von „Kunsterlebnissen" an ihrem Gegenstand, wie sie etwa durch die Massenrezeption als klassisch eingereihter Kunstwerke aufgeworfen werden: Probleme von offensichtlich höchster soziologischer Relevanz können durch bloß subjektiv gerichtete Methoden überhaupt nicht erfaßt werden. Das kunstsoziologische Ideal wäre, objektive Analysen (das heißt solche der Werke), Analysen der strukturellen und spezifischen Wirkungsmechanismen und solche der registrierbaren subjektiven Befunde aufeinander abstimmen. Sie müßten sich wechselseitig erhellen.

III

Die Frage, ob Kunst und alles, was auf sie sich bezieht, soziales Phänomen sei, ist selbst ein soziologisches Problem. Es gibt Kunstwerke höchster Dignität, die zumindest nach den Kriterien ihrer quantitativen Wirkung sozial keine erhebliche Rolle spielen und die darum SILBERMANN zufolge aus der Betrachtung auszuscheiden hätten; dadurch aber würde die Kunstsoziologie verarmen: Kunstwerke obersten Ranges fielen durch ihre Maschen. Wenn sie, trotz ihrer Qualität, nicht zu erheblicher sozialer Wirkung gelangen, ist das ebenso ein fait social wie das Gegenteil. Soll die Kunstsoziologie davor einfach verstummen? Der soziale Gehalt von Kunstwerken selbst liegt zuweilen, etwa konventionellen und verhärteten Bewußtseinsformen gegenüber, gerade im *Protest* gegen soziale Rezeption; von einer historischen Schwelle an, die in der Mitte des neunzehnten Jahrhunderts zu suchen wäre, ist das bei autonomen Gebilden geradezu die Regel. Kunstsoziologie, die das vernachlässigte, machte sich zu einer bloßen Technik zugunsten der Agenturen, die berechnen wollen, womit sie eine Chance haben, Kunden zu werben, und womit nicht.
[. . .]

V

Das berührt auch die Frage nach der künstlerischen Qualität. Diese ist zunächst einmal ganz schlicht als eine der Angemessenheit ästhetischer Mittel an ästhetische Zwecke, der Stimmigkeit der soziologischen Untersuchung offen, zentral aber für jene Fragen sind die Zwecke selbst: ob es sich etwa um die Manipulation von Kunden oder um ein geistig Objektives handelt. Wofern Kunstsoziologie nicht unmittelbar auf solche kritische Analyse sich einläßt, bedarf sie deren doch als ihrer eigenen Bedingung. Das Postulat der sogenannten Wertfreiheit kann davon nicht dispensieren. Die gesamte Diskussion über Wertfreiheit, die man neuerdings wieder zu beleben und sogar zum entscheidenden Kontroverspunkt der gegenwärtigen Soziologie zu machen sucht, ist überholt. Auf der einen Seite kann nicht nach freischwebenden, gleichsam jenseits der sozialen Verflechtungen oder jenseits der Manifestationen des Geistes etablierten Werten geblickt werden. Das wäre dogmatisch und naiv. Der Wertbegriff selbst ist bereits Ausdruck einer Situation, in der das Bewußtsein geistiger Objektivität aufgeweicht wird. Als Gegenschlag gegen den kruden Relativismus hat man ihn willkürlich verdinglicht. Andererseits aber setzt jede künstlerische Erfahrung, in Wahrheit sogar jedes einfache Urteil der prädikativen Logik, so sehr Kritik voraus, daß davon zu abstrahieren so willkürlich und abstrakt wäre wie die Hypostasis der Werte. Die Scheidung von Werten und Wertfreiheit ist von oben her ausgedacht. Beide Begriffe tragen die Male eines falschen Bewußtseins, die irrationale dogmatische Setzung der Werte ebenso wie das neutralisierende, in seiner Urteilslosigkeit gleichfalls irrationale Hinnehmen dessen, was der Fall sei. Kunstsoziologie, welche von dem MAX WEBERschen Postulat, das jener sehr qualifizierte, sich gängeln ließe, würde bei allem Pragmatismus unfruchtbar. Gerade durch ihre Neutralität geriete sie in überaus fragwürdige Wirkungszusammenhänge, den bewußtlosen Dienst für jeweils mächtige Interessen, denen dann die Entscheidung zufällt, was gut sei und was schlecht.

VI

ALPHONS SILBERMANN ist in seinem Artikel auf S. 165 des Fischer-Lexikons (Soziologie, hrsg. von R. KÖNIG) mit mir der Ansicht, daß es eine der Aufgaben der Kunstsoziologie sei, sozialkritisch zu wirken. Es scheint mir aber nicht möglich, diesem Desiderat gerecht zu werden, wenn der Gehalt der Werke und ihre Qualität ausgeschaltet werden. Wertfreiheit und sozialkritische Funktion sind unvereinbar. Weder kann man dann vernünftige Sätze über zu erwartende und zur Kritik stehende soziale Folgen der kommunizierten Produkte aussprechen noch überhaupt entscheiden, was etwa zu verbreiten und nicht zu verbreiten wäre. Zum einzigen Kriterium würde die soziale Wirksamkeit der Werke, eine simple Tautologie. Zwingend schließt sie ein, daß Kunstsoziologie in ihren Empfehlungen nach dem Status quo sich zu richten und eben jener Sozialkritik sich zu enthalten habe, deren Notwendigkeit SILBERMANN doch keineswegs bestreitet.
[. . .]
Soziologie entsprang in der Philosophie; sie bedarf auch heute noch, wenn sie nicht gänzlich begriffslos bleiben will, des Typus von Reflexion und Spekulation, der in der Philosophie entstanden war. Schließlich sind die quantitativen Resultate von Erhebungen selbst, wie die statistische Wissenschaft mittlerweile unterstreicht, nicht Selbstzweck, sondern dazu da, daß einem an ihnen soziologisch etwas aufgeht. Dies „Aufgehen" fiele aber, im Sinn von SILBERMANNS Distinktion, durchaus unter die Kategorie des Philosophischen. Die Arbeitsteilung zwischen Disziplinen wie Philosophie, Soziologie, Psychologie und Geschichte liegt nicht in den Sachen selbst, sondern ist diesen von außen oktroyiert. Wissenschaft, die wirklich eine ist, nicht naiv geradehin gerichtet, vielmehr in sich selbst reflektiert, kann der zufälligen Arbeitsteilung nicht blind willfahren. Auch daraus zieht man in Amerika die Konsequenz. Die Forderung interdisziplinärer Methoden gilt für die Soziologie, die in gewissem Sinn auf alle überhaupt möglichen Gegenstände sich erstreckt, in besonderem Maße. Sie müßte, als gesellschaftliches Bewußtsein, trachten, etwas von dem gesellschaftlichen Unrecht wiedergutzumachen, das Arbeitsteilung dem Bewußtsein angetan hat. Kein Zufall, daß in Deutschland fast alle heute sichtbar tätigen Soziologen von der Philosophie herkommen, auch die der Philosophie am heftigsten Opponierenden.
[. . .]

VIII

[. . .]
Nicht genug ist zu fragen, wie die Kunst in der Gesellschaft steht, wie sie in ihr wirkt, sondern zu erkennen, wie Gesellschaft in den Kunstwerken sich objektiviert. Die Frage nach der Kommunikation, die ich, und zwar als kritische, für ebenso relevant halte wie SILBERMANN, ist davon sehr verschieden. Bei der Kommunikation ist aber nicht nur darauf zu merken, was jeweils offeriert und was nicht kommuniziert wird; auch nicht nur darauf, wie die Rezeption erfolgt. [. . .] Es gehört dazu wesentlich, was kommuniziert wird. Vielleicht darf ich, um das zu erläutern, an meine Problemstellung erinnern, ob eine durchs Radio verbreitete und

womöglich ad nauseam wiederholte Symphonie überhaupt noch die Symphonie ist, von der die herrschende Vorstellung annimmt, daß sie kommuniziert werde. Das hat dann unmittelbare bildungssoziologische Konsequenzen, etwa, ob die massenhafte Verbreitung irgendwelcher Kunstwerke tatsächlich jene Bildungsfunktion besitze, die ihr zugesprochen wird; ob es unter den gegenwärtigen Kommunikationsbedingungen irgend zu jenem Typus von Erfahrung kommt, den künstlerische Bildung stillschweigend meint. Der Streit um die Kunstsoziologie ist für die Bildungssoziologie unmittelbar relevant.

Präferenz: (lat.) Vorziehen;
Lazarsfeld, Paul, (s. S. 84), amerikanisiert: Lazarsfield;
communication research: (engl.) „Kommunikationsforschung", befaßt sich mit Prozessen, die einen Sender, Empfänger, einen Kommunikationsmodus, eine inhaltlich bestimmbare Botschaft oder Nachricht und eine auf Empfang erfolgende Verhaltensänderung aufweisen;
Silbermann, Alphons (s. S. 117);
diffus: (lat.) zerstreut, ungeordnet, verschwommen;
kumulativ: (lat.) (an)häufend;
Adäquanz: (lat.) Angemessenheit, Entsprechung;
Relevanz: Wichtigkeit, Erheblichkeit;
Dignität: (lat.) Würde;
fait sozial: (franz.) sozialer Tatbestand;
autonom: (griech.) selbständig, unabhängig, nach eigenen Gesetzen lebend;
Postulat: sachlich oder denkerisch notwendige Annahme, die unbeweisbar, aber durchaus glaubhaft und einsichtig ist;
„Wertfreiheit": Werturteilsfreiheit, wissenschaftsmethodisches Prinzip, das auf der Grundlage der Unterscheidung zwischen Seinsaussagen und Sollensaussagen (deskriptiven und normativen Aussagen) die Sollensaussagen oder Werturteile im Rahmen wissenschaftlicher Aussagesysteme (Theorien) verbietet;
dispensieren: befreien, beurlauben;
krud: (lat.) roh, unverdaulich;
prädikativ: (lat.) aussagend;
Hypostasis: (griech.) Verdinglichung, Vergegenständlichung eines bloß in Gedanken existierenden Begriffs;
Weber, Max (1864–1920), deutscher Philosoph und Politiker; forderte Wertfreiheit der Wissenschaft;
Pragmatismus: philosophische Lehre, die im Handeln das Wesen des Menschen erblickt und Wert und Unwert des Denkens danach bemißt;
König, René (geb. 1906), deutscher Soziologe;
Desiderat: (lat.) „Gewünschtes", Lücke, Mangel;
Tautologie: (griech.) Wiedergabe des gleichen Sachverhaltes in einer Wortgruppe mit zwei synonymen Wörtern (z. B. weißer Schimmel);
status quo: (s. S. 77);
Distinktion: (lat.) hier: Unterscheidung;
oktroyieren: (franz.) aufdrängen, aufzwingen;
ad nauseam: (lat.) bis zur Übelkeit.

1. Gesellschaftliche Wirkung von Kunstwerken ist ein Aspekt der Kunstsoziologie. Welche anderen Aspekte möchte Adorno berücksichtigt wissen? Mit welchen Argumenten versucht er zu begründen, daß die Methode der empirischen Soziologie nicht objektiv sei?
2. Erläutern Sie Adornos These: Kunsterlebnisse gelten nur relativ auf ihr Objekt.
3. Diskutieren Sie Adornos Standpunkt, eine „wertfreie" Kunstbetrachtung und -beurteilung sei ohne Sinn.
4. Warum fordert Adorno einen interdisziplinären Ansatz in der Methode der Kunstanalyse?
5. Untersuchen Sie – etwa am Beispiel einer gotischen Madonna im Museum oder als Abbildung auf Weihnachtskarten –, wie sich durch massenhafte Verbreitung eines Kunstwerkes deren Gehalt verändert. Zeigen Sie weiter, welche Bedeutung diese Tatsache für die Analyse von Kunstwerken haben kann.
6. Vergleichen Sie stichwortartig die empirische Methode Silbermanns (s. S. 114) mit der kritischen Adornos.

Quelle:
Adorno, Theodor W.: Thesen zur Kunstsoziologie. In: *König, René (Hrsg.):* Kölner Zeitschrift für Soziologie und Sozialpsychologie. Begründet durch Leopold von Wiese. Jahrgang XIX, S. 87–93.

THEODOR W. ADORNO, 1903–1969, lehrte in Frankfurt am Main als ordentlicher Professor für Philosophie und war Direktor des Instituts für Sozialforschung.

Literatur:
Adorno, Theodor W. u. a.: Der Positivismusstreit in der deutschen Soziologie. Neuwied/Berlin 1972.
Benjamin, Walter: Das Kunstwerk im Zeitalter seiner technischen Reproduzierbarkeit. Frankfurt a. M. 1974.

b) Empirische Kunstsoziologie

Alphons Silbermann
Empirische Kunstsoziologie

Betrachtet man rein quantitativ die Anzahl der Schriften und Studien, die zur Soziologie der diversen Kunstformen veröffentlicht worden sind, dann fällt auf, daß im Vergleich zu Literatur und Musik die Soziologie der bildenden Kunst recht mager bedacht ist. Das könnte entweder bedeuten, daß sich Malerei und Bildhauerei als Kunst der empirischen Forschung entziehen, oder daß der Maler bzw. der Bildhauer als Künstler und so auch das Publikum der bildenden Kunst nur von geringer soziologischer Relevanz sind, oder aber daß das „In-Erscheinung-Tretende“, angesichts seines doppelten perzeptiven Moments — nämlich den Augen des Schaffenden und denen des Betrachtenden — viel zu vielen Interventionen unterliegt, als daß sie alle erfaßbar wären.

Derlei Argumente sind schon vielfach vorgetragen worden, könnten aber doch wohl ebensogut auf Literatur, Musik und andere zu einem großen Teil von ihrer Irrationalität lebende Kunstformen Anwendung finden. So muß also in einer anderen Richtung gesucht werden, will man der angesprochenen Unverhältnismäßigkeit auf den Grund kommen. Hier könnte uns womöglich ein globaler Rückblick auf die verschiedenen Gebiete zu Hilfe kommen, mit denen sich die Literatur und auch die Dokumentation der bildenden Kunst seit Jahrhunderten befaßt. Ohne hier minuziös jedem jemals zum Ausdruck gebrachten Gedankengang nachzugehen, erkennen wir drei große Kategorien, denen die Kunstliteratur sich angesichts von Bildern und Skulpturen stets immer wieder aufs neue gewidmet hat. Es sind dies vom Betrachter aus gesehen in logischer Reihenfolge: Sehen, Verstehen und Würdigen.

Beim *Sehen* handelt es sich um den ersten Kontakt zwischen Produzent und Konsument, um die Initialzündung eines Kommunikationsprozesses, wobei es völlig gleichgültig ist, ob dieser Prozeß von seiten des Beschauers vollendet wird oder ob der Künstler überhaupt auf Kommunikation Wert gelegt hat. Fest steht, daß das Sehen gewisse neuralgische Faktoren in Bewegung setzt, die außer Anerkennung oder Ablehnung Elemente der Persönlichkeitsstruktur nach vorne bringt, die von Ekel über Erstaunen bis zu Gelächter reichen können. Diesem physiopsychologischem Problem sind viele Studien nachgegangen, insbesondere seit den Tagen, als eine — generell gesprochen — „abstrakte“ Malerei sich der „figurativen“ zugesellt hat. Immer wieder hat man gerade vom Standpunkt des Sehens her die Frage zu beantworten gesucht, *was* der Beschauer in einem Bild sieht und *wie* er es sieht. Und so denn ist ein Wust von Literatur auf den Markt gekommen, die sich in erster Linie damit befaßt, den Betrachtern von Gemälden, Graphiken, Zeichnungen, Collagen, Skulpturen, Mobiles oder Gouachen klar zu machen, was sie zu sehen haben — die Materie, die Form, die Dimension, das Oben, das Unten, die Farbe, das Licht, die Bewegung und sonstiges mehr. Zu Recht trägt eines der klassischen Bücher zu diesem Thema, nämlich RUDOLF ARNHEIMS 1945 erschienene umfangreiche Abhandlung „Art and Visual Perception“ , in der deutschen Ausgabe („Kunst und Sehen“, Berlin 1965) den Untertitel: „Eine Psychologie des schöpferischen Auges“; denn, indem es sich im einzelnen der Frage zuwendet: „Wie erfaßt das Auge; was nimmt es wahr?“, klassifiziert und systematisiert es gemäß den Aufgaben und den Erkenntnissen der Psychologie seelische Vorgänge und Zustände. Es sollen hier, und so noch in vielen anderen Schriften dieser Art, die Mechanismen der Vision geläutert werden, auf daß der Beschauer in die Lage versetzt werde, „richtig“ zu sehen.

Dem gleichen Zweck dienen im Grunde genommen auch jene Abhandlungen, die als Wissenschaft vom Seelischen alles Geistige unter sich einordnen wollen und damit einem Psychologismus verfallen, bei dem alle Gebiete der Philosophie, wie beispielsweise Logik, Erkenntnistheorie, Ethik, Ästhetik in einen Topf geworfen werden, um dann in vorausschauender, wenn auch ideologisierender Verzweiflung ausrufen zu können: „Kunstwerke sind unnahbare Höhen“. Das Sehen wird hier geführt in die Bereiche des Bewußtseins.

Denn, ob auf diese oder andere Weise, möchte man dahinter kommen, wie sich denn eigentlich das Bewußtsein bei der Wahrnehmung im allgemeinen und speziell bei der ästhetischen Perzeption verhält: Erfassung und Erläuterung des Phänomens des Ergreifens von Formen und Farben auf phänomenologischeWeise, sagen wir z. B. im Sinne der von Max Scheler entwickelten phänomenologischen Methode, stehen hier im Vordergrund.

Doch zum Kapitel „Sehen" gehört noch ein weiteres Gebiet, das sich allerdings weiter um die Aufdeckung hintersinniger Seinsschichten bekümmert. Es ist dies das vielbeackerte Feld der Anweisungen zur Betrachtung von Kunstwerken — vom Wörterbuch, über das bebilderte Lexikon, bis zum Museums- und Ausstellungsführer. Hier soll dem Auge nachgeholfen werden, damit der Beschauer nur ja im Bilde das Richtige und Wesentliche sehe und nicht der Unwissenheit desjenigen zum Opfer falle, der sich einfach dem Dargestellten (woraus es auch immer bestehen möge) erfreut oder auch nicht.

Die nächste literarische Kategorie haben wir mit der Sammelüberschrift *Verstehen* versehen. Hier nun werden erneut die im Bilde erscheinenden Elemente wie Farbe, Licht, Form, Ornament, Komposition oder Rhythmus analysiert. Allerdings hat sich jetzt der Blickpunkt verschoben. Denn galt es beim „Sehen" noch im weitesten Maße *hinter* das Auge des Betrachters zu treten, wird jetzt beim „Verstehen" versucht, *in* Auge, Hirn und Seele des Künstlers vorzudringen — kurz, es geht jetzt um jenes leidige Etwas, das dieser Tage mit Vorliebe als „die Aussage eines Kunstwerks" bezeichnet wird. Ausgangspunkt dieser Unternehmen ist die Tatsache, daß Malerei bzw. Bildhauerei eine andere Welt, ein anderes Universum sind, und damit auch deren Formen, Symbole oder Ausschmückungen, die allesamt sich sozusagen zu akklimatisieren haben, um in ein Gemälde aufgenommen zu werden. Es gilt also auf dem mühsamen Weg des Verstehens, das Vieldeutige freizulegen, damit der Sinn von Proportionen, von Bewegung, von Dimensionen oder dem Clair-obscur in die Realität des Daseins integriert werde.

Die diesbezüglichen Schriften lassen den Beschauer an einem Vorgang teilnehmen, der in der einen oder anderen Weise dem Entstehungsprozeß eines Bildes gleicht, wobei [. . .] besonderer Wert gelegt wird auf Imagination und Expression als die beiden hervorstechenden Charakteristika der Kunst. Meist historizistisch ausgerichtet, d. h. mit der Absicht, alle Erscheinungen der bildenden Kunst aus ihren geschichtlichen und nicht etwa aus ihren sozialen Bedingungen heraus zu verstehen, entwickelte sich somit eine Methode für die systematische Dechiffrierung sowohl des Kunstwerkes, so wie es sich präsentiert, als auch der es umgebenden Aktivitäten sowie seiner plastischen und ästhetischen Ausstrahlungen. Unweigerlich entfernt sich das Vorgehen dieser Kunstliteratur von der Gegenwärtigkeit, um sich in die Versuche zu verlieren, die ästhetischen Realitäten in einer Perspektive der Wiederherstellung von Mentalitäten der Vergangenheit zu erfassen.

Ging es beim Sehen um Attitüden und beim Verstehen um Erfahrungen, so bekümmert sich die Literaturkategorie des *Würdigens* um Beurteilungen. Das Unterfangen besteht hier meist darin, gleichzeitig die Elemente und Strukturen des Kunstwerkes zu erfassen, um auf diese Weise einem Dialog des Künstlers mit seinem Werk auf der einen Seite und einer Kommunikation des Werkes mit dem Betrachter auf der anderen in die Nähe zu gelangen. Ausgehend vom optischen Material, dieses durch systematische Denkarbeit und Intuition auf das Niveau einer Bedeutungsanalyse erhoben, werden individuelle Werturteile etabliert, die letztlich als axiomatisch gelten sollen. Obwohl die Existenz der Werte mit Hilfe profunder Untersuchungen philosophischer, ästhetischer, sozialgeschichtlicher oder psychologischer Art nachgewiesen werden, können dennoch weder deren Gültigkeit noch ihre Entschuldbarkeit anschaulich gemacht werden. Sie sind und bleiben Ausdruck eines dem steten sozialen Wandel unterworfenen rationalen Verhaltens. Am deutlichsten wird dies, wenn das Würdigungs-Vorgehen in den Rahmen gleich welcher Ideologienlehre eingebaut wird, wenn es z. B. heißt: „Die sachliche Vieldeutigkeit der Bilddarstellung erscheint als Resultat der Vieldeutigkeit oder Unbestimmbarkeit der die historische Wirklichkeit beherrschenden Macht oder Mächte und wird damit zum Spiegelbild bestimmter zeitgenössischer Bedingungen."[1] Was hier, sozusagen von Links her, ins Würdigungs-System eingebaut wird, findet sein Pendant auf der Rechten, wenn es heißt, „daß eine Homogenität der Kultur sich nur unter der Vorausssetzung einer kleinen Schicht geltungssicherer Maßgeblicher erwarten läßt"[2].
[. . .]

Für eine ganze Anzahl der [. . .] soziologisch ausgerichteten Arbeiten zur und über die bildende Kunst ist es nicht etwa die Aufgabe, der Frage nachzugehen, ob das, was ein Maler oder ein Bildhauer tut, Kunst ist, sondern in Vergangenheit und Gegenwart das Situationäre der Kunstschöpfungen, die Kunst-Situation zu erfassen. Denn das Gesellschaftliche — Soziologie einfach definiert als: „Der Wissenschaft von der Gesellschaft" (William Graham Sumner) — hat sich stets dort manifestiert, wo „Gegenkulturen" entstanden

---

[1] *Deinhard, Hanna:* Bedeutung und Ausdruck, Neuwied/Berlin 1967, S. 57.

[2] *Gehlen, Arnold:* Zeit — Bilder, Frankfurt a. M./Bonn 1960, S. 223.

sind. Als Beispiel hierfür ließe sich jene Diskussion anführen, in der danach verlangt wird, jedes Kunstwerk, dessen Gebrauch sich als Teil einer angeblich unterdrückenden Konsumgesellschaft dartut, als ästhetisch unmoralisch zu verwerfen. Wenn heutzutage in der einen oder anderen gesellschaftskritischen Weise dargetan wird, daß Kunst nur dasjenige sei, was von einem System, bestehend aus Kritikern, Kennern, Kunsthändlern und Auktionshäusern, erhalten werde, dann finden hier kunstsoziologische Systemerörterungen statt, um die sich eine Soziologie der bildenden Kunst schon immer bemüht hat, geschehe dies in monographischen Darstellungen, in wissenssoziologischen Schriften, kultursoziologischen Diskursen oder politsoziologischen Anklagen. Es ist diese Vielfalt der Ansatzpunkte, die dazu führen mußte, daß der Entwurf eines scharfen gesamtsoziologischen Bildes der hier abgehandelten Kunstform bisher nicht durchgeführt werden konnte. Stets bewegen wir uns in Einzelheiten, die zu einem Gesamt zusammenzufügen nur schwerlich gelingt. Daher rührt wohl auch der Rückzug von Kritikern, Soziologen und auch Künstlern auf eine sich mit Stil, Einfluß, Ikonographie befassende Kunstgeschichte, um das A-Historische aufzuzeigen oder zu kreieren.

Insofern das Studium der bildenden Kunst in ihrer gesellschaftlichen Wirklichkeit Gegenstand der Soziologie der bildenden Kunst ist, weist schon das soeben nur kursorisch Ausgeführte darauf hin, welche vielfältigen und komplexen Aspekte diese Wirklichkeit aufweist. Und da die Analyse dieser Aspekte den Inhalt der Soziologie der bildenden Kunst bildet, ihre besonderen Themen ausmacht, findet sich in der Bibliographie zu diesem Kapitel eine Vielfalt von Analysen, die zwar alle ihre Autonomie bewahren, aber überdies dazu dienen, im Verzuge einer Wechselwirkung, die Funktion der bildenden Kunst im Leben der verschiedenen menschlichen Gesellschaften zu erklären.

So schwer es auch gerade bei der bildenden Kunst, dieser „demonstrativen", da visuellen Kunstform nachzuvollziehen sein mag — auch für sie gilt vom Gesichtspunkt der empirischen Kunstsoziologie her gesehen das gleiche, was für die soziologische Betrachtung der anderen Kunstformen gilt, nämlich: Die Vermeidung philosophischer Spekulationen oder obskurer ästhetischer Konzepte sowie die Enthaltsamkeit von jedweder Kritik und von Vorschriften. Ihr einziges Ziel — allgemein gesprochen — kann und darf nur die Analyse dieser oder jener Kunstform als gesellschaftliche Tatsache sein. Das heißt natürlich nicht, daß — wie manche der angeführten Titel zeigen — sie sich nicht auf gewisse ästhetische und philosophische Prinzipien stützen darf, wenn sich diese als Datenmaterial notwendig erweisen. Auch braucht sie psychologische, anthropologische, kunstkritische und kunsthistorische Daten nicht außer acht zu lassen, wenn sie diese auch stets nur als Stützpunkte, als Hilfsmittel benutzen wird, die ihr erlauben, dem vollkommenen Verständnis ihres speziellen soziologischen Phänomens zu dienen.

So präzisiert sich denn der Inhalt einer empirischen Soziologie der bildenden Kunst gemäß den folgenden, schlagwortartig angeführten Zentralthemen:

1. Die bildende Kunst als soziale Erscheinung
2. Die Typologie der Künstlerwelt
3. Der Einfluß der physischen, sozialen und ökonomischen Wirkekreise
4. Der Einfluß der bildenden Kunst auf die Gesellschaft
5. Die gesellschaftliche Bedeutung der bildenden Kunst.

Hierzu einige kurze Erläuterungen. Das erste Zentralthema umfaßt das Studium der Entstehung der bildenden Kunst in ihren diversen Ausdrucksformen. Von diesem Thema leiten sich verschiedene Fragen allgemeinen Charakters ab, wie z. B. die Frage nach den sozialen Grundlagen des Schöpfungsprozesses und des ästhetischen Genusses. Auch z. B. die Frage nach dem Allgemeinen und dem Beständigen eines gesellschaftlichen Phänomens, also der bildenden Kunst, fällt unter diese Rubrik.

Beim zweiten Zentralthema wendet sich der Empiriker dem Studium des Künstlers, des Mäzens, des Kritikers, des Connaisseurs, des Kunsthändlers, kurz der Gruppe der Schaffenden und der Vermittler in bezug auf die von ihnen beherrschten oder beeinflußten Wirkekreise zu. So z. B. gilt es hier das Problem der sozialen Kontrolle zu behandeln, dem Künstler vielfach unterliegen.

Bei dem dritten Zentralthema geht es um die Analyse jener physischen und sozialen Wirkekreise, innerhalb deren der Künstler seine Kunst ausübt. Im Rahmen solcher Untersuchungen läßt sich dann feststellen, welchen Einfluß Umwelt, Religion, ethnische Zugehörigkeit, Moral, sozialer Hintergrund, Schichtzugehörigkeit, Wirtschaft, Politik und auch die verschiedenen Stile auf ihn und sein Werk haben oder gehabt haben.

Abgeleitet von diesem dritten Thema eröffnen sich die Beziehungen zwischen Gesellschaft und Künstler und damit unter der vierten Hauptüberschrift Erklärungen dafür, warum im Kunstwerk selber seine gesellschaftliche Wirkung eingebettet liegt sowie Klarstellungen über die Rückwirkung der bildenden Kunst — und zwar als eine Synthese von Künstler und Gesellschaft — auf die Gesellschaft.

Erst wenn die soziologische Analyse der Kunst in ihrer Entstehung, ihrer Träger und der Wechselwirkungen zwischen Kunst und Gesellschaft durchgeführt ist, läßt sich als letztes Zentralthema die gesellschaftliche Bedeutung der bildenden Kunst untersuchen und die Rolle verstehen, die die bildende Kunst im Leben der Gesellschaft spielt.

divers: (lat.) verschieden; in der Mehrzahl: mehrere;
empirisch: (griech.) aus der Erfahrung; Beobachtung; dem Experiment entnommen;
perzeptiv: (lat.) die sinnliche Wahrnehmung betreffend;
Intervention: (lat.) Vermittlung; Einmischung;
minuziös: (lat.-franz.) peinlich genau;
neuralgisch: (griech.) Spannung hervorrufend, kritisch;
Physiologie: Lehre von den normalen Lebensvorgängen;
Wust: Schutt, Unrat;
Mobile: (lat.) bewegliches plastisches Gebilde der neueren Kunst;
Gouache: (franz.) Malerei mit Wasserfarben, die im Unterschied zu den reinen Aquarellfarben mit Weiß und Gummiarabikum gemischt werden und dadurch „decken";
Arnheim, Rudolf (geb. 1904 in Berlin), promovierte dort 1928. Er lehrte in Harvard und ist jetzt Professor an der Universität Michigan, USA;
Phänomen: (griech.) das Erscheinende, sich den Sinnen Zeigende;
Scheler, Max (1874–1928), Philosoph. Auf der Grundlage der Phänomenologie entwarf er eine Wertphilosophie und eine Religionsphilosophie. Scheler ist Begründer der Wissenssoziologie;
clair-obscur: (franz.) helldunkel (Helldunkelmalerei);
Dechiffrierung: (arab.-franz.) Entzifferung;
Attitüde: (s. S. 9)
Axiom: (griech.-lat.) Satz, der keines Beweises bedarf;
axiomatisch: zweifellos, gewiß;
profund: (lat.-franz.) tief, tiefgründig, gründlich;
Pendant: (lat.-franz.) Gegenstück, Ergänzung;
Homogenität: (griech.) Gleichartigkeit.
Sumner, Wilhelm Graham (1840–1910), amerikanischer Soziologe;
Connaisseur: (franz.) Kenner.

1. Erläutern Sie die Bedeutung der Kategorien Sehen, Verstehen und Würdigen für die Methode der Kunstbetrachtung Silbermanns.
2. Zeigen Sie, inwiefern Silbermanns Methode „empirisch" genannt werden kann.
3. Warum kritisiert Silbermann Hausers Aussage „Kunstwerke sind unnahbare Höhen" (s. S. 108)?
4. In welchen wesentlichen Merkmalen unterscheidet sich die Kunstbetrachtung der empirischen Soziologie von der der theoretisch-kritischen Schule einerseits und der symboltheoretischen andererseits (s. S. 111, und S. 118)?
5. Nennen Sie Beispiele für die historistisch ausgerichtete Methode.

Quelle:
Silbermann, Alphons: Empirische Soziologie. Eine Einführung mit kommentierter Bibliographie. Stuttgart 1973, S. 47–51.

ALPHONS SILBERMANN, geb. 1909, Dr. jur., Staatsanwalt a. D., Lehrstuhl für Soziologie der Massenkommunikation und Kunstsoziologie an der Universität Köln.

Literatur:
Mierendorff/Tost: Einführung in die Kunstsoziologie. In: Kölner Zeitschrift für Soziologie und Sozialpsychologie. Opladen 1957.
Honigsheim, Paul: Soziologie der Kunst, Musik und Literatur. In: *Eisermann, Gottfried (Hrsg.):* Die Lehre von der Gesellschaft. Stuttgart 1958.
Adler, Franz: Kunstsoziologie. In: *Bernsdorf, Wilhelm (Hrsg.):* Wörterbuch der Soziologie. Frankfurt a. M. 1972.

c) Symboltheoretische Analyse

Pierre Bourdieu
Elemente zu einer soziologischen Theorie der Kunstwahrnehmung

1. Jede Betrachtung von Kunstwerken enthält eine bewußte oder unbewußte Dekodierung:

1.1. Eine erste Dekodierung, die sich unbewußt vollzieht. Ein unmittelbares und adäquates Verstehen wäre daher nur in dem *speziellen Fall* möglich und gewährleistet, in dem der kulturelle Schlüssel, der diese Dekodierung ermöglicht, dem Betrachter (aufgrund seiner Kompetenz oder seines Rezeptionsvermögens) unmittelbar und vollständig verfügbar wäre und mit dem kulturellen Code übereinstimmte, der dem betreffenden Werk zugrundeliegt [. . .]

1.2. Wenn diese Voraussetzungen aber nicht erfüllt sind, ist Mißverständnis die Regel: die Illusion des unmittelbaren Verstehens führt zu einem illusorischen Verständnis, das von einem falsch gewählten Schlüssel herrührt. Da man die Werke nicht als kodiert, nämlich nach einem anderen Code kodiert begreift, wendet man unbewußt auf Erzeugnisse einer fremden Tradition denjenigen Code an, der für die alltägliche Wahrnehmung, für die Entschlüsselung der vertrauten Gegenstände gilt: Es gibt keine Wahrnehmung, die nicht einen unbewußten Code einschlösse; dem Mythos vom „reinen Auge“ als einer Begnadung, wie sie allein der Einfalt und der Unschuld zuteil wird, kann nicht ausdrücklich genug widersprochen werden. Deshalb neigen die ungebildetsten Betrachter unserer Gesellschaften so sehr dazu, eine „realistische Darstellung“ zu fordern, da sie über keine spezifischen Wahrnehmungskategorien verfügen und daher auf die tradierten Kunstwerke keinen anderen als den Schlüssel anwenden können, mit dessen Hilfe sie die Gegenstände ihres täglichen Umgangs als sinnvoll begreifen.
[. . .]

1.3. Eine Theorie, die bei dem spontanen Wahrgenommenen stehenbleibt, stützt sich allein auf die Erfahrung des Vertrauten und unmittelbar Verständlichen, beschränkt sich somit auf einen Sonderfall, den sie gar nicht als einen solchen erkennt.

1.3.1 Die Gebildeten sind die Eingeborenen der oberen Bildungssphäre und neigen daher zu einer Art von Ethnozentrismus, den man Klassenethnozentrismus nennen könnte. Und zwar deshalb, weil eine Wahrnehmungsweise für natürlich (d.h. zugleich selbstverständlich und quasi in der Natur begründet) gehalten wird, die doch nur eine unter anderen möglichen ist und durch eine mehr oder weniger dem Zufall überlassene oder zielgerichtete, bewußte oder unbewußte, institutionalisierte oder nicht institutionalisierte Erziehung erworben wird [. . .]

1.3.2. Umgekehrt befinden sich diejenigen, die dem etablierten Bildungsstand völlig unbemittelt gegenüberstehen, in einer Situation, die ganz und gar der des Ethnologen ähnelt, der sich einer fremden Gesellschaft gegenübersieht und z. B. einem Ritual beiwohnt, zu dessen Verständnis ihm der Schlüssel fehlt. Die Verwirrung und Blindheit der ungebildetsten Betrachter gegenüber kulturellen Produkten erinnert objektiv daran, daß die Wahrnehmung von Kunstwerken vermittelte Entschlüsselung ist: Die von den ausgestellten Werken angebotene Information, die die Entschlüsselungsfähigkeiten des Betrachters übersteigt, sieht dieser so an, als besäße sie keinerlei Bedeutung, genauer gesagt, keine Strukturierung und Organisation, da er sie nicht zu „dekodieren“, d. h. in verständliche Form zu bringen vermag.
[. . .]

2. Ein jeder Akt der Entschlüsselung bedient sich eines mehr oder weniger komplexen und mehr oder weniger vollständig verfügbaren Codes.
[. . .]

2.1.3. Die soziologische Beobachtung gestattet es, jene positiv gewordenen Wahrnehmungsformen zu entdecken, die den verschiedenen Ebenen entsprechen, die die theoretischen Analysen durch methodische Distinktion aufstellen. Jedes kulturelle Produkt, von der Küche über den Western bis zur seriellen Musik, kann zum

Gegenstand verschiedener Arten von Verständnis werden, die vom einfachsten und alltäglichen Erlebnis bis zum gebildeten Genuß reichen. Die Ideologie vom „reinen Auge" geht an der Tatsache vorbei, daß das Gefühl oder die Wahrnehmung, die das Kunstwerk hervorruft, einen unterschiedlichen Wert haben kann, je nachdem, ob das ästhetische Erlebnis dabei stehen bleibt oder sich einer angemessenen Erfahrung des Kunstwerkes einfügt. Man kann daher durch Abstraktion zwei entgegengesetzte und extreme Formen des ästhetischen Vergnügens unterscheiden, zwischen denen es alle möglichen Zwischenstufen gibt, einmal das *Vergnügen*, das der ästhetischen, auf die einfache *aisthesis* beschränkten Wahrnehmung entspricht, und den Genuß, den der gelehrte Geschmack bereitet, der nun einmal die notwendige, wenn auch nicht zureichende Bedingung einer angemessenen Entschlüsselung bildet.
Wie die Malerei ist auch die Wahrnehmung der Malerei ein mentaler Akt, zumindest sofern sie den immanenten Wahrnehmungsformen entspricht, m. a. W., sofern die ästhetische Intention des Betrachters mit der ästhetischen Intention des Werkes zusammenfällt (die nicht mit der Intention des Künstlers zu identifizieren ist).
[...]

2.2. Das Kunstwerk im Sinne eines symbolischen — und nicht so sehr ökonomischen — Gutes (auch das nämlich kann sein) existiert als Kunstwerk überhaupt nur für denjenigen, der die Mittel besitzt, es sich anzueignen, d. h. es zu entschlüsseln.
[...]

2.2.2. [...] Das Kunstwerk auf spezifisch ästhetische Weise zu betrachten, d. h. als etwas, das nichts außer sich selbst bedeutet, heißt nicht, wie oft behauptet wird, es so zu betrachten, daß man es weder psychisch noch intellektuell auf irgend etwas anderes bezöge als es selbst, heißt nicht, sich dem betrachteten Werk in einer unableitbaren Einzigartigkeit zu überlassen, sondern dessen stilistischen Züge zu ermitteln, indem man es in Beziehung zu allen Werken (und nur zu diesen Werken) setzt, die insgesamt die Klasse bilden, der es angehört. Dagegen ist der Geschmack der unteren Klassen gekennzeichnet im Sinne dessen, was KANT in der *Kritik der Urteilskraft* einen „barbarischen Geschmack" nennt, gekennzeichnet nämlich durch die Abneigung oder Unfähigkeit, zwischen dem, „was gefällt", und dem, „was Vergnügen bereitet", genauer gesagt, zwischen dem „interesselosen Wohlgefallen", dem einzigen Garanten der ästhetischen Qualität der Betrachtung, und dem Interesse der Sinne zu unterscheiden, wodurch sich das „Angenehme" oder das „Verstandesinteresse" bestimmt: Dies Interesse fordert nämlich von jedem Bild, daß es eine Funktion erfüllen soll, und sei es nur die eines Zeichens. Daher steckt hinter der „funktionalistischen" Vorstellung vom Kunstwerk sehr häufig die Abneigung gegen alles, was mühelos entstanden ist, der Hinweis auf den Kult der Arbeit oder die Wertschätzung des „Instruktiven" (im Gegensatz zum Interessanten) oder eine gewisse Hilflosigkeit, Ermangelung eines spezifisch stilistischen Gliederungsprinzips, d. h. die Unfähigkeit, jedem besonderen Werk im Universum der Darstellungen seinen Ort zuzuweisen. Daher ist ein Kunstwerk, von dem diese unteren Klassen erwarten, daß es ohne Doppelsinnigkeiten eine dem Signifikanten transzendente Botschaft ausdrücke, für diejenigen, die über keinerlei Rüstzeug verfügen, um so verwirrender, je mehr (wie es in den nichtfigurativen Künsten der Fall ist) die erzählende und designative Funktion entfällt.
[...]

2.3. Der künstlerische Code als ein System der möglichen Unterteilungsprinzipien in komplementäre Klassen der gesamten Darstellung, die einer bestimmten Gesellschaft zu einem bestimmten Zeitpunkt offeriert werden, hat den Charakter einer gesellschaftlichen Institution.

2.3.1. [...] Jede Epoche organisiert die Gesamtheit ihrer künstlerischen Darstellungen gemäß einem Gliederungssystem, das ihr in eigentümlicher Weise anhaftet, indem sie Verwandtschaften zwischen Werken sieht, die andere Epochen voneinander scheiden, und Werke voneinander trennt, die andere Epochen in engem Zusammenhang sahen; darum haben die Individuen Mühe, andere Unterschiede zu bemerken als diejenigen, welche ihnen ihr verfügbares Gliederungssystem festzustellen gestattet.
[...]

2.3.3. Da die Werke, die das künstlerische Kapital einer zu gegebenem Zeitpunkt gegebenen Gesellschaft bilden, unterschiedlich komplexe und verfeinerte Codes erfordern, die sich mehr oder weniger leicht oder schnell durch institutionalisierte Unterweisung aneignen lassen, unterscheiden sie sich je nach Art ihres Emissionsniveaus. [...] Die Lesbarkeit eines Kunstwerkes hängt für ein bestimmtes Individuum von der Distanz zwischen dem Emissionsniveau (verstanden als Grad der immanenten Komplexität und Verfeinerung des vom Werk erforderten Codes) und dem Rezeptionsniveau ab (das sich daran bemißt, inwieweit das Individuum den sozialen Code beherrscht, der dem vom Werk erforderten Code mehr oder weniger angemessen sein kann). Jedes Individuum besitzt eine bestimmte und beschränkte Fähigkeit, die vom Werk an-

gebotenen „Informationen“ aufzufassen, eine Fähigkeit, die von seiner Kenntnis des art- oder gattungsspezifischen Codes des betreffenden Typs von Botschaft abhängt, z. B. der Malerei insgesamt oder aber der Malerei dieser oder jener Epoche, dieser oder jener Schule, dieses oder jenen Autors. Überschreitet die Botschaft seine Verständnismöglichkeiten oder geht, genauer gesagt, der Code des Werkes aufgrund seiner Finesse und Komplexität über den Code des Betrachters hinaus, so hat dieser gewöhnlich kein Interesse an etwas, das ihm als ein Wirrwarr ohne Sinn und Fug erscheint, als ein Spiel von Klängen oder Farben ohne jede Notwendigkeit. Anders gesagt: gegenüber einer Botschaft, die für ihn zu reich oder, wie die Informationstheorie sagt, „überwältigend“ ist, fühlt er sich ratlos und bestürzt.
[. . .]

2.3.5. [. . .] Die Transformation der künstlerischen Produktionsinstrumente geht der Transformation der Instrumente der Kunstwahrnehmung voraus, und der Wandel der Wahrnehmungsweisen vollzieht sich nur langsam, da es einen Typus von Kunstverständnis (ein Produkt der Verinnerlichung eines sozialen Codes, der den Verhaltensmustern und dem Gedächtnis so tief eingestanzt ist, daß er auf unbewußter Ebene funktioniert) zu entwurzeln gilt, um ihn durch einen anderen, neuen Code zu ersetzen, der notwendigerweise einen langen und komplizierten Prozeß der Verinnerlichung erfordert.
[. . .]

3. Da das Werk als Kunstwerk nur in dem Maße existiert, in dem es wahrgenommen, d. h. entschlüsselt wird, wird der Genuß, der sich aus dieser Wahrnehmung ergibt — mag es sich um den eigentümlichen ästhetischen Genuß oder um indirektere Privilegien wie den Hauch von Exklusivität, den er verschafft, handeln — nur denjenigen zuteil, die in der Lage sind, sich die Werke anzueignen. Nur sie nämlich messen ihnen überhaupt Wert bei, und das nur deshalb, weil sie über die Mittel verfügen, sie sich anzueignen. Daher kann das Bedürfnis nach der Appropriation dieser Güter, die wie die Bildungsgüter überhaupt nur für diejenigen existieren, die sei es ihrer familiären Herkunft, sei es der Schule die nötigen Appropriationsmittel verdanken, sich nur bei denjenigen ausbilden, die in der Lage sind, es zu befriedigen, und kann es sich befriedigen, sobald man es verspürt.

3.1. Daher wächst einerseits im Unterschied zu den „primären“ Bedürfnissen das Bildungsbedürfnis als ein gebildetes Bedürfnis in dem Maße, in dem es befriedigt wird, da eine jede neue Appropriation zur Vermehrung der Appropriationsinstrumente führt und demzufolge zu einer größeren Befriedigung, die der neuen Appropriation entspricht. Auf der anderen Seite schwindet das Bewußtsein der Entbehrung in dem Maße, in dem diese Versagung selbst anwächst, da diejenigen, die von den Appropriationsmitteln der Werke so gut wie vollständig abgeschnitten sind, zugleich dem Bewußtsein dieser Versagung am fernsten stehen.
[. . .]

3.2.3. Selbst wenn die Institution der Schule hinsichtlich eines spezifischen Kunstunterrichts nur einen untergeordneten Platz einnimmt, selbst wenn sie weder eine spezifische Anregung zur kulturellen Praxis noch ein Arsenal zusammenhängender und z. B. spezifischer auf Werke der Bildhauerei zugeschnittener Begriffe liefert, flößt sie doch eine bestimmte *Vertrautheit* mit der Welt der Kunst ein (die konstitutiv ist für das Gefühl, zur gebildeten Klasse zu gehören), so daß man sich in ihr zu Hause und unter sich fühlt, als sei man der prädestinierte Adressat von Werken, die sich nicht dem ersten besten ausliefern: Diese Vertrautheit führt andererseits (zumindest in der Mehrzahl der europäischen Länder, die über die Institution „höhere Schule“ verfügen) dazu, eine Aufnahmebereitschaft für Bildung als dauerhafte und allgemein verbreitete Einstellung einzuschärfen, die die Anerkennung des Wertes von Kunstwerken und die Fähigkeit, sich diese Werke als art- und gattungsspezifische Kategorien anzueignen, einschließt. Obwohl der Lehrbetrieb der Schule sich beinahe ausschließlich auf literarische Werke erstreckt, gelingt es ihm dennoch, eine übertragbare Bereitschaft zu erzeugen, nämlich alle von der Schule anerkannten Werke zu bewundern, bzw. das Pflichtgefühl einzuimpfen, bestimmte Werke oder, genauer gesagt, bestimmte Klassen von Werken zu verehren und sie zu schätzen, die nach und nach so erscheinen, als seien sie Attribute eines bestimmten Schul- und Sozialstatus. [. . .]
Die angemessenste Wahrnehmung unterscheidet sich von der unangemessensten daher nur durch die Genauigkeit, den Reichtum und die Verfeinerung der angewandten Kategorien. Es handelt sich also keineswegs um ein Dementi dieser Behauptungen, wenn man feststellt, daß die Museumsbesucher um so häufiger gerade den berühmtesten und durch den Schulunterricht in höchstem Grade anerkannten Gemälden ihre Gunst entgegenbringen, je weniger Unterricht sie genossen haben, während die der modernen Malerei, die die geringsten Chancen haben einen Platz im Unterricht eingeräumt zu bekommen, nur von den Inhabern der höchsten Bildungsabschlüsse (zumeist Großstadtbewohnern) zitiert werden. Die Fähigkeit, Geschmacksurteile zu äußern, die man „persönlich“ nennt, ist letztlich ein Resultat der Art des Unterrichts, den man genossen hat: Die Freiheit, sich von den schulischen

Zwängen zu befreien, besitzen nur diejenigen, die ihre Schulbildung ausreichend assimiliert haben, um ein freies Verhältnis zu der Art von Bildung zu gewinnen, wie eine Schule sie vermittelt, die so tief von den „Werten" der herrschenden Klasse durchdrungen ist, daß sie sogar ihrerseits die mondäne Entwertung der Schulpraktiken übernimmt. [. . .]

3.3. Die charismatische Ideologie beruht auf der Tatsache, daß die Beziehung zwischen Kunstkompetenz und Erziehung, die auf der Hand liegt, nachdem sie einmal nachgewiesen wurde, ausgeklammert bleibt. Allein eine solche Erziehung nämlich vermag die Bereitschaft zu wecken, den Bildungsgütern Wert beizumessen und zugleich das Sachverständnis zu vermitteln, das dieser Bereitschaft Sinn verleiht, indem sie es erst ermöglicht, daß man sich diese Güter appropriiert. [. . .] Wenn es so um die Funktion der Bildung steht und die „Liebe zur Kunst" nur das Zeichen einer „Erwähltheit" ist, das wie eine unsichtbare und unübersteigbare Schranke diejenigen, die dieses Zeichen tragen, von jenen trennt, denen diese Gnade nicht zuteil ward, dann wird verständlich, wieso die Museen schon in den geringsten Details ihrer Morphologie und Organisation ihre wahre Funktion verraten, die darin besteht, bei den einen das Gefühl der Zugehörigkeit, bei den anderen das Gefühl der Ausgeschlossenheit zu verstärken. [. . .]

Kode (Code): (s. S. 69);
Dekodierung: Entschlüsselung;
adäquat: (lat.) (einer Sache) angemessen, entsprechend, übereinstimmend;
Kompetenz: (lat.) Zuständigkeit;
Rezeption: (s. S. 57);
ethnisch: (griech.) dem besonderen Volkstum angehörend;
quasi: (lat.) gewissermaßen, gleichsam, sozusagen;
Ethnologe: (griech.) Völkerkundler;
Ritual: (lat.) festgefügtes Modell und Spielregel des sozialen Verhaltens;
Distinktion: (s. S. 113);
seriell: (lat.) eine Reihentechnik verwendend;
mental: (lat.) in Gedanken, geistig;
symbolisch: (griech.) materielle Gegenstände, Laute, Gerüche und Farben betreffend, denen ein Sinngehalt zugeordnet wurde, der nicht aus ihren physischen Eigenschaften abgeleitet oder verstanden werden kann;
Kant, Immanuel: (s. S. 6);
instruktiv: (lat.) lehrreich, aufschlußreich;
designativ: (lat.) bestimmend, bezeichnend;
komplementär: (lat.) ergänzend;
Institution: (lat.) Einrichtung, die sich als Bezugssystem des sozialen Verhaltens verstehen läßt;
Emission: (lat.) Aussendung;
Finesse: (lat.) Feinheit;
Appropriation: (lat.) Besitzergreifung;
Arsenal: (arab.) Zeughaus, Gerät- und Waffenlager;
konstitutiv: (lat.) bestimmend, grundlegend; das Wesen einer Sache ausmachend;
prädestiniert: vorherbestimmt;
Attribut: (s. S. 57);
Dementi: (lat.) offizielle Berichtigung oder Widerruf einer Behauptung;
assimilieren: (lat.) anpassen;
mondän: (lat.-franz.) nach Art der großen Welt, betont modern;
charismatisch: (griech.) gnadenhaft, sendungsbetont;
Morphologie: (griech.) Lehre von den Formen.

1. Welches sind die wesentlichen Kriterien und Begriffe der Kunsttheorie Bourdieus?
2. Erläutern Sie die Konsequenzen der These Bourdieus „Jedes kulturelle Produkt kann zum Gegenstand verschiedener Arten von Verständnis werden" für die Methode der Kunstbetrachtung.
3. Nennen Sie Beispiele für ein „illusorisches Verständnis" von Kunstwerken.
4. Erörtern Sie Bourdieus Auffassung, daß ein Zusammenhang bestehe zwischen Bildungsgrad und der Kompetenz, Kunstwerke zu genießen und zu beurteilen. Untersuchen Sie weiter, ob auch ein Zusammenhang bestehen kann zwischen Bildungsgrad und der Fähigkeit, ein Kunstwerk zu schaffen.
5. Wie unterscheiden sich symbolische und ästhetische Beurteilung eines Kunstwerkes?
6. Untersuchen und beschreiben Sie die Art und Weise der Darbietung künstlerischer Objekte in Ihnen bekannten Museen. Welche Merkmale einer Ausstellung können Ihrer Meinung nach zu einem Gefühl der Fremdheit und des Ausgeschlossenseins führen, und wie könnte zu mehr Öffentlichkeit in Museen und Galerien beigetragen werden?

Quelle:
Bourdieu, Pierre: Zur Soziologie der symbolischen Formen. suhrkamp taschenbuch wissenschaft 107. Frankfurt a. M., 1974. S. 159–198.

Pierre Bourdieu, geb. 1930, ist Inhaber des Lehrstuhls für Kultursoziologie an der Ecole Pratique des Hautes Etudes, Paris; er begann seine Laufbahn als Ethnologe; seit 1960 hat er umfangreiche statistische Untersuchungen über Bildungs- und Erziehungsprobleme der europäischen Gesellschaften unternommen. Bourdieu demonstriert, daß seine Methode zu Ergebnissen von entscheidender politischer Relevanz führen kann.

Literatur:
Paulsson, Gregor: Die soziale Dimension der Kunst. Bern 1955.
Schiwy, Günther: Der französische Strukturalismus. Mode, Methode, Ideologie. Reinbek 1969.

Hans Peter Thurn

Soziologie der kunstvermittelnden Institutionen

I.

Entsprechend der grundlegenden und weittragenden Bedeutung der Symbolbildungsfähigkeit für alle anthropogenen Kulturisierungsprozesse, zielen diese nun auf die Domestikation des Menschen selbst oder auf die Umgestaltung der ihn umgebenden Natur, kann die Kultur einer jeden Sozialstruktur als die Gesamtheit der von dieser zu ihrer Selbstformung verwendeten und daher ihr ein Gesicht verleihenden Symbole verstanden werden. Von Natur aus ist der Mensch nicht nur begabt, sondern unvermeidlich gezwungen, sich der seiner Kultur zugehörigen Symbole zu bedienen. Mittels ihrer bringt er Sinn und Ordnung in sein Denken, Handeln und Fühlen und verklammert sie zu einer mehr oder weniger überbaugelenkten Einheit. Aufgrund des hohen Grades an Ausdifferenzierung, den die Symbolsprachen in der Gegenwartskultur erreicht haben, vermag jedoch kein einzelnes Gesellschaftsmitglied mehr die gesamte vorhandene Symbolfülle zu beherrschen. Je mehr der Symbolhaushalt aufblüht und je verschachtelter dadurch seine Sinnanmutungen werden, desto weiter treten aufgrund der begrenzten Aufnahmefähigkeit des Menschen seine individuelle Mikrokultur und die Makrokultur, als welche die Gesamtheit aller verfügbaren Symbole erscheint, auseinander. Subjektive und objektive Kultur treten nurmehr in Form einer segmentären Realisation zueinander in Beziehung, die dem Individuum ständig das unbehagliche Gefühl verleiht, es sei nicht völlig eins mit der es umgebenden Kultur, da in dieser Sinnprovinzen anzutreffen sind, die ihm noch verschlossen blieben. So besehen, ist der heute lebende Mensch nicht nur in seinem Beruf, sondern auch in seinem Alltag ein Spezialist, der immer nur einen Ausschnitt aus der symbolischen Totalität, die ihn latent umschließt, aktualisiert.

II.

Zwischen den Künstler und seine wichtigste Bezugsperson, den Kunstbetrachter, der im besonderen Falle auch zum Kunstkäufer werden kann, schieben sich mehr und mehr die kunstvermittelnden Institutionen. Sie trennen nicht nur in zunehmendem Maße den Kunstproduzenten von seinem Rezipienten, sondern erfüllen den so entstehenden Freiraum mit einer ihnen eigenen spezifischen Dynamik aus, indem sie einen immer größeren Einfluß auf die Modalitäten des Kunsterlebnisses ausüben (Kunstmuseum, Kunsthandel und Kunstkritik) bzw. immer weitgehender den Zugang zur ausübenden Künstlerschaft soziokulturell selektionieren (Kunsthochschulen). Im Unterschied zu den im weiteren Sinne sich auch mit Fragen der Kunst auseinandersetzenden Informationsvermittlern wie Fernsehen, Rundfunk, Zeitungen usw. stehen die hier zu betrachtenden Institutionen in einem engeren, primären Bezug zur Bildenden Kunst: ihre Aufgabe ist es ausschließlich, der Bildenden Kunst repräsentierende, ökonomische, intellektuelle oder bildungsmäßige Dienste zu leisten.

[. . .]

In seinem Buch über „Die Entstehung der Kunstkritik im Zusammenhang der Geschichte des europäischen Kunstlebens“ wies Albert Dresdner darauf hin, daß das Entstehen der Kunstkritik historisch gesehen auf die Auseinanderentwicklung von Kunstproduktion und Kunstrezeption, bedingt durch das Zurücktreten des dirigistischen Anspruchs der normativen Ästhetik, zurückzuführen sei. Je weiter die Emanzipation der Kunst voranschreite, desto mehr entwickle sich auch die Kunstkritik zu einem „konstitutiven Faktor des Kunstlebens“. Kunst wird auf diesem Wege, so führt Dresdner aus, zu einem Beurteilungsgegenstand für jedermann; sie präsentiert sich nicht nur, sondern stellt sich nun darüber hinaus zur Diskussion. Ihre Haltung wird so wesentlich publikumsbezogener als früher. Da jedoch nicht alle Menschen sich in gleicher Weise und Intensität mit Kunst beschäftigen bzw. beschäftigen können, unterscheidet Dresdner zwischen dem laienhaft diffusen Kunsturteil einerseits und dem Kunsturteil der Kompetenten andererseits. Die Kunstkritik als eine immer mehr an Eigenständigkeit gewinnende Institution wird im wesentlichen von den letzteren getragen. Sie ist „diejenige selbständige literarische Gattung, welche die Untersuchung, Wertung und Beeinflussung der zeitgenössischen Kunst zum Gegenstand hat“. Mit dieser Festschreibung der Kunstkritik auf die ihr jeweils zeitgenössische Kunst tritt deren Problematik deutlich hervor: um dem Neuen kritisch gerecht werden zu können, muß sie in gewissem Maße diesem selbst erst die Kriterien zu seiner Beurteilung abgewinnen. Darüber hinaus stellen sich ihr permanent Schwierigkeiten in der Erfassung ihres Gegenstandes dadurch entgegen, daß sie mit dem den Werken der Bildenden Kunst nicht primär adäquaten Medium Sprache operiert. Mittels gesprochener oder geschriebener Sprache kann jedoch ein Bild oder eine Plastik nur in seltenen Fällen beschrieben bzw. in zitierender Beschreibung kritisiert werden. Eine Soziologie der Kunstkritik als Beitrag zur Klärung des Verhältnisses von Künstlern und jeweiliger sozialkultureller Umwelt hätte an dieser Stelle einzusetzen. Die Tatsache nämlich, daß von zahlreichen Bildenden Künstlern Sprache als ein der Bildenden Kunst nicht adäquates Kritikmedium angesehen wird, belastet das Verhältnis zwischen Bildenden Künstlern und Kunstkritikern immer wieder. Künstler bestreiten den Kunstkritikern häufig grundsätzlich die Fähigkeit und Berechtigung, mittels der ihnen zur Verfügung stehenden Ausdrucksmittel Urteile über Werke der Bildenden Kunst zu fällen und weiterzugeben. Die Künstler wissen, daß diese Urteile nicht nur die Einstellung der Rezipienten zu ihren Werken beeinflussen, sondern auch auf sie selbst selektiv zurückwirken, indem z. B. Kaufneigungen auch durch die Urteile von Kunstkritikern kanalisiert werden. Diese Tatsache zwingt die Künstler dazu, die Wirkungsweise der Kritiker zwar vorwiegend mit Abneigung, aber dennoch aufmerksam zu verfolgen.

Während zwar die Kunstkritik so die Künstler als Bezugsgruppe nicht aussparen kann, ist sie doch vorwiegend an die Adresse der Kunstrezipienten und Kunstkäufer gerichtet. Ihre Analyse ist dementsprechend aus der Betrachtung der konstitutiven Faktoren des sozialkulturellen Feldes heraus zu betreiben, das Künstler, Rezipienten und zwischen ihnen Museen, Händler, Galeristen u. a. einschließt. Die Kunstkritiker als „Geschmacksfabrikanten", [...] sind Meinungsführer in Fragen des künstlerischen Geschmacks ihrer Gesellschaft. Als eine den ökonomischen, kulturellen und sozialen Eliten korrespondierende „kritische Elite" üben sie eine regulative Funktion aus, die von der Soziologie als solche untersucht werden muß.

anthropogen: (griech.) durch den Menschen beeinflußt;
Domestikation: (lat.) planmäßige Züchtung von Haustieren und Kulturpflanzen aus Wildtieren und Wildpflanzen;
Mikro ...: (griech.) Bestimmungswort von Zusammensetzungen mit der Bedeutung „klein, gering, fein";
Makro ...: (griech.) Bestimmungswort von Zusammensetzungen mit der Bedeutung „lang, groß";
segmentär: (lat.) aus Abschnitten zusammengesetzt;
latent: (s. S. 89);
Rezipient: (s. S. 76),
Modalität: Art und Weise des Seins, Ausführungsart;
selektionieren: (lat.) auswählen;
Dresdner, Albert (geb. 1866), war Dozent an der TH Berlin-Halensee;
diffus: (lat.) zerstreut, ungeordnet;
dirigistisch: (lat.) leitend, lenkend;
konstitutiv: (lat.) unerläßlich, grundlegend;
der Kompetente: der Zuständige, Maßgebende.

1. Erläutern Sie Aufgabe und Bedeutung der Symbole (und damit auch der Kunst) für eine Gesellschaft, und zeigen Sie weiter, inwiefern der Kunstkritik, nach Thurn, eine regulative und integrative Funktion für die Sozialstruktur zukommt.
2. Aufgrund welcher gesamtgesellschaftlichen Entwicklung wird es überhaupt erst erforderlich, daß ein Kunstinterpret zwischen Produzent und Rezipient tritt und daß die Methoden der Kunstbetrachtung reflektiert werden?
3. Diskutieren Sie, inwieweit die Sprache ein der Bildenden Kunst nicht adäquates Medium ist oder ob der Zugang zu Werken der Bildenden Kunst erst über die Sprache erschlossen werden kann.
4. Kann es, Ihrer Meinung nach, heute eine „Kunst" geben, die nicht betrachtet wird, wie etwa im antiken Tempel das Götterstandbild in der Cella? Erläutern Sie Ihren Standpunkt.

Quelle:
I. *Thurn, Hans Peter*: Soziologie der Kultur. Stuttgart/Berlin/Köln/Mainz 1976, S. 108 f.
II. *Thurn, Hans Peter*: Soziologie der Kunst. Stuttgart/Berlin/Köln/Mainz 1973, S. 39, S. 45–48.

HANS PETER THURN, geb. 1943, studierte Philosophie, Soziologie und Literaturwissenschaft in Heidelberg, Frankfurt und Köln. Seit seiner Promotion (1970) ist er Dozent für Soziologie an der Staatlichen Kunstakademie Düsseldorf.

Literatur:
Watson, Bruce A.: Kunst, Künstler und soziale Kontrolle. Köln und Opladen 1961.
Dresdner, Albert: Die Entstehung der Kunstkritik im Zusammenhang des europäischen Kunstlebens. München 1968.
Treinen, Heiner: Ansätze zu einer Soziologie des Museumswesens. In: *Albrecht/Daheim/Sack (Hrsg.):* Soziologie. Opladen 1973. S. 336–353.

Lothar Hönnighausen
Der präraffaelitische Realismus

Es erscheint charakteristisch, daß im Mittelpunkt der (in *The Germ* entwickelten) präraffaelitischen Poetik die Frage des Sujets steht. Aus der Sicht des von TUPPER vertretenen naiven Realismus, für den wahrheitsgetreue Abbildung der Wirklichkeit das einzige Ziel bedeutet, gibt es keine Darstellungsprobleme, zumal das komplexe Mimesis-Verhältnis auf einen Aspekt, den der von den Gegenständen ausgehenden Wirkung, reduziert wird. Von dieser Basis aus erörtert TUPPER im zweiten Teil seines Aufsatzes die Frage der Themenwahl aus der Vergangenheit oder Gegenwart, also einen für den präraffaelitischen Realismus bzw. Historismus entscheidenden Gesichtspunkt.

Die sich um 1850 manifestierenden starken realistischen Impulse führen zu Modifikationen in der Gestaltung der beiden großen romantischen Erlebnisbereiche, der Natur und der mittelalterlichen Welt, HOLMAN HUNT [. .] wendet sich gegen den [. . .] von ROSSETTI und anderen Präraffaeliten begeistert aufgenommenen Einfluß des idealisierenden Mediaevismus der Nazarener. Die einander widerstreitenden Zeitströmungen mußten auch zu einer Spaltung der *Pre-Raphaelite Brotherhood* führen. Der ursprüngliche, von HUNT bestimmte Präraffaelitismus, in dem man Realismus und viktorianische Typologie zu vereinen suchte, bildet sich um; die unter ROSSETTIS Ägide arbeitende Oxforder Gruppe bemüht sich, in weltflüchtig mediaevisierenden Kunstwerken eine neue suggestive Symbolhaftigkeit zu entwickeln.

[. . .]

Es ist für den präraffaelitischen Realismus bezeichnend, daß die Arbeitswelt selten direkt und überzeugend erfaßt wird. [. . .], denn schon FORD MADOX BROWNS *Work* und ROSSETTIS *Found* wollen zu viel sagen, dienen aber eher dem Ausdruck einer Botschaft als der Erfassung der Wirklichkeit. [. . .] Auch wenn ROSSETTI in *Jenny* und *Found,* [. . .], soziale Themen aufgreift, erweist sich die Problematik des präraffaelitischen Realismus. Infolge des wirtschaftlichen Strukturwandels und der damit verbundenen Landflucht wird das Motiv des Bauernmädchens, das in der Stadt verkommt, häufig gestaltet. In den viktorianischen Vereinen zur Rettung gefallener Mädchen manifestieren sich nicht nur die altruistischen Motive, die CHRISTIANA ROSSETTI und ähnliche Gesonnene zu dieser Sozialarbeit veranlaßten, sondern auch die zum Ideal erhobenen Bestrebungen einer erfolgreichen Gesellschaftsschicht, unangenehme Begleiterscheinungen der industriellen Blüte christlich diskret aus der Welt zu schaffen. In gleicher Weise verbinden sich in der zeitgenössischen Kunst mit dem Versuch, diesen Ausschnitt der Wirklichkeit zu erfassen, ästhetisch zweifelhafte Nebenabsichten. Schon die Pose in ROSSETTIS *Jenny* — der Dichter reflektiert über das schlafende Freudenmädchen "Whose head upon my knee to-night / Rests for a while" — ist suspekt. In den Gedichten zweitrangiger Autoren treten melodramatische, sentimentale oder moralistische Züge noch deutlicher hervor. Die an

---

Zu der Abbildung S. 125

Ein junger Bauer, der Vieh zum Londoner Schlachthof bringt, trifft seine Jugendfreundin als Dirne in der Gosse wieder. ROSSETTI greift den pathetischen Augenblick heraus, da der Jüngling das buchstäblich „gefallene" Mädchen zu sich hochzuheben versucht — eine moralische Gebärde schiebt sich vor die Realität. Das Melodram erhält eine allegorische Deutung durch jenes im Netz gefangene Kalb — Symbol der Unschuld —, das dem Tod entgegensieht.

[. . .]

Die Zeichnung steckt voller allegorischer Verweise: rechts vorn die Rose in der Gosse, darüber das unschuldige Kalb, das über die Brücke nach London gefahren wird, im Hintergrund die Stadt mit den Werften am Themseufer. Der Bordstein trennt das unschuldige Land von der sündhaften Stadt. Dieser Unterschied ist auch in der Kleidung der ehemals Verlobten kenntlich. Links die Mauer eines Friedhofs; die Grabsteine geben teilweise Christi Wort wieder: „Also auch, sage ich euch, wird Freude sein vor den Engeln Gottes über einen Sünder, der Buße tut" (Lukas 15, 10). ROSSETTI malte die Mauer später von der des Friedhofs in Chiswick ab, auf dem WILLIAM HOGARTH, der Patron des „sozialen" Realismus der Präraffaeliten, begraben liegt.

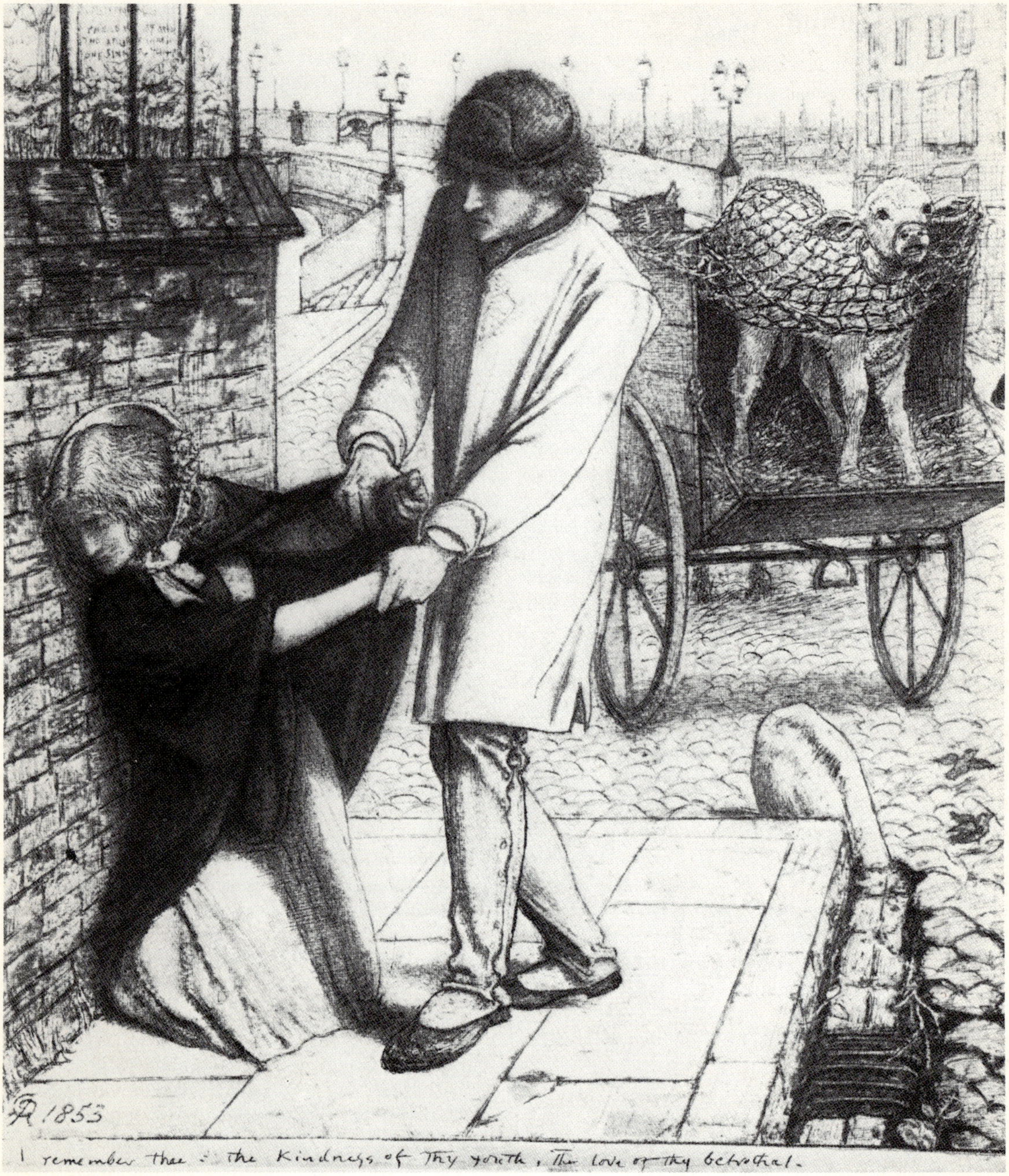

Dante Gabriel Rossetti: Studie für Gefunden. *1853. Feder, Tusche, laviert, weiß getönt. 21 × 18,4 cm. Trustees of the British Museum, London.*

Jenny gerichteten Worte “You know not what a book you seem, / Half-read by lightning in a dream” sind symptomatisch und verraten eine für die Zeit charakteristische fatale Neigung mehr oder weniger, in jedem Falle etwas anderes als das Gegebene zu sehen. Zwischen der Wirklichkeit und dem präraffaelitischen Künstler, der sie darstellen will, steht seine eigene Gebärde.

TUPPER beendet seine Ausführungen über die Vorzüge einer Wiedergabe des wirklichen Lebens oder der Natur in der eigenen Tracht und Zeit mit der Beschreibung eines aufschlußreichen Beispiels. „... der Autor erinnert sich, auf der Straße folgendem Vorfall beigewohnt zu haben: Ein schwarzhaariger, finsterer und übel aussehender Mann schlug mit dem Knauf seiner Peitsche auf den Nacken seines Pferdes ein, um es um eine Pflasterecke zu zwingen. Ein Landmann bot ihm die Hilfe seiner Maultiere an, ein dabeistehender Schmied zeigte ihm, wie er durch die einfache Drehung des Pferdes zur anderen Seite das Rad freimachen könne. Er nahm jedoch keinerlei Notiz davon und schlug und schlug, während eine Frau, die auf den Übergang wartete, ein Kind an der Hand und das andere mit dem Köpfchen dicht an sie gedrängt, mit weitaufgerissenen Augen auf das Ungeheuer starrte.“

Ohne daß es TUPPER oder seinen Zeitgenossen aufgefallen wäre, bestimmt nicht die Realität, sondern ein ihr unterlegtes und sie verzerrendes moralisches Konzept die Komposition des Bildes. Die szenische Darstellung begünstigt theatralisch-grobe Emotionen, die erst infolge ihrer Eindeutigkeit die abstrakt vorgegebene Thematik klar zum Ausdruck bringen. Im Geist der viktorianischen Massenkunst, die nichts ungesagt läßt, stellt TUPPER alle Details nachdrücklich in den Dienst der lehrhaften Absicht. Die Bosheit des Tierquälers wird nicht zuletzt durch die abgewiesene Hilfe der Guten und die sentimentale Spiegelung im Verhalten der verängstigten Kinder melodramatisch gesteigert. Daß die fiktive Bildbeschreibung die von TUPPER mit Genugtuung vermerkten Qualitäten „moral interest“ und „picturesque matter“ besitzt, ist unbestreitbar.

Praeraffaeliten, deutsche Bezeichnung für eine 1848 in London unter dem Namen „Pre-Raphaelite Brotherhood“ gegründete Vereinigung englischer Maler. Gründungsmitglieder waren: James Collinson, Holman Hunt, John Everett Millais, Dante Gabriel Rossetti, William Michael Rossetti, Frederic George Stephens, Thomas Woolner;
Tupper, Herausgeber der Zeitschrift „The Germ“, ein Forum und Kampforgan der Praeraffaeliten, die es 1849–1850 auf vier Nummern brachte;
Mimesis: (griech.) nachahmende Darstellung der Natur im Bereich der Kunst;
Historismus: geschichtsbezogenes Denken; in der bildenden Kunst: die im 19. Jahrhundert aufeinanderfolgenden stilistischen Entlehnungen aus der Vergangenheit;
Hunt, William Holman (1827–1910), englischer Maler;
Rossetti, Dante Gabriel (1828–1882), englischer Maler und Lyriker;
Mediaevismus: abwertende Bezeichnung für eine bloße Theorie über das Mittelalter;
Nazarener: (s. S. 43);
viktorianisch: der Zeit der englischen Königin Viktoria (1837–1901) zugehörig;
Ägide: (griech.) Schild, Schutz;
Brown, Ford Madox (1821–1893), französischer Maler;
Rossetti, Christiana (1830–1894), jüngere Schwester von Dante Gabriel Rossetti, schrieb religiöse Lyrik;
melodramatisch: (griech.-franz.) schauerlich-rührselig;
fatal: (lat.) verhängnisvoll; widerwärtig; peinlich, unangenehm;
fiktiv: (lat.) erdichtet; auf einer Annahme beruhend;
pathetisch: (griech.-lat.) ausdrucksvoll, feierlich; salbungsvoll;
Hogarth, William (1697–1764), englischer Goldschmied, Kupferstecher und Maler.

1. Unter welchen Aspekten betrachtet und beurteilt Hönnighausen die künstlerische Arbeit der Praeraffaeliten?
2. Ordnen Sie die vorliegende Bildbetrachtung einer Methode zu, und begründen Sie ihre Zuordnung.

Quelle:
Hönnighausen, Lothar: Der praeraffaelitische Realismus. In: Gallwitz/Köhler/Metken: Praeraffaeliten. Katalog der Staatlichen Kunsthalle Baden-Baden. Baden-Baden 1973.

LOTHAR HÖNNIGHAUSEN, geb. 1936, Dr. phil., o. Professor für Anglistik und Amerikanistik, habilitierte im Sachbereich Präraffaeliten und Fin de Siècle, lebt in Königswinter-Vinxel.

Literatur:
Hönnighausen, Lothar: Präraffaeliten und Fin de Siècle. Symbolische Tendenzen in der englischen Spätromantik. München 1971.
Mayoux, Jean-Jacques: Die englische Malerei. Von Hogarth bis zu den Präraffaeliten. Genf 1972.
Schiff, Gert: Zeitkritik und Zeitflucht in der Malerei der Präraffaeliten. Beiträge zur Motivkunde des 19. Jahrhunderts. München 1970.

Inhaltsverzeichnis